현대 일본의 이해

Duncan McCargo 지음
이승주·한의석 옮김

명인문화사

현대 일본의 이해

제1쇄 펴낸 날   2015년 8월 5일
제2쇄 펴낸 날   2017년 1월 31일

지은이 Duncan McCargo
옮긴이 이승주·한의석
펴낸이 박선영
펴낸곳 명인문화사
디자인 현서영
교 정 유진
등 록 제2005-77호(2005.11.10)
주 소 서울시 송파구 백제고분로 36가길 15 미주빌딩 202호
이메일 myunginbooks@hanmail.net
전 화 02)416-3059
팩 스 02)417-3095

ISBN 978-89-92803-81-6
가 격 23,000원

ⓒ 명인문화사

이 도서의 국립중앙도서관 출판예정도서목록(CIP)은 서지정보유통지원시스템 홈페이지(http://seoji.nl.go.kr)와 국가자료공동목록시스템(http://www.nl.go.kr/kolisnet)에서 이용하실 수 있습니다. (CIP제 어번호: CIP2015020250)

Contemporary Japan, 3rd edition
Duncan McCargo

Copyright ⓒ 2013 Palgrave Macmillan

"First published in English by Palgrave Macmillan, a division of Macmillan Publishers Limited under the title Contemporary Japan, 3rd edition by Duncan McCargo. This edition has been translated and published under licence from Palgrave Macmillan. The authors have asserted his right to be identified as the author of this Work."

Copyright ⓒ 2015 Myung In Publishers

간략목차

제 1 장 서론: 쟁점과 논쟁 ················· 1
제 2 장 역사적 배경 ···················· 25
제 3 장 변화하는 정치경제 ················ 55
제 4 장 사회구조와 사회정책 ·············· 107
제 5 장 통치 구조 ······················ 147
제 6 장 정당정치 ······················ 179
제 7 장 사회화와 시민사회 ················ 219
제 8 장 일본의 대외관계 ················· 255
제 9 장 결론 ·························· 297

세부목차

도해목차 viii
서문 x
역자서문 xii
약어목록 xiv
일본지도 xvi

제1장 서론: 쟁점과 논쟁 ················ 1
    주류 시각 ················ 4
    수정주의적 접근 ················ 6
    문화주의 시각 ················ 8
    나라와 사람들 ················ 11
    결론 ················ 23

제2장 역사적 배경 ················ 25
    도쿠가와 막부(德川幕府) 시기(1603~1868년) ················ 27
    메이지(明治) 시기(1868~1912년) ················ 30
    다이쇼 데모크라시(大正民主主義) ················ 37
    제국주의, 군국주의와 전쟁 ················ 38
    미국의 점령 ················ 46

제3장 변화하는 정치경제 ····· 55

   점령과 그 이후 ····· 58
   성장의 공고화 ····· 62
   저축 ····· 66
   발전국가? ····· 68
   일본 기업의 구조 ····· 72
   경제의 상승과 하강 ····· 87
   '기적'의 종언에 대한 설명 ····· 94
   결론 ····· 102

제4장 사회구조와 사회정책 ····· 107

   문화적 특성 ····· 109
   가족구조 ····· 112
   연애와 연인관계 ····· 116
   도시-지방 격차 ····· 123
   여성 ····· 128
   소수집단 ····· 131
   이주 ····· 134
   종교 ····· 137
   건강과 인구변동 ····· 141
   복지 ····· 142
   계층과 불평등 ····· 145
   결론 ····· 145

제5장 통치 구조 ····· 147

   선거제도 ····· 149
   총리 ····· 153
   내각과 장관 ····· 155
   지방정부 ····· 160

사법부 ··· 164
관료와 관료적 지배 논쟁 ··· 166
정책과정 ·· 173
결론 ·· 177

제6장 정당정치 ··· 179

민주당의 등장 ·· 182
민주당 승리의 의미 ·· 185
민주당의 특성 ·· 187
장기적 변화의 신호? ·· 191
민주당의 혼란 ·· 193
자민당 ··· 196
정치자금 개혁 ·· 199
야당 정치 ·· 200
노동운동 ··· 201
1993년 자민당 지배의 종식 ·· 203
1993년 이후의 일본정치 ··· 207
새로운 일본정치? ··· 211
결론 ·· 218

제7장 사회화와 시민사회 ······································· 219

사회화와 사회적 통제 ··· 221
치안과 형사사법 제도 ··· 231
사회 조직과 참여의 형식 ·· 243
일본 시민사회에 대한 대조적 관점들 ··························· 252

제8장 일본의 대외관계 ·· 255

자위대 ··· 259
미일동맹 ·· 264

오키나와 미군기지 ··· 269
일본과 아시아 ··· 271
일본과 중국 ··· 277
일본과 북한 ··· 281
원조정책 ·· 283
무역과 투자 ··· 286
국제화 ·· 290
기타 주요 관계 ·· 292
결론 ··· 293

제9장 결론 ·· 297
일본 해석하기 ·· 306
결론 ··· 308

추천도서 310
참고문헌 315
찾아보기 331
역자소개 340

도해목차

도표

1.1	인구 밀도(2010년)	14
3.1	근로자 일인당 실질 근로 시간 (2010, 연평균)	82
3.2	일본의 실질 경제성장률 (1983~2009년)	89
3.3	일인당 GDP (2009년 구매력평가[PPP] 기준)	91
5.1	일본 정부조직	158
6.1	자민당과 사회당(사회민주당)의 중의원 선거 결과, 1958~ 2009년	212
8.1a	일본의 주요 수출국	287
8.1b	일본의 주요 수입국	287

표

3.1	가계 가처분 소득 대비 가계 순저축률	67
4.1	일본 국적자들의 국내외 결혼, 2009년	117
4.2	전체 인구 중 65세 이상 고령자 비율 (%)	142
4.3	표준화된 실업률 (%)	144
6.1	정당별 중의원 의석수	215
7.1	일본 주요 전국일간지의 판매 부수 (2009년 추산, 조간)	243

글상자

1.1	일본에 대한 기본 정보	13
2.1	일본 현대사의 주요 일자	32

2.2	히로히토(1901~1989년): 논란이 많은 천황	43
2.3	맥아더 장군(1880~1964년)	48
3.1	요시다 시게루(吉田茂, 1878~1967년)	62
4.1	일본에 대한 주요 사회지표	124
5.1	전쟁 후 일본 총리	154
6.1	오자와 이치로(小沢一郎, 1942년생)	205

지도

| | 일본지도 | xvi |
| 8.1 | 아시아 태평양의 일본 | 258 |

사진

1.1	도쿄의 스카이라인	12
2.1	도쿄 야스쿠니 신사에 전시된 가미카제 항공기(제로센)	42
3.1	1964년 건설된 다리에 새겨진 올림픽 로고	64
3.2	'파친코' - 사무직을 위한 여가	83
3.3	안전요원	84
4.1	도쿄지하철의 여성전용차량 안내판	114
4.2	도쿄 '고양이클럽'에서의 휴식	121
4.3	야스쿠니 신사	138
4.4	교토 료안지 정원	139
5.1	국회 건물, 도쿄	150
5.2	도쿄도청사	161
5.3	국회 앞에서 큰 소음을 내며 시위하는 우파 시위자들	175
7.1	교토역 파출소	234
7.2	도쿄 길거리의 TV 생중계	246
8.1	반중 시위	281
8.2	유학설명회	291
9.1	신주쿠(新宿)의 밤	302

 # 서문

나는 아시아 전문가이긴 하지만 일본에 관해서는 개략적인 지식만을 가지고 있다. 나는 일본에서 3년간 교편을 잡았다. 하지만 학문적으로 유용한 일본어에 대해서는 잘 알지 못한다. 이 책은 영문 자료들의 종합판으로 리즈 대학(University of Leeds)의 학부생을 대상으로 한 수년간의 일본 정치론 강의에 기초하고 있다. 비전문가 독자들을 염두에 두고 몇 가지 편집상의 결단을 내렸다. 일본어 표기의 장음부호(macrons)를 생략했으며, 일본 이름은 (성을 뒤에 쓰는) 서양식으로 표기하였다 (번역본에는 일본식으로 표기하였다 – 역자 주).

  나는 이전 출간본에서 언급한 나의 친구들과 일본의 동료들, 특히 웨인 윌슨(Wayne Wilson)에게 다시 한 번 감사하고 싶다. 이 책에 도움을 주신 모든 분들께도 감사드린다. 스테파니 윈터스(Stephanie Winters)는 2009년 함께 일본을 방문했을 때 새로운 시각으로 일본을 바라볼 수 있도록 도움을 주었다. 이전 출간본의 연구조교인 가나코 히라오카(Kanako Hiraoka), 재클린 힉스(Jacqueline Hicks), 천야오 이(Chunyao Yi)에게 특히 고마움을 전한다. 이번 제3판을 준비하면서, 제럴드 커티스(Gerald Curtis), 레토 호프만(Reto Hoffmann), 히사히로 콘도(Hisahiro Kondoh), 아이코 미즈모리(Aiko Mizumori), 하루카 마츠모토(Haruka Matsumoto), 폴 웨일리(Paul Waley)와의 논의를 통해 많은 도움을 받았다. 6장에 인용된 인터뷰 내용은 이전의 공저 논문(McCargo and Lee, 2010)에서 이현석(Lee Hyon-suk)이 수행했던 부분이다. 사이야 쿠리타(Saya Kurita)와 요시미 오니시(Yoshimi Onishi)가 모든 표를 그리면서 훌륭한 솜씨를 발휘하였다. 원고를 마무리하는 데에는 콜

럼비아 대학의 웨더헤드 동아시아 연구소(Weatherhead East Asian Institute)의 혜택을 받았다. 나를 초청해준 동아시아 연구소의 마이론 코헨(Myron Cohen), 캐롤 글럭(Carol Gluck), 웨이치 호(Waichi Ho), 앤드류 네이선(Andrew Nathan)에게 진심어린 감사를 드린다. 모든 출간본을 편집해준 키이스 포비(Keith Povey)와 색인을 작성해준 앤소니 호튼(Anthony Horton)에게도 많은 감사를 드린다.

스티븐 케네디(Steven Kennedy)는 15년 전에 이 책의 제1판을 의뢰한 이래로 최고의 지원을 제공해 주는 분이다. 헬렌 컨스(Helen Caunce)는 제3판의 완성에 큰 도움을 주었다. 이전과 마찬가지로, 모든 실수에 대한 책임은 나에게 있다.

뉴욕
던컨 맥카고(Duncan McCargo)

역자서문

대다수의 한국인들에게 일본은 '가깝고도 먼 나라'이다. 이는 양국 간의 물리적, 정서적 거리에 상당한 괴리가 있다는 의미이지만, 그 근저에는 일본은 한국인을 알고 있는 듯하지만 실상은 잘 알지 못한다는 한국인의 심리가 반영되어 있다. 또한 한국과 직접적으로 관련된 현안이 많아 이를 배제하고 냉철하게 일본을 바라보기 어렵다. 개인으로서 일본인에 대해 한국인들은 이해를 넘어 친밀감까지 갖고 있지만, 국가로서 일본에 대해서는 과거사, 위안부, 독도 영유권 등 여전히 껄끄러운 문제가 있는 것이 현실이다. 이런 점에서 일본은 우리가 쉽게 이해하기 어려운 상대이다.

일본은 비단 한국인에게만 이해하기 어려운 나라는 아니다. 이 책의 저자인 맥카고(Duncan McCargo)도 밝히듯이, 외부자들이 일본을 이해하기 어려운 이유는 전후 경제성장과 정치체제와 같은 매우 기본적인 사항에 대해서도 상반된 설명이 제공되고 있기 때문이다. 전후 일본은 아시아에서 오랜 역사를 가진 민주주의를 구가하고 있으면서도, 자민당의 독주가 지속된 '비일상적 민주주의(uncommon democracy)'를 유지해 온 일본정치의 양면성이 대표적인 사례이다. 전후 경제성장에 대해서도 정부의 선도적 역할이 주효했다는 평가가 있는가 하면, 정부의 경제개입이 오히려 부정적 결과를 초래했다는 반대 평가도 있다. 1990년대 이후 국내정치, 경제, 사회문화, 대외관계 등 여러 차원에서 '변화와 지속성'이라는 이중적 모습은 일본을 더욱 이해하기 어렵게 한다.

저자는 일본을 이해하는 데 도움이 될 수 있는 가이드라인을 제시하고 있다. 일본정치의 주요 쟁점에 대한 주류, 수정주의, 문화주의 관점을 소개하고, 때로는 직접 대비시킴으로써 독자들이 일본을 입체적으로 이해할 수 있도록 한다. 이는 하나의 현상에 다면적으로 접근할 수 있는 '수단'을 독자들에게 제공하는 효과를 갖는다. 어느 시각이 과거와 현재의 일본을 더 잘 설명하는지, 더 나아가 일본을 보다 체계적으로 이해하기 위해 세 시각을 어떻게 조화시킬 것인지를 판단하는 것은 독자의 몫이다.

일본에 대한 입체적 이해가 현재와 미래의 한국에 시사하는 바가 크다. 노령화, 소자화(저출산), 경제성장률의 하락, 복지 수요의 증대, 정치적 효능의 저하 등 일본이 과거와 현재에 겪고 있는 문제들 가운데 상당수는 일정한 시차를 두고 한국에도 나타날 수 있는 것들이다. 이 쟁점들을 둘러싼 일본의 정치 지형과 과정이 어떻게 변화해왔는지를 곱씹어 생각할 필요가 있는 것은 이 쟁점들이 남의 문제를 넘어 나와 우리의 문제가 될 수도 있기 때문이다. 일본의 경험 가운데 잘된 것은 따라야 할 전범으로, 잘못된 것은 반면교사로 삼아 문제 해결의 단초로 활용할 수 있다는 점에서 일본은 우리의 관찰과 연구 대상이 되기에 충분한 가치가 있다.

이 번역서를 출간하기까지 많은 분의 도움이 있었다. 이 책이 번역된다는 사실을 알게 된 동료들이 격려를 아끼지 않은 것이 많은 힘이 되었음을 밝힌다. 완성도 높은 번역을 하려는 마음에 원고 마감을 넘겼지만 기다려 준 명인문화사 박선영 사장님께 감사의 뜻을 표한다. 중앙대학교 정치국제학과 박사과정의 이민정 양은 초벌 번역한 원고를 꼼꼼하게 읽고 어색한 부분을 지적하는 등 필요한 사항들을 세심하게 챙겨주었다. 이 책이 독자들이 다소나마 읽기 쉬운 책이 되었다면 이민정 양의 수고 덕분이다.

역자 이승주·한의석

약어목록

APEC(Asia-Pacific Economic Cooperation) 아시아태평양경제협력체
ASEAN(Association of Southeast Asian Nations) 동남아시아국가연합
ASEM(Asia-Europe Summit Meeting) 아시아유럽정상회의
CM(Citizens' Movement) 시민운동
DLP(Democratic Liberal Party) 민주자유당
DP(Democratic Party) 민주당
DSP(Democratic Socialist Party) 민주사회당
EAEC(East Asian Economic Caucus) 동아시아경제협의체
EU(European Union) 유럽연합
GATT(General Agreement on Tariffs and Trade) 관세와 무역에 관한 일반협정
GDP(Gross Domestic Product) 국내총생산
GNP(Gross National Product) 국민총생산
IMF(International Monetary Fund) 국제통화기금
JCP(Japan Communist Party) 일본공산당
JDP(Japan Democratic Party) 일본민주당(현재 민주당의 영문 표기는 DPJ[Democratic Party of Japan] 이다 – 역자 주)
JET(Japan Exchange and Teaching programme) JET 프로그램
JLP(Japan Liberal Party) 일본자유당
JNP(Japan New Party) 일본신당
JRP(Japan Renewal Party) 신생당
JSP(Japan Socialist Party) 일본사회당
LDC(Less Developed Country) 저개발국가

LLDC(Least among Less-Developed Countries) 후발개발도상국

LNG(Liquefied Natural Gas) 액화천연가스

LDP(Liberal Democratic Party) 자유민주당

LP(Liberal Party) 자유당

MITI(Ministry of International Trade and Industry) 통상산업성

MTDPE(Mid-Term Defence Programme Estimate) 중기방위프로그램예산

NAFTA(North American Free Trade Agreement) 북미자유무역협정

NDP(National Defence Programme outline) 방위계획대강

NFP(New Frontier Party) 신진당

NGOs(Non-Governmental Organizations) 비정부기구

NHK(Japan's semi-governmental broadcasting agency, Nippon Hoso Kyokai) 일본공영방송국

NIC(Newly Industrialized Country) 신흥공업국

ODA(Overseas Development Aid) 해외개발원조(현재에는 주로 공적개발원조[official development assistance]의 약어로 사용한다 - 역자 주)

OECD(Organisation for Economic Co-operation and Development) 경제협력개발기구

PISA(Programme for International Student Assessment) 국제학업성취도평가

PKO(Peace-Keeping Operation) 평화유지활동

SCAP(Supreme Commander for the Allied Powers) 연합군최고사령관(부)

SDF(Self-Defence Forces) 자위대

SDP(J)(Social Democratic Party [of Japan]) (일본)사회민주당

TEPCO (Tokyo Electric Power Company) 도쿄전력

TPP(Trans-Pacific Partnership) 환태평양경제동반자협정

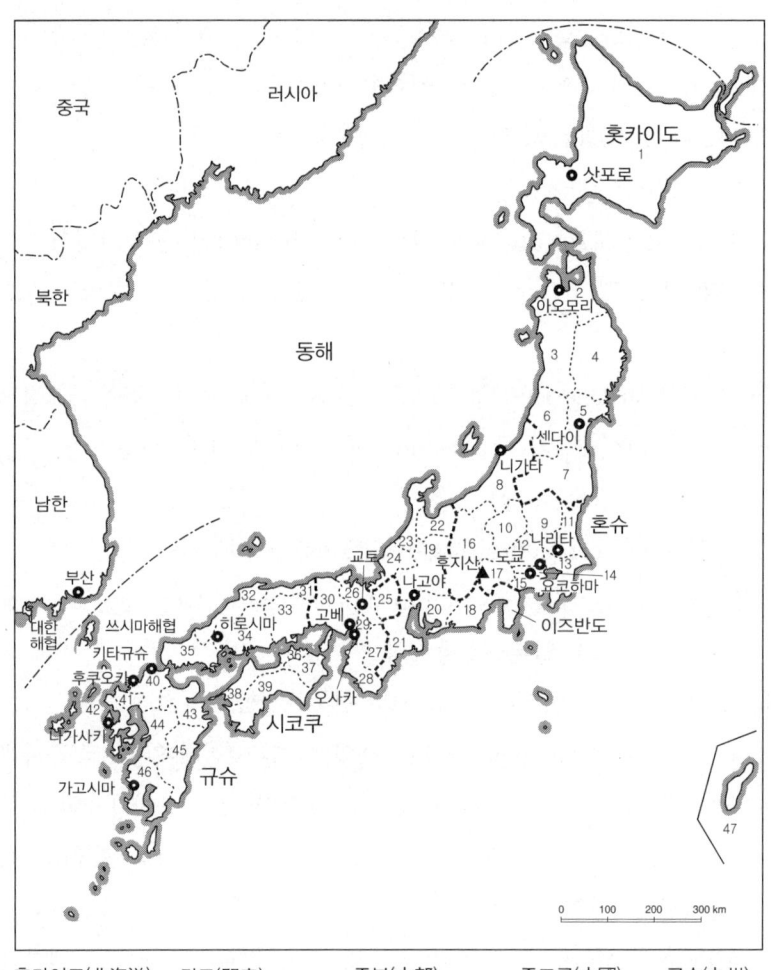

홋카이도(北海道)	간토(関東)	주부(中部)	주고쿠(中國)	규슈(九州)
1 홋카이도	코신에츠(甲信越)	18 시즈오카	31 돗토리	40 후쿠오카
	8 니가타	19 기후	32 시마네	41 사가
도호쿠(東北)	9 도치기	20 아이치	33 오카야마	42 나가사키
2 아오모리	10 군마	21 미에	34 히로시마	43 오이타
3 아키타	11 이바라키	22 도야마	35 야마구치	44 구마모토
4 이와테	12 사이타마	23 이시카와		45 미야자키
5 미야기	13 치바	24 후쿠이	시코쿠(四國)	46 가고시마
6 야마가타	14 도쿄		36 가가와	47 오키나와
7 후쿠시마	15 가나가와	긴키(近畿, 간사이)	37 도쿠시마	
	16 나가노	25 시가	38 에히메	
	17 야마나시	26 교토	39 고치	
		27 나라		
		28 와카야마		
		29 오사카		
		30 효고		

일본지도

제1장 서론: 쟁점과 논쟁

주류 시각 · 4
수정주의적 접근 · 6
문화주의 시각 · 8
나라와 사람들 · 11
결론 · 23

이제 우리는 논란으로 점철된 영역으로 들어서고 있다. 현대 일본의 성격에 대한 논란은 국내외를 가리지 않고 항상 뜨거웠다. 일본의 국내정치와 국제관계에서부터 경제질서에 이르기까지 "일본은 자유민주주의인가?", "일본은 초강대국인가?" 또는 "일본은 자유시장 경제인가?"와 같은 일본에 관한 간단한 질문조차 그에 대한 견해가 너무도 상반되기 때문에 수많은 논쟁이 촉발되었다. 그 이유는 일본과 관련한 기본적인 사실 관계에 대한 해석과 시각이 너무도 다양하기 때문이다. 현대 일본에 대한 논문이나 책을 읽을 때면 우리는 항상 저자의 편견과 선호에 대해 주의해야 한다. 이 책은 현대 일본을 제대로 이해하기 위해서는 일본 관련 서적에서 발견되는 다양한 대안적 시각들에 대해 이해할 필요가 있다는 전제에서 출발한다.

따라서 이 책을 통해 여러분들은 주류(mainstream), 수정주의(revisionist), 문화주의(culturalist)로 통칭되는 세 가지 대안적 시각에서 일본을 보게 될 것이다. 물론 현대 일본을 이해하고 설명하는 데 활용되는 시각들은 이보다 훨씬 다양하며, 실제로 일본정치와 사회에 대해 공부하는 사람들은 서로 다른 시각을 활용하고 있다. 그러나 위의 세 가지 시각은 현대 일본과 관련한 논쟁의 범위, 정도, 성격 등을 파악하는 데 훌륭한 지침이 될 것이다.

현재 일본은 2011년 3월 11일 발생한 대지진, 쓰나미(津波), 원전사고 등 일련의 참혹한 사고를 겪은 이래 새로운 국민적 '영혼 찾기(soul-searching)'에 직면해 있다. 이 사건들은 2만 명의 사망자와 행방불명자를 초래하였고, 관료, 재계, 정치인들에 대한 대중의 신뢰를 무너뜨렸으며, 이는 일본이 새로운 집단적 목표를 추구하도록 하는 계기가 되었다. 쓰나미 이후 일본이 현재까지 2011년 3월의 3중 재난이 초래한 도전에 효과적으로 대응하고 있는지에 대해서는 확정적 판단을 하기 어렵다. 이에 대한 견해가 보는 이의 시각에 따라 다르기 때문이다.

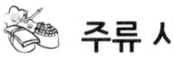 **주류 시각**

첫 번째 접근법은 일반적으로 일본에 관한 문헌에서 가장 일상적으로 발견할 수 있는 주류 시각이다. 주류 시각은 비교정치학에서 도출된 방법을 활용하여 일본과 다른 사회 사이의 대비되는 요소들을 강조한다. 미국을 포함한 하나 또는 그 이상의 국가들과 일본을 명시적으로 비교하는 연구가 이에 속한다. 그러나 일반적으로는 암묵적인 비교를 하는 경우가 많은데, 이때 일본이 다른 선진국들과 유사한 경제적, 정치적, 사회적 체제를 보유하고 있는 것으로 간주하게 된다. 다소 차이가 있기는 하지만 주류 학자들이 일본을 자유 민주주의와 시장 경제가 제대로 작동하는 국가로 보는 것이 이러한 암묵적 비교의 전형적 사례이다.

　이러한 시각의 학자들은 미국에서 활동하고 있는 경우가 많다. 일본 이외의 국가 가운데 일본 전문가들이 미국에 가장 집중되어 있다는 점을 감안하면 이러한 현상은 그리 놀라운 것은 아니다. 더욱이 제2차 세계대전 이후 미국이 일본을 점령했다는 사실은 일본 역사의 진행 방향을 설정하는 데 지대한 영향을 미쳤다. 미국은 일본을 자신의 이미지와 보다 유사한 국가가 되도록 재형성하려고 하였고, 미국 관리와 학자들은 점령 프로젝트의 성공을 지속적으로 강조하고자 하였다. 현대 일본에 대한 주류 시각은 미군 점령의 철학과 목적이 연장된 것일 수도 있다. 그럼에도 불구하고 일본과 미국 사이에 커다란 차이가 있다는 것은 비교의 효용이 제한적임을 의미한다.

일본과 유럽의 국가들이 입헌군주제, 의원내각제, 다당제 등과 같은 공통점을 갖고 있기 때문에 서로 비교하는 것이 타당하다고 주장하는 학자들이 있다. 이밖에도 일본을 정부 주도의 발전이라는 공통점을 갖고 있는 한국 및 대만 또는 파벌주의와 구조적 부패와 같은 정치적 특징을 공유하는 태국과 필리핀 등과 비교할 것을 주장하는 학자들도 있다.

주류 접근법을 활용하는 것으로 알려진 학자들은 하버드대학과 관련이 있다. 이러한 연구의 선구자 가운데 한 사람은 『일본인(The Japanese)』과 『오늘의 일본(The Japanese Today)』 등 다수의 책을 저술한 역사학자이자 일본 주재 미국대사를 역임한 라이샤워(Edwin O. Reischauer)이다. 라이샤워는 일본사회, 정치, 문화에 대한 긍정적 이미지를 고취하였을 뿐 아니라, 미국과 일본 양국이 현재까지도 굳건한 관계를 유지하는 데 지대한 공헌을 하였다. 라이샤워는 일본 정치체제와 서구 정치 사이에 커다란 차이점이 있음에도 불구하고 일본은 "민주적 통치를 위한 효과적 체제를 갖추고 있는 것으로 보인다"고 주장하였다 (Reischauer, 1977: 327). 그의 동료인 보겔(Ezra Vogel, 1979) 역시 『세계 제일 일본(Japan as Number One)』에서 일본이 미국의 가치와 체제를 성공적으로 모방한 국가일 뿐 아니라, 산업 및 정치적 영향력 면에서 미국을 대체하는 데 성공하였던 국가로 묘사하려고 하였다.

크라우스(Ellis Krauss), 리차드슨(Bradley Richardson), 플래내건(Scott Flanagan), 커티스(Gerald Curtis), 캠벨(John Creighton Campbell) 등 다수의 미국 정치학자들은 전반적으로 일본에 대한 긍정적 시각을 수용하는 주류 시각을 채택하고 있다. 일본 내에서 주류 시각을 공유하고 있는 대표적인 학자는 이노구치 다카시(猪口孝)이다.

이들은 일본정치가 다원주의적(pluralistic)일 뿐 아니라, 자유선거, 진성 정당, 공적 토론 등의 특징을 갖고 있는 것으로 본다. 이들은 또한 일본사회를 업적주의적(meritocratic)이고 안정적이며 계급갈등이 제한적인 것으로 묘사한다. 보겔 등은 여기서 더 나아가 다른 국가들이 경제적 생산성을 높이고, 사회적 불평등을 제한하며, 마약 남용과 범죄와 같은 문제들을 감소시키려면 '일본으로부터 배워야' 한다고 주장한다. 주류 접근에 대한 관심은 일본의 비약적 경제 성장이 서구 국가들의 경제 패권, 특히 미국의 지위에 대한 심각한 도전을 야기하였던 1980년대에 정점에 달하였다. 그러나 일부 주류 학자들은 일본의 성공을 과장하고, 일본체제의 취약점들을 축소하는 우를 범하기도 하였다.

 ## 수정주의적 접근

수정주의를 대표하는 고(故) 존슨(Chalmers Johnson)은 미국 내 다수의 일본 전문가들에 대해 다음과 같이 비판한다.

> 그들은 일본 자체를 연구하기보다는 그들이 생각하기에 향후 일본 정치의 향방을 결정할 후보들을 찾는 데 시간을 허비하고 있다. 그들이 만일 그런 인물이나 집단을 발견할 수 있다면, 민주정치가 다원주의적 패러다임에 순응할 것이라는 미국적 명제를 확인하는 데 도움이 될 것이다 (Johnson, 1995: 14).

주류 시각이 종종 일본의 어두운 면을 보는데 실패하는 반면, 수정주의 시각은 어두운 면에 초점을 맞추는 경향이 있다. 수정주의자들은 일본이 서구 자유민주주의 국가들과 판이하게 다른 국가라고 본다. 이들은 일본이 매우 독특한 원칙에 따라 작동하고, 일본이 비민주적이고 심각한 수준의 부패 등과 같은 매우 심각한 문제를 가진 정치체제라고 보고 있다. 이들은 또한 일본 경제체제가 주류 학자들이 생각하는 것보다 훨씬 더 국가 주도적인 반면, 대외 경쟁에는 훨씬 덜 개방되어 있다고 본다. 일부 수정주의자들은 사회적으로나 정치적으로 순응을 강요하는 억압적 요소들을 감안할 때 '연성 권위주의(soft authoritarian)' 국가의 특징을 보인다고 주장하기까지 한다. 수정주의자들은 일본이 자신의 이익을 위해 통상, 원조, 방위 정책을 조정한다고 주장하는 등 일본의 대외관계를 회의적 시각으로 바라본다. 실제로 수정주의적 시각이 대중적 인기를 얻은 것은 미일 통상마찰이 격화되었던 1980년대였다. 이 때문에 친일적 성향의 평론가들은 수정주의 학자와 전문가들을 '일본 비판자(Japan-bashers)'라고 부르기도 하였고, 일본 가전제품을 망치로 부수었던 의원들의 사례처럼 수정주의적 주장을 국내 정치적으로 활용하려는 정치인들이 등장하기도 하였다.

그러나 수정주의자들은 '일본 비판자'라는 명칭을 거부하고 있다. 실제로 수정주의자들은 상당히 이질적인 견해를 가진 집단이기 때문에 일반화하기 어렵다. 수정주의자들은 정치경제학자이자 아시아 전문가인 존슨(Chalmers Johnson)부터 네덜란드 언론인인 밴 울퍼렌(Karel van Wolferen), 미국 통상협상 담당자였던 프레스토위츠(Clyde Prestowitz), 미국 언론인 팰로우즈(James Fallows)에 이르기까지 실로 다양하다. 수정주의자에는 마르크스적 시각에 영향을 받아 일본사회에 대해 비판적 시각을 갖게 된 맥코맥(Gavan McCormack)과 요시오 스기모토(Yoshio Sugimoto)도 포함된다. 스톡윈(J.A.A. Stockwin)은 이처럼 일본에 대한 비판적 시각을 가진 학자들을 모두 통칭하여 '논란의 여지가 큰 접근법(controversial approaches)'이라고 부르기도 한다 (Stockwin, 2008: 34-35, 260).

수정주의의 공통적 특징은 일본정부가 자국에 대한 홍보 활동을 성공적으로 펼치거나 주류 저술가들과 학자들이 일본에 대해 과도하게 온정적인 태도를 취하는 것에 대해 불만을 표출한다는 점이다. 학문적 정통에 도전하는 소수 입장을 취하는 수정주의자들은 때때로 지나치게 전투적이고 도발적이다. 존슨과 밴 울퍼렌과 같은 사람들은 종종 일부 주류 학자들이 쓰는 복잡하고 따분한 형식의 책보다 읽기 쉽고 설득력이 높은 책과 논문들을 저술하기도 한다.

문화주의 시각

하틀리(L. P. Hartley)의 말을 바꾸어 표현하면, "일본은 외국이다. 일본인들은 우리와 다른 방식으로 일 처리를 한다 (Japan is a foreign country: they do things differently there)." 일본 또는 아시아 국가의 정치를 공부하기 위해서는 서양 사회에서 사회적 행태의 일상적 규칙이라고 생각되는 것들이 반드시 통용되지는 않는다는 것을 이해해야 한다. 문화주의적 시각의 신봉자들은 일본정치, 경제, 사회의 특성을 문화적 차이에 주목하여 설명하려고 한다. 이러한 시각의 창시자들은 베네딕트(Ruth Benedict)와 엠브레(John Embree)와 같은 미국 인류학자들이다. 그러나 다수의 일본 학자들이 이러한 주장을 더욱 심화·발전시켜 일본의 차별화되고 심지어 특이하기까지 한 '일본적인 것'에 대한 수많은 연구를 양산하였다. 대일(Peter N. Dale)은 문화주의 접근법을 다음 세 가지 잘못된 가정에 근거하고 있다고 신랄하게 비판하였다. 첫째, 일본인들은 선사시대부터 변함없이 유지되어 온 문화적·

사회적으로 동질적인 민족적 정체성을 보유하고 있다. 둘째, 일본인들은 다른 민족들과 판이하게 다르다. 셋째, 일본인들의 사고와 행동은 비일본적인 것에 대해 적대적인 민족주의적 토대에서 비롯된다 (Dale, 1986: i). 이러한 접근법은 주류 접근법이나 수정주의적 접근법보다 파악하기 어려운 측면이 있다. 문화주의적 시각의 핵심은 일본인들이 개인주의자이기보다는 '집단주의자(groupist)'라는 점을 강조하는 '집단모델(group model)'의 시각을 취한다는 점이다.

'집단모델'의 문제는 일본사회가 조화롭고 사실상 갈등이 없다는 단순화된 이미지를 제공할 수 있다는 것이다. '일본(인)론'으로 알려진 일본 학자들의 저작들은 이른바 일본 '기적'의 특수성을 강조한다. 일본인들의 두뇌가 비일본인의 두뇌와 다르게 기능한다고 주장한 츠노다 타다노부(角田忠信)의 『일본인의 두뇌: 특수과 보편(The Japanese Brain: Uniqueness and Universality)』이 일본인론의 대표적인 사례에 속한다 (Tsunoda, 1985). 다른 책들은 일본인들의 채식 위주의 식사 습관이나 수도작 농경론과 같은 특징에 주목하여 '일본적인 것'을 설명한다. 이러한 일본인론 연구들은 일본적인 것의 수수께끼에 대하여 다른 답을 내놓고 있지만, 일본을 예찬하는 학문적 특성을 갖는다는 점에서 같은 부류에 속한다고 할 수 있다.

'집단모델'의 가정에 대해 비판적으로 생각하고 의문을 제기할 필요가 있다. 베푸 하루미(別府春海)는 일본의 집단이 흔히 생각하는 것처럼 내부적으로 조화롭지 않다고 주장한다. 일본 교육, 특히 유명 대학의 입학시험을 준비해야 하는 고등학교 교육은 혹독할 정도로 경쟁적이다 (Befu, 1980). 베푸는 또한 일본에서 계급갈등이 없다는 설명에 도전하여, 일본인들은 사회 계급에 대한 자신들만의 '고유한 개념'을 갖고 있으며 따라서 일본사회 내에 수평적 계층(horizontal strata)이 존재함을 증명한다.

　주류 및 수정주의 학자들 역시 문화론의 주장을 어떤 형태로든 활용한다. 어떤 주류 학자들은 일본문화를 일본정치, 사회, 경제적 미덕의 근원이라고 언급하기도 한다. 반면, 수정주의 학자들은 문화론적 해석에 매우 비판적이다. 스기모토 요시오(杉本良夫)는 '일본으로부터 배우자' 학파가 정부와 대기업의 관계에 초점을 맞추는 반면 일본 질서에서 상대적으로 덜 인상적인 분야는 외면하는 등 엘리트 편향성을 갖는다고 주장한다. 스기모토는 "누가 합의의 내용을 정의하는가?", "합의의 형성이 누구의 이익을 반영하는가?"와 같은 질문을 던지면서 일본이 진정 합의적 사회라는 데 대해 의문을 제기한다. 스기모토에 따르면,

> 집단주의 자체가 회사, 학교, 국가에 개인이 복종하는 것을 일상화하기 위해 하위 집단(subordinate groups)과 직접적으로 소통하는 데 활용되는 이데올로기이다 (Sugimoto, 1986: 68).

집단모델에 대한 비판은 일본을 과도하게 이상화하는 시각에 도전하는 반면, 개인, 고용인과 고용주, 계급 간 경쟁과 갈등이 존재할 수 있음을 인정함으로써 일본정치에 대한 보다 동태적인 해석이 가능해진다고 설명한다. 일본정치를 정태적이고 조화롭고 자족적인 체제로 보는 대신 서로 다른 이익이 경쟁하는 체제로 볼 필요가 있다는 것이다.

　일부 수정주의자들은 현대 일본을 분석하는 데 있어서 문화적 설명을 가볍게 활용하기도 한다. 밴 울퍼렌은 일본적 질서를 비판하고 문화의 정치적 기원을 강조하면서 일본을 전통적인 국가라기보다는 문어발 '체제'(multi-tentacled 'System')의 특징을 보이는 특수한 나라로 간주한다. 주류, 수정주의, 문화론적 접근 사이의 구분은 가능하지만, 세

시각은 서로 교차하고 중복되며 혼합되는 다양한 지점이 있다.

나라와 사람들

일본은 어떤 나라인가? 다른 나라에 대한 이미지는 대중문화, 소비재, 미술, 음악, 문학 및 그 나라의 역사에 대한 적은 이해 또는 오해와 같은 다양한 요인에 의해 형성된다. 일본은 흔히 외딴 지역의 신비한 나라로 비추어진다. 게이샤(芸者)와 후지산(富士山)의 그림 같은 모습은 로봇 같은 공장 노동자나 고속열차와 같은 첨단기술의 이미지와 겹쳐진다. 이러한 이미지들이 사실적 요소들을 포함하고 있지만, 이 역시 고정관념이다. 서구인들은 흔히 일본의 이질적인 모습들을 아주 이상하고 모순적인 것으로 여기는 경향이 있다. 서구인들이 가장 좋아하는 이미지 가운데 하나는 전자제품 상점의 세일즈맨이 나무로 된 주판으로 계산하는 모습이다. 이때 일본은 전통과 참신함, 오래된 것과 현대적인 것, 단순한 것과 정교한 것이 나란히 공존하는 장소로 비추어진다. 이는 일본인들만이 창조하고 이해할 수 있는 매우 심오한 모순적 모습이다. 어리숙한 서양 방문객들은 언제나 일본의 이러한 패러독스에 대한 책이나 논문을 쓰는데, 오히려 이것이 그들의 일본에 대한 무지를 드러내기도 한다. 일본에 대해 본격적인 연구를 시작한 사람이라면 연구 초기에 갖게 되는 일본에 대한 당황스러움과 경외심을 가능한 빨리 넘어설 필요가 있다. 일본을 '다름(otherness)'의 관점에서 접근하거나 서양과의 차이에 지나치게 주목하는 것은 사이드(Edward Said)가 말하는 '오리엔털리즘(orientalism)' – 비서구 사회에 대한 본질주의적이고 비하적인 일반화 경향 – 에 빠지게 된다.

사진 1.1 도쿄의 스카이라인

일본인들은 '일본적인 것'으로만 정의되지 않는다는 점을 기억할 필요가 있다. 일본인들 또한 우선 인간이며 그 다음 일본인인 것이지, 그 반대가 아니다. 일본에서 발견되는 새로운 것과 오래된 것 사이의 불일치와 혼합은 군주제로 상징되는 오랜 전통과 역사를 유지해 온 영국과 같은 유럽 국가에서도 나타난다. 인도, 태국, 싱가포르 등 다른 아시아 국가들과 비교해보면, 한 국가 내에서 전통과 현대가 혼합되는 것이 전혀 특이한 것이 아니라는 것을 쉽게 알 수 있다.

일본인의 기원은 불명확하고 논쟁의 소지가 많다. 라이샤워는 1세기에서 7세기의 기간 중 동북아시아에서 한반도를 거쳐 일본으로 인류의 대규모 이동이 있었다고 주장한다 (Reischauer, 1977: 35). 그러나 다른 설명들은 선사시대부터 일본인들이 수천 년 동안 지속적으로 존재했다는 점에 주목하여 현대 일본인과의 연속성을 강조한다. 많은 일본인들은 자신들이 중국인 또는 한국인으로부터 유래되었다는 생각에

글상자 1.1 일본에 대한 기본 정보

정부 형태	입헌군주제
수도	도쿄(東京)
통화	엔(¥)
가장 높은 산	후지산, 3,776미터
인구	127,078,679명 (2010년 7월 추정)
인구 성장률	−0.191% (2010년 추정)
전체 인구의	1억 2,751만 (2009년)
도시 인구 비율	66% (2008년)
면적	377,915km² (2010년) (영국의 약 1.5배 또는 캘리포니아보다 약간 작음.)
토지 사용(2010)	농지 12.5%
	산과 임야 66.4%
	기타 21.1% (2010년)
천연자원	광물자원 약간; 수산자원
노동력	6,593만 명 (2009년 추정)
실업률	5.2% (2010년 7월)
국내총생산 (GDP)	$4조 1,500만 달러 (PPP, 2009년 추정)
일인당 국민소득	$32,700 (PPP, 2009년 추정)
산업별 GDP (2009 추정)	농업 1.6%
	제조업 21.9%
	서비스업 76.5% (2009년 추정)
주요 도시 (2008년 인구 기준)	도쿄(東京, 841만 명), 요코하마(横浜, 358만 명), 오사카(大阪, 251만 명), 나고야(名古屋, 216만 명), 삿포로(札幌, 188만 명), 고베(神戸, 150만 명), 교토(京都, 138만 명), 후쿠오카(福岡, 137만 명), 가와사키(川崎, 134만 명)

출처: 총무성 통계국, 『일본통계연감 2010』; CIA (2010), *The World Factbook* 2010.

반대한다.

일본은 여러 가지 의미에서 섬나라이다. 일본의 섬나라 정체성은 커다란 심리적·정치적 의미를 갖는다. 비일본인들은 일본을 아시아 국가 가운데 하나라고 여기지만, 대부분의 일본인들은 독자적인 문명을 보유한 국가라고 생각한다. 영국과 유럽의 관계에 양면성이 있다는 점을 고려할 때, 일본은 영국과 대비된다. 일본은 2010년 인구가 1억 2,700만에 달하는 상당히 큰 나라이다. 영토의 대부분이 산악 등 사람이 살기에 적당하지 않기 때문에 인구의 상당 부분이 도시 지역에 집중되어 있다. 도표 1.1은 일본과 다른 나라들의 인구밀도 비교를 보여준다.

농경과 기타 경제 활동에 적합한 토지는 일본 전체 면적의 1/5 이하이며, 거주 가능한 면적을 기준으로 한 인구밀도는 싱가포르나 홍콩과 같은 도시 국가를 제외하면 일본이 가장 높다. 일본의 산악 지대는

도표 1.1 인구 밀도 (㎢ 당 인구, 2010년)

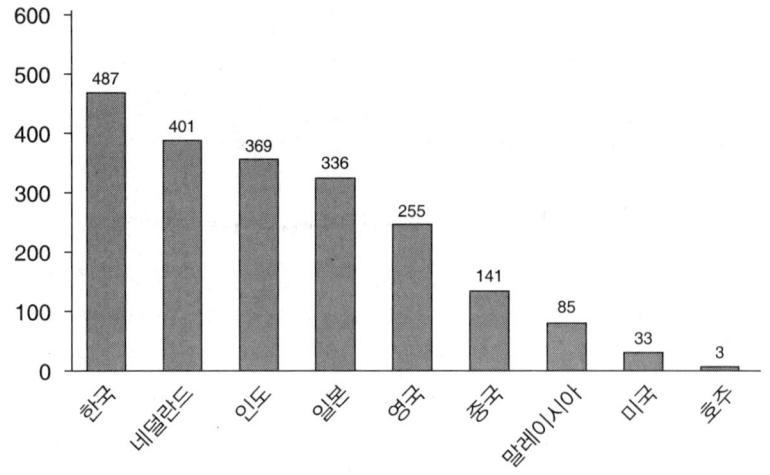

출처: United Nations, Population Database, *World Population Prospects*, http://esa.un.org/unpp/.

경사가 가파르지만 고도가 아주 높은 편은 아니다. "국토는 산림이 우거져 널리 펼쳐진 구릉지대와 그 사이에 거주 및 농경이 가능한 좁은 계곡"으로 이루어져 있다 (Reischauer, 1977: 5). 혼슈(本州)는 고도 3,195미터에 달하는 '일본 알프스'와 같은 몇 개의 산맥이 있다. 높이 3,776미터의 후지산은 일본 최고봉이다. 일본에서 가장 큰 평야지대는 도쿄 주변의 간토(関東) 지방이다. 현대적인 도로와 철도가 건설되기 전에는 해상 수송이 물자와 사람의 이동 수단으로 광범위하게 사용되었다. 일본의 이러한 지형은 지방의 영주들이 지배하는 중세 봉건 질서의 등장에 영향을 미쳤다. 일본은 수자원 이외에 별다른 천연자원이 없기 때문에 대부분 수입에 의존한다. 결론적으로 일본은 강력하고 중앙집중화된 산업 경제를 구축하는 데 적합하지 않은 지형을 갖고 있다.

일본인과 자연의 관계는 매우 복합적이다. 일본인들은 급속한 산업화를 위해 자연환경을 파괴해왔다. 반면, 일본인들은 자연과의 친화적인 면모를 갖고 있을 뿐 아니라 자연의 변화에서 느낄 수 있는 순간의 미를 찬양한다. 일본인들은 계절의 변화에 매우 민감하다. 계절의 변화를 상징하는 특별한 음식, 페스티벌, 사회적 의식이 매우 다양하다. 일년 중 특정 시기에 아름다운 장소로 유명세를 떨치는 지역들은 불과 2주 정도의 짧은 기간 동안 수십만의 여행객들을 맞이하기도 한다. 일본에는 미국 동부의 기후와 대체로 유사한 사계절이 있다. 덥고 습한 여름, 화창한 가을, 매우 혹독한 겨울(특히 시베리아로부터 눈 섞인 바람이 불어오는 혼슈의 동해 인근의 해변 지역), 유명한 사쿠라(桜)로 상징화되는 짧지만 화려한 봄이 일본의 사계절이다. 혹자는 장마와 늦여름과 초가을 사이에 여러 차례 오는 태풍 때문에 일본에는 오계절이 있다고 말하기도 한다. 1923년 도쿄 지진과 1995년 고베(神戸) 지진을 포함하여 끔직한 자연재해가 일본을 엄습하기도 하는데, 도호쿠(東北) 대지진과 2011년 쓰나미는 그 최근 사례이다. 이따금씩 저항하기 어려운 자연의 힘과 맞서 싸울 수밖에 없는 상황을 잘 이해하고 있는 일본인들에게 이러한 재해는 인생의 일상사로 받아들여진다.

일본은 네 개의 주요 섬으로 구성되어 있다. 혼슈 본토는 도쿄, 오사카, 나고야 등 대도시와 간토, 간사이(関西), 도카이(東海) 지역을 포함하는 가장 중요한 지역이다. 남쪽의 규슈(九州)는 나가사키(長崎), 가고시마(鹿児島), 후쿠오카(福岡)를 포함하는 지역이다. 시코쿠(四国)는 가장 작은 섬으로 혼슈의 동쪽에 있다. 일본의 스코틀랜드와 같은 북쪽의 홋카이도(北海道)는 인구밀도가 가장 낮은 지역이다. 인구와 경제적 중요성의 측면에서 볼 때, 도쿄 지역을 포함한 간토, 나고야 지역의 도카이, 오사카 지역의 간사이 등 혼슈의 태평양 연안 지역의 영향력이 압도적이다. 이 지역은 교토와 나라 등 고대 일본의 수도가 있을 뿐 아니라, 도쿄 인근의 요코하마와 가와사키(川崎)를 포함하고 있다. 일본은 행정적으로 47개현으로 구분되어 있다. 정치적으로는 도쿄의 영향력이 압도적이다 (사진 1.1 참조). 현, 시, 구에서 선출되는 정치인들이 있음에도 불구하고, 예산은 도쿄의 중앙 성청에서 통제된다.

전통적으로 대부분의 일본인들은 농업(특히, 쌀농사)과 어업으로 생계를 유지하였다. 일부 학자들은 쌀농사를 위한 협력이 일본의 집단 문화를 조성했다는 주장을 제기하기도 하는데, 수정주의자들은 이러한 주장이 상당히 과장되었다고 본다. 그럼에도 불구하고 일본인들은 자신이 농경민이라는 데 특별한 애착을 느끼며 제2차 세계대전 이후 농민들은 일본정부의 시혜적 정책의 수혜자가 되기도 하였다. 일본에서는 쌀밥(ご飯)이라는 말이 식사와 동의어로 쓰이기도 한다. 일본인들은 자신들이 고래 고기에서부터 생선, 새우, 조개, 해초에 이르기까지 바다에서 생산되는 모든 것들을 먹는다는 주장을 즐겨 한다. 전형적인 일

본 식사는 쌀밥, 채소, 생선으로 이루어진다. 다른 아시아 국가들의 음식과 달리 일본 음식은 맵지 않고 다양한 소스와 절인 음식이 반찬으로 제공된다. 일본 요리에서는 음식을 정교하게 장식하고 옻칠한 그릇과 도자기에 담는 시각적 효과를 매우 중요하게 여긴다. 국수는 일본인들이 주식처럼 즐겨 먹는 간편한 식사이다. 최근에는 예전보다 고기를 더 많이 먹는 등 일본인들의 식사 습관이 크게 변화하여 젊은 세대는 부모 세대보다 키가 큰 경우가 많다. 이탈리아, 인도, 태국, 베트남 등 외국 요리 또한 대중적 인기를 누리고 있고 쉽게 접할 수 있다.

문화

일본문화는 매우 풍요롭다. 섬세한 표현에 대한 일본인들의 열정은 사찰의 목조 불상, 여러 시대의 회화, 도자기 등 수 많은 걸작에서 잘 드러난다. 고품격 예술이라기보다는 잠시 유행하다 사라지는 작품들이기는 하지만, 유명한 풍경, 미인, 배우들을 담은 그림인 에도(江戶)시대 우키요에(浮世繪)는 널리 인기가 많아 일본 이외의 지역에서도 수집된다. 일본은 하이쿠(俳句)와 같은 문학 장르와 나츠메 소세키(夏目漱石), 가와바타 야스나리(川端康成), 미시마 유키오(三島由紀夫) 등 세계적으로 널리 알려진 작가들에서 증명되듯이 매우 뛰어난 문학적 전통을 갖고 있다. 최근 요시모토 바나나(吉本ばなな)와 무라카미 하루키(村上春樹)와 같은 작가들은 매우 현대적 양식의 스토리텔링으로 세계적인 명성을 얻고 있다. 일본인들, 특히 장거리 통근을 하는 사람들은 진지한 논픽션에서 만화에 이르기까지 가리지 않고 책을 읽는다. 일본 전통공연인 가부키(歌舞伎)와 노(能)는 여전히 활발하게 공연되고 있으며, 이에 대한 해외의 관심도 커지고 있다.

일본문화의 또 다른 중요한 측면은 전통 예술이 여성들에 의해 추구

되는 경우가 많다는 점이다. 단순함과 정교함이 혼합된 다도, 일본식 꽃꽂이(生け花), 하프 모양의 악기인 고토(琴) 연주 등이 대표적 사례이다. 예전에는 이러한 여성적 예술을 연마하는 것이 좋은 남편을 찾는 데 전제 조건처럼 여겨졌다. 많은 사람들이 서양 고전 음악에 매혹되고 있으며, '스즈키 주법(Suzuki method)'의 인기는 많은 어린이들이 악기를 배우고 있다는 것이 증명한다. 다른 사회와 달리, 일본에서 문화와 관련한 문제는 매우 진지한 관심의 대상이 된다. 백화점에서 자주 열리는 서양 회화 특별 전시회나 보통의 사찰, 신사, 박물관 등에서 열리는 일본 회화 전시회에는 수많은 사람들로 북적인다. 역사적 또는 예술적 의미를 지닌 물품들은 '국보'로 지정되고, 탁월한 예술가들은 '인간 국보'의 지위를 부여받기도 한다.

1990년대 이후 경제적 혼란이 지속되고 교육과 범죄 등에서 일본의 성공에 대한 의구심이 제기되는 등 일본인들이 그동안 갖고 있던 자긍심이 낮아지고 있다. 반면 일본의 대중문화는 유례없는 성장을 거듭했고, 일본만화, 컴퓨터 게임, 패션, 대중음악, 이동전화 기술은 젊은 세대의 생활을 근본적으로 바꾸어놓았다. 그러나 이러한 변화가 일본에 국한되는 것은 아니어서, 다른 아시아 국가들이나 서양 세계에도 커다란 영향을 미쳤다. 트리트(Treat)는 "일본의 대중문화를 깊이 체험하지 못하면 일본을 진정으로 이해하지 못하는 것이다"라고 주장했다(Treat, 1996: 30).

사실 일본적인 것에 대한 열망은 새로운 현상이 아니다. '자포니스무(ジャポニスム)'는 19세기 후반 유럽 의상에서 가구까지 일본적인 것에 대한 혐오를 지칭한다. 그러나 외국인들이 가와쿠보 레디(川久保玲), 야마모토 요지(山本耀司), 미야케 이세이(三宅一生)의 디자인을 '동양적인 것'으로 보기 시작하면서 1980년대 세계적 명성을 얻은 새로운 세대의 일본 디자이너들은 집단적으로 이국적이고 멋스러우면서 차별화된 '일본적인 것'을 표현하고 있다 (Skov 1996: 137-140). 미야자와 리에(宮沢りえ)와 같은 일본의 대중 아이돌들은 한국, 대만, 싱가포르, 홍콩 등 신흥 경제권은 물론, 정도는 다소 약하지만 태국과 필리핀 등 동남아시아 국가에서도 접할 수 있다 (Ching, 1996: 170). 아시아에서 가라오케의 높은 인기는 문화적 일본화 경향의 또 다른 사례이다. 가라오케는 다른 문화권에 수출되면서 다소 변형되기는 했지만, 일본에서 오랫동안 지속되어 온 '공연 전통'을 반영하는 것일 수도 있다 (Kelly, 1998: 84-85).

아시아에서 미국이 갖는 막대한 전략적 중요성에도 불구하고, 아시아의 젊은이들은 일본문화를 점차 더 많이 소비하고 있다. 로보텍, 도라에몽, 세일러문, 드래곤볼과 같은 만화는 21세기 일본의 가장 중요한 수출품 가운데 하나가 되었다. 만화 이미지를 활용한 마케팅은 문구류와 티셔츠 등 많은 상품에 사용되고 있다. '망가(漫画)'는 이제 번역되어 전 세계에 배포되고 있다 (Craig, 2000: 4-5). 츠츠이(Tsutsui)는 망가 및 일본의 다른 대중문화에는 네 가지 주제가 주로 활용된다고 한다. '파국적 공상, 괴물에 대한 매혹, 귀엽고 부드러움, 메카 환상(인간이 통제하는 로봇이나 기계를 소재로 한 공상과학'(SF – 역자 주)이 그것이다 (Tsutsui, 2010: 21). 일본과 태국을 자주 여행하는 사람들은 알 수 있겠지만, 방콕과 홍콩의 패션은 도쿄의 가장 최신 경향을 빠르게 반영한다. 아시아의 팝 스타들은 일본의 원조 팝 스타들을 모방하기도 하고, 닌텐도, 포케몬, 헬로 키티는 세계 어디서나 찾을 수 있다.

젊은 세대의 문화

일본의 젊은 세대는 성 또는 망가에서 유래된 환상과 연결된 패션, 음

악, 행위 등 특정 예술 형태를 반영하는 하위 대중문화에 빠져들기도 한다. 이러한 하위문화를 신봉하는 '조쿠(族)'들은 일상적인 젊은 세대보다 반항적이고 일탈적으로 보이지만, 매우 엄격한 드레스 코드와 행위 규칙을 따른다. 이러한 코드는 펑크(punks)나 고스(Goths, ゴス) 같은 서구의 하위문화와 상당히 유사하지만 보다 극단적 형식을 취하는 경향이 있다. 패션은 아주 빨리 변화하기 때문에 하위문화를 고정적으로 분류하기가 대단히 어렵고 실제로 각 카테고리 안에 수많은 변종들이 있다. 하지만 '하라주쿠소녀(原宿ガールズ)', '시부야갸루(渋谷ギャル)', 갸루남(ギャル男), '야만바(やまんば)', '아키바계(秋葉系)' 또는 '오타쿠(お宅)' 등 최근 들어 '유형(types)'을 따르는 것이 매우 분명해지고 있다. 마찬가지로 최근에는 '초식계 남자(草食系男子)'와 반대의 여성 유형인 '육식계 여자(肉食系女子)'와 같은 분류가 이루어지고 있다.

아키바계 또는 오타쿠는 대부분의 시간을 인터넷이나 컴퓨터 게임을 하며, 애니매이션(アニメ), 비디오 게임, 만화책, 아이돌에 집착하는 사람들이다. 이들 중 다수는 애니메이션 관련 물품들을 수집한다. 가르시아(Garcia)는 망가 오타쿠, 아니메 오타쿠, (좋아하는 시리즈물의 플라스틱 인형에 집착하는) 인물 오타쿠, 컴퓨터 오타쿠, 팝 아이돌을 사랑하는 워타(wota), 게임 오타쿠, 전차 오타쿠 등 오타쿠를 7가지 유형으로 분류한다 (Garcia, 2010: 86). 그러나 실제로는 많은 오타쿠들이 다른 유형의 오타쿠 기질을 함께 갖고 있다. 컴퓨터와 전자제품으로 유명한 도쿄의 아키하바라(秋葉原) 지역은 오타쿠의 성지(聖地)로 불리지만, 오사카의 니혼바시(日本橋)나 고베의 센터 플라자 등 다른 도시에도 이와 유사한 지역이 있다. 오타쿠는 도쿄 게임 쇼나 세계 최대의 망가 축제인 'Comiket(コミケット)'와 같은 연례행사에 모인다. 대부분의 오타쿠는 20대에서 40대의 따분한 스타일의 남성들로 정상적인 교우 관계나 특히 여성들과 건전한 관계를 형성하는 데 어려움을 느끼는 경우가 많다. 오타쿠의 교조/카리스마(お宅の教祖/カリスマ)로 유명한 오카다 도시오(岡田斗司)는 아키하바라를 자주 찾는 사람들은 현실의 낭만을 회피하는 경향이 있다고 주장한다. 많은 오타쿠들은 일본 주류 사회의 보통 여성과 데이트를 하고 결혼을 하기보다 AKB 48 같은 아이돌 그룹과 사랑에 빠지거나 소녀들이 하녀 복장을 하고 음식과 노래, 게임 쇼 같은 오락을 제공하는 '하녀 찻집(メイド喫茶)'에 집착한다. 어떤 젊은이들은 애니메이션, 게임, 만화책 캐릭터처럼 분장하는 '코스프레(コスプレ)'를 하기도 한다. 코스프레를 하는 사람들은 클럽과 컨벤션 센터에서 열리는 경연대회에 참가하거나 '카메코(カメ児)'로 알려진 아마추어 사진가들의 촬영을 위해 모델이 되기도 한다 (Garcia, 2010: 95).

하라주쿠 소녀들은 고쓰, 로리타, '비주얼계' 밴드(비주얼 중심 뮤지션의 하위 범주로 여성적 모습과 젊은 남성의 참신하고 매력적인 이미지가 혼합된 것을 말한다)의 영감을 받은 복장을 입는 소녀들이다 (Iida, 2005: 59). 1980년대와 1990년대에 많은 인기를 얻었던 '엑스재팬(X Japan)'과 루나 씨(Luna Sea)가 이 밴드에 속한다. 하라주쿠 소녀들은 도쿄 중심부인 하라주쿠 오모테산도(表三度) 거리의 차량 통행이 일시적으로 금지되는 일요일 오후에 주로 모이기 때문에 그렇게 불린다. 하라주쿠 현상은 매우 의례화(ritualized)되어 있고 시간이 제한되어 있다. 정확히 오후 6시 오모테산도의 교통이 다시 개방되면 소녀들은 빠르게 흩어진다.

시부야 갸루(渋谷ギャル)와 갸루남(ギャル男)은 머리를 염색하고 피부를 태우며 짙은 메이크업을 하고 다채로운 색상의 노출이 심한 의상을 입는 젊은이들의 하위문화이다. 류(Liu, 2005)는 이 문화에는 힙합 문화의 영향이 있었다고 지적한다. 이들 중 다수는 아무로 나미에(安室

奈美恵)와 하마사키 아유미(浜崎あゆみ)와 같은 유명 가수들을 따라 한다. 이이다(Iida)에 따르면, '작은 소녀'를 뜻하는 고갸루(コギャル)가 1993년 처음 등장했는데, 이들은 '짧은 교복, 하얀 무릎 양말, 갈색 또는 금색으로 염색한 머리 등을 치장하는 젊은 여성 유형'이다 (Iida, 2005: 65). 1990년대 후반 미적으로 불쾌한 분장을 하는 더 극단적 유형의 소녀 집단인 '야만바(山姥)'가 등장했다. 이들은 검게 칠한 얼굴을 지나치게 큰 위협적인 눈과 하얀 색 입술로 분장하기 때문에 '검은 얼굴(顔黒/ガングロ)'로 불린다 (Iida, 2005: 65). 일부 젊은 여성들은 다양한 스타일의 소녀 의상을 성적으로 패러디한 로리타가 되기도 한다 (Garcia, 2010: 94). 이러한 집단의 구성원들은 은어를 만들어서 다른 사람들이 알아듣기 힘들게 하기도 한다.

일본 TV에는 아이돌에서 예인(芸人, 코미디언), '배우-여우(俳優-女優)', 탤런트, 가수, 아나운서에 이르는 다양한 '예능인(芸能人)'들이 대거 출연한다 (Garcia, 2010: 120-121). 일본의 TV는 대중문화와 행태에 대해 놀라울 정도의 통찰력을 제공하기도 한다. 서양인들의 눈에는 상당수 TV프로그램과 광고가 꽤 이상하고 우스꽝스럽게 보일 것이다.

그러나 최근에는 한국 드라마와 예능 프로그램들이 일본에서 점차 인기를 얻고 있다. 한국 드라마 〈겨울 연가〉는 일본에서 가장 인기 있는 TV 드라마가 되기도 하였다. 2011년 8월 일본 TV에 한국 프로그램이 방송되는 데 반대하는 국수주의적 시위가 발생하였다. 한국 대중음악인 K-Pop은, '귀여움'을 부각시킨 젊은 여자 가수들이 압도적으로 많은 일본의 J-Pop보다 더 활기차고 앞서 있다는 이미지를 갖고 있다. 일본에서 '한류'의 부상은 일본인들이 다른 아시아 문화에 보다 개방적으로 변화하고 있음을 보여준다. 일본의 대중문화는 다른 아시아 국가들뿐 아니라 아시아를 넘어 상당한 관심을 끌고 있다. 맥그래이

(Douglas McGray)는 이러한 현상을 일본이 소프트파워를 세계적으로 전개할 수 있는 '국가적 매력의 강력한 엔진'이라고 불렀다 (Tsutsui, 2010: 59에서 인용).

아이러니컬하게도 이는 일본의 다른 산업 분야가 직면하고 있는 문제와 대비될 뿐 아니라, 일본의 교육 시스템이 혁신과 창의성을 억누르는 사회를 초래했다는 주장에 의문을 제기한다. 일본의 대중문화산업은 전통적인 장인 정신을 유지하며 그 문화적 강점을 TV 광고와 같은 새로운 출구를 통하여 유통시키고 있다. 일본에서는 외국의 이미지와 아이디어가 차용되고 재개념화되어 완전히 새로운 것으로 탈바꿈한다 (Craig, 2000: 7-8). 일본 대중문화를 통해 보이는 세상은 미국 대중문화에는 없는 어둡고 혼란스러우면서도 젊은이들을 매혹하는 꿈같은 이상주의적 요소를 갖고 있다. 주류 이론의 관점에서 볼 때, 일본 대중 또는 젊은 세대 문화가 번창하는 것은 일본사회가 역동적이라는 증거이다. 반면, 수정주의자들은 오타쿠와 조쿠의 성장이 일본문화가 내향적으로 변화하는 가운데 혼돈스럽고 불건전한 요소가 대두되는 증거라고 우려한다.

 ## 결론

현대 일본은 세계에서 가장 환상적이고 중요하며 복합적인 국가이다. 기존 연구에서도 다양한 논쟁과 이견이 있기 때문에 일본에 대한 정확한 이해가 어렵지만, 현대 경제, 사회, 정치 체제를 공부하는 사람들에게는 매우 중요한 과제이다. 일본에 대해 공부한다면 주류 학자, 수정주의자, 문화주의자 사이에 논쟁이 항상 지속되고 있다는

점을 알아야 한다. 일본을 이해하기 위해서는 우리가 듣고 읽는 모든 것에 대해 비판적이고 회의적인 태도 또한 필요하다. 물론, 이 책을 포함해서 말이다.

2

제2장 **역사적 배경**

도쿠가와 막부(德川幕府) 시기・27
메이지(明治) 시기・30
다이쇼 데모크라시(大正民主主義)・37
제국주의, 군국주의와 전쟁・38
미국의 점령・46

17세기 초에 시작되어 1800년대 말까지 지속된 장기간의 쇄국 이후에, 일본은 급속한 산업화와 사회적 변동을 통해 수 십 년 만에 봉건적 사회로부터 근대적인 민족국가로 이행하게 되었다. 서구세력과의 전쟁인 러일전쟁에서의 승리 이후 일본은 점차 제국주의 국가로 변화하였으며, 결국 군국주의 국가로 변모하여 태평양전쟁이라는 재앙을 낳았다. 1945년 8월의 굴욕적인 항복 이후에 일본은 스스로를 경제적 거인으로 재탄생시켰다. 1980년대에 이르러서는 무역과 제조업에서 미국과 맞먹는 수준에 다다랐다. 그러나 21세기에 들어선 일본은 정치·경제체제의 방향성을 잃어버린 것처럼 보이며, 새로운 도전에 직면하게 되었다. 이러한 과정의 많은 부분들이 매우 논쟁적이다.

도쿠가와 막부(德川幕府) 시기(1603~1868년)

긴 시간의 전국시대가 끝나고 도쿠가와 막부 시기에 일본이 하나로 통합되었다. 도쿠가와 가문은 군사적 경쟁자들을 물리치고 지방의 봉건 영주들을 통제 아래에 둠으로써 전국적 지배권을 획득하게 되었다. 에도(江戶, 도쿄의 옛 지명)시대 또는 도쿠가와(德川)시대의 일본은 외세로부터 거의 영향을 받지 않았다. 도쿠가와 쇼군(將軍)은 쇄국정책의 기치아래 나가사키 항구의 섬(出島[데지마], 1634년 쇄국정책의 일환으로 조성한 인공섬 – 역자 주)에 국한되어 활동하는, 소규모의 네덜란드 상인들을 제외하고는 모든 유럽인들을 일본에서 추방했다. 기독교는 금지되었다. 이후 일본이 서양과 무역을 재개하게 된 것은 1853년 그 유명한 '흑선(黒船)' – 페리(Matthew Perry) 제독이 이끌던 미국 함대 – 에 의해 강제로 문호를 개방한 다음이다.

그러나 일본이 '폐쇄된 국가'였다는 이미지는 조금 과장된 것이며, 일본문화의 특수성이나 독특함이 지나치게 강조되었다고 할 수 있다 (Pyle, 1996b: 57-59). 실제로 이 기간 동안 특히 중국, 한국, 그리고 동남아시아와의 무역에서 정기 기항지를 제공한 (현재 오키나와로 알려진) 류큐제도를 통해 외국과의 상당한 교역이 있었다. 네덜란드의 무역업자들이 에도의 쇼군에게 소개되었고, 1720년 이후에는 기독교 책자를 제외한 서양의 서적들은 일본에서 유통되도록 허락되었으며, 일본의 '난학(蘭学)' (서양에 대한 지식) 전문가들은 외국으로부터의 정보, 특히 과학과 기술발전에 관련된 자료들을 번역하고 받아들이는데 관여했다.

일본이 바깥세계로부터 상대적으로 고립되었던 265년간, 천황은 교토에서 은둔생활을 했던 반면, 실제 권력은 에도 쇼군(또는 '총사령관 [generalissimo]')의 손아귀에 있었다. 비록 관념상으로는 천황에게 종속되어있지만, 쇼군은 다른 영주들이 충성을 맹세한 사실상의 지배자였다. 이 나라는 매우 엄격했다. 위험인물들에 대해서는 단호한 조치가 취해졌고, 심지어 엘리트들도 상당한 통제의 대상이었다. 쇼군(将軍)은 직접적으로 전 영토의 1/4 가량을 통치했으며, 나머지 3/4은 260여 명의 다이묘(大名, 에도시대에 봉록이 1만석 이상인 지방 영주 – 역자 주) 또는 대지주 귀족들에 의해 관리되었다. 비록 에도시대 일본이 종종 막연하게 '봉건적(feudal)'으로 규정되지만, 중앙의 군사력과 다이묘로의 지방분권의 조합은 '봉건제-중앙집권제의 혼성체(feudal-central hybrid)'가 되었다. 쇼군은 자신의 마음대로 다이묘의 소유지를 재조정하거나 재배치할 수 있었다 – 특히 도쿠가와 지배기의 첫 100년간은 자신들의 권력과 통제를 확립하기 위해 종종 그렇게 하였다. 다이묘들은 또한 '참근교대(參勤交代[산킨코타이] – 역자 주)' 제도를 통해 에도와 자신들의 소유지에서 시기를 나누어 거주하도록 강요받았다(Waswo, 1996: 9–17). 두 곳에서 호화로운 거주지를 유지하는 것은 많은 다이묘들이 자신들의 재력을 넘어선 생활을 하도록 조장했으며, 증가하는 부채를 감추는 과시적인 소비 행태를 이끌었다. 이러한 상황에서, 상인계층은 상당한 부를 축적할 수 있었다. 이는 점차로 권력을 사무라이(侍, 쇼군과 다이묘의 가신으로 인구의 약 6~7퍼센트를 차지)로부터 상업 분야로 이전하는 효과를 낳았다. 이러한 변화는 상업도시 오사카의 발흥으로 상징화되었다.

에도시대 말기, 일본의 빠른 변화는 다양한 사회적 불만을 야기했다. 사무라이는 부유한 상인가족이 향유하는 높은 임금과 보다 나은 생활 방식을 질투하게 되었고, 지위는 더 이상 부를 결정하지 못했다. 가혹한 세금과 지방관의 폭정(local abuses)에 대한 농민들의 저항이 일상적이었으며, 그들의 폭력은 종종 사무라이 계급보다는 억압적인 마을 지도자들에게로 향했다 (Sato, 1990: 59). 불만의 또 다른 원인은 에도 관료제가 능력을 중시하지 않아서, 낮은 계층이지만 능력 있는 젊은 사무라이들의 출세 가능성(career prospects)은 막고, 좋은 집안에서 태어난 자들에게만 높은 직위를 보장한다는 것이었다. 극심한 내부적 정치 논쟁을 특징으로 하는, 막부제도(幕府制度) 내의 갈등은 1853년 서구세력이 국내를 강타하는 도전을 하기 훨씬 이전부터 확고하게 자리 잡고 있었다. 국제적 압력이 시작되면서 사무라이 지배의 효과성에 대한 회의가 도쿠가와 일본의 위계적(hierarchical) 이념을 약화시켰다. 그렇지만 에도 시기를 본질적으로 '봉건적', 정적이고 퇴보적인 것으로 보는 것은 지나친 단순화가 될 것이다. 두 세기 반 동안 나타난 그러한 갈등은 근대 초기의 일본에 엄청난 영향을 미친 거대한 사회적 경제적 변화를 반영하는 것이었다.

메이지(明治) 시기(1868~1912년)

미국인들의 유입에 의해 야기된 경제적, 정치적 위기는 쇼군체제의 붕괴를 촉진했다. 마침내 외국과의 교역을 위해 일본을 개방하기로 결정하면서, 지배 엘리트들은 이를 서양의 과학과 기술을 습득함으로써 구세력을 따라갈 수 있는, 강한 일본을 창조하기 위한 하나의 전략으로 인식했다. 동시에, 외세로부터의 외적인 도전은 도쿠가와 말기 일본을 괴롭히던 사회적 문제들에 대한 새로운 해결책을 제공했다. 1867년에 메이지 천황은 새로운 정부의 수장으로 '부활(restored)'하였다. '유신(維新)'은 수백 년을 어떤 실질적 권력도 없이 보낸 일본의 천황이 중심적인 정치적 역할을 되찾았음을 의미한다. 유신의 중요성은 논쟁적이다. 일부 역사가들은 이를 단순히 소수의 야심 있는 사무라이들이 만든 엘리트 운동으로 보는 반면, 최근의 학자들은 이것이 18세기로 거슬러 올라가서, 혁신적 변화를 위해 성장하던 사회운동(a social movement)을 반영하는 것이라는 관점을 지지한다. 파일(K. B. Pyle)이 설명하는 바와 같이, "외적 위기의 역할은 구체제의 무기력함에 분명하게 초점을 맞추고 새로운 질서를 창조하기 위한 혁명적 행동을 촉진하도록 했다"(Pyle, 1996b: 74).

일본이 서양 따라잡기(catch-up)를 추진하게 됨에 따라 급격한 근대화가 이어졌다. 제국주의 열강들을 심각한 위협으로 인식하게 됨에 따라 일본은 서양 국가들로부터의 배움을 추구했는데, 부분적으로는 식민지화의 위험을 피하기 위해서였다. 서양의 국가와 사회를 공부하고 일본이 채택할 수 있는 모델을 확인하기 위해 사절단이 파견되었다 (특히 영국, 프랑스, 독일과 미국). 초기 메이지시대 동안, 일본은 영국식 해군과 우편제도, 프랑스식의 경찰과 사법체계, 미국식 은행과 초등학교 제도, 독일식 육군제도를 포함하여 다양한 새로운 제도들을 수립하였다 (Pyle, 1996b: 79). 메이지 시기 동안 3,000명 이상의 외국인 고문이 채용되었는데 이들 중 다수는 기술자 및 기술 분야 전문가였다. 그러나 일본은 이들 외국인에게 의존적이지만은 않았으며 일본인들이 훈련되는 대로 그들을 대체하려고 노력했다.

메이지 시기 동안 1만 1,000명 이상의 일본인들이 주로 미국과 독일을 중심으로 유학을 위해 파견되었다. 일본은 상대적으로 젊은 리더십, 그리고 무엇보다도 토지가 아닌 공식 직위를 통해 자신들의 권력을 획득한 도시거주자들인 지배 엘리트로부터 혜택을 받았다. 그들은 새로운 사회제도 아래에서 재산과 부를 잃을 수 있다는 두려움을 가질 필요가 없었기 때문에 변화에 더욱 개방적이었다 (Pyle, 1996b: 79-80). 이러한 상황 속에서 메이지 시기 동안 '문명화와 계몽(civilisation and enlightenment)'이 일어났다. 이러한 계몽의 두드러진 특징은 일본의 전통에 대한 부정적 인식, 서양을 따라잡으려는 일본의 미래에 대한 상당한 낙관론, 서구 사례의 모방을 통한 거침없는 발전에 대한 믿음, 그리고 '과학, 기술과 실용적인 지식에 대한 전적인 믿음'을 포함하고 있었다 (Pyle, 1996b: 93).

메이지 시기 동안 일본은 최초의 비서구 산업국가로 등장하였다. 정부는 점차 광산, 철강, 철도와 같은 중공업의 확립을 강조하면서 국가주도의 산업정책을 발전시켰다. 정부는 가능한 한 최고의 서구 산업기

글상자 2.1 일본 현대사의 주요 일자

1603	도쿠가와 막부(德川幕府) 설립
1635–1639	쇄국정책 채택
1774	'난학(蘭学)'의 발흥
1853	페리(Perry) 제독의 '흑선(黒船)' 도쿄만에 도착
1868	메이지 유신(明治維新, 천황통치로 회귀)
1889	메이지 헌법
1890	교육칙서, 의회제 정부 출범
1894	청일전쟁
1895	대만합병
1902	영일동맹
1904	러일전쟁
1910	조선합병
1918	최초의 정당(政党) 정부 구성. '다이쇼 데모크라시(大正民主主義)' 시작
1923	관동대지진
1925	남성 보통선거권
1931	만주사변
1932	만주지역에 괴뢰국 만주국 건설. 우익 해사 생도들에 의한 이누카이(犬養) 총리 암살
1937	중국침공 시작
1940	독일, 이탈리아와 삼국동맹 조약 체결
1941	진주만과 말레이반도 공격. 미국 참전
1942	필리핀 점령. 미드웨이 해전에서 연합군의 승리
1944	연합군의 필리핀 탈환
1945	히로시마와 나가사키 원폭투하. 항복, 연합군 점령과 개혁 시작
1946	정치적 추방 시작
1946–1948	도쿄전범재판
1947	신헌법과 주요 정치개혁. 사회주의계열 정부 출범
1948	'역코스(reverse course)' 시작

계속

1949	'도지라인(Dodge line)' 실행
1950	한국전쟁 발발
1951	샌프란시스코 평화협정. 미일안보조약
1952	점령 종결
1954	자위대 창립
1955	자민당 설립과 집권. 산업생산 1942년 수준으로 회복
1956	소련과 외교관계 회복. 유엔 가입
1959	미나마타병 최초 확인
1960	미일안보조약 갱신에 대한 대규모 시위. 소득배증계획(所得倍增計画) 공표
1964	도쿄올림픽 개최
1967	7년 만에 소득 2배 증가(원래 발표된 계획에 따르면 10년 동안 국민소득을 2배 증가시키는 정책이었음 – 역자 주). 최초 반(反)공해법 통과
1971	환경청 설립
1972	오키나와를 일본 행정부로 반환. 중국과의 외교관계 회복
1973-1974	제1차 석유위기
1976	다나카(田中) 전 총리 록히드 스캔들로 체포. 방위계획대강(防衛計画大綱) 공표
1977	후쿠다(福田) 독트린 선언(일본의 군사대국화를 포기하고 아시아 국가들과의 연대를 강화하겠다는 정책노선 – 역자 주)
1978	나리타공항 시위자들이 관제탑 파괴. 나리타공항 개항
1979	제2차 석유위기
1983	보수적 의제를 내세운 나카소네 총리 취임
1987	새로운 노조연대 랭고(連合, 일본노동조합총연합회 – 역자 주) 설립
1988	미국에 대한 기록적 무역흑자: 쌍무적 무역 분쟁 최고조
1989	히로히토 천황 사망. 쇼와(昭和)시대 종결, 헤이세이(平成)시대 시작. 다수의 유력 정치인들이 리쿠르트-코스모스(Recruit-Cosmos) 스캔들에 연루

계속

1990	부동산과 주식시장 투기에 기초한 '거품(bubble)' 경제의 붕괴
1991	사가와 규빈(佐川急便) 스캔들 발생
1993	자민당 1993년 총선 패배, 반(反)자민당 연립정권 성립
1994	선거개혁법안 실행. 반자민당 연립 붕괴, 자민당과 사회당 중심의 이종연합(hybrid alliance) 정권 성립
1995	고베 지진(한신아와지 대지진 - 역자 주). 광신적 옴진리교에 의한 도쿄 사린가스 사건
1996	자민당의 하시모토(橋本) 총리 취임. 새로운 선거제도 하의 첫 선거에서 실질적인 변화는 나타나지 않았음
1997	아시아 재정위기가 일본경제에 부정적 영향을 미침
1998	4월 1일 - '빅뱅(Big Bang)' 금융규제완화 프로그램 실시
1999	자위대 대원들의 동티모르 유엔 평화유지활동(PKO) 참여
2000	평양에서 북한과 획기적인 회담 개최
2001	포퓰리스트적인 보수정치인 고이즈미 준이치로(小泉純一郞) 총리 취임
2002	한일공동월드컵 개최
2004	자위대 소부대(small unit)의 이라크 배치
2005	고이즈미 사임, 1년 총리(one-year PMs) 시대를 예고 (고이즈미 총리의 후임인 자민당의 아베 총리[2006]부터, 민주당의 집권 이후 아베 총리가 재집권[2012] 하기까지 자민당과 민주당을 합쳐 6번의 총리 교체가 있었다 - 역자 주)
2006	자위대 이라크로부터 철수. 방위청(防衛庁)이 방위성(防衛省)으로 격상됨. 사망자 수가 출생자 수를 초과, 인구 감소가 시작됨
2009	자민당 정권 상실, 민주당의 연립정권 수립
2010	중국이 세계 제2경제대국으로 일본을 추월
2011	동일본대지진, 후쿠시마 원전 위기

술을 도입하는 동시에 수입대체(import substitution) 전략을 추진하였고, 역동적인 수출 부문을 확립하였다. 외채는 가급적 피하였다. 메이지 시기 말에는 일본이 직물(textiles)의 주요 수출국으로서 영국과 대등하게 경쟁하게 되었다. 하지만 일부 학자들은 일본의 산업화 발전에 있어서 국가의 역할이 과장되지 않아야 한다고 주장한다. 개인 기업가들은, 정부가 촉발할 수는 있지만 사적 부문의 적극적 참여가 없다면 온전하게 수행할 수 없는, 복합적 과정(산업화 - 역자 주)의 중심에 있었다 (Pyle, 1996b: 108-112).

메이지 시기 동안 더욱 강력하고 효과적인 국가를 형성하고 국가정체성을 강화하기 위한 다양한 조치들이 취해졌다. 1873년에 20세 이상의 모든 남성들을 대상으로 하는 징병제가 도입되었고, 천황은 단지 외부세계 뿐 아니라 일본국민 전체에게 중요한 국가의 상징이 되었다 (Waswo, 1996: 26-33). 이는 천황과 관련된 새로운 국경일의 제정, 감명 깊은 천황의 칙령과 포고령의 실행, 천황에 대한 충성의 강조에서 나타난다. 학교 교과서는 교육부의 감독을 받았으며 나중에는 교육부에 의해 직접 저술되었는데, 왕에 대한 충성이나 효도와 같은 도덕적 주제들이 강조되었다. 또 다른 중요한 단계는 전통적인 지방(localities)을 국가의 행정구조 내에 통합하는 것이었다. 동시에 관료제는 좀 더 개방적이고 능력 중심적 제도로 변하였다. 이러한 모든 과정에서의 메이지 천황의 정확한 역할은 그가 일기나 문서(letters)를 거의 남기지 않았기 때문에 평가하기는 어렵다. 그에 관한 저술의 대부분은 칭송 일색의 전기에 불과하다. 키인(D. Keene)은 '일본 역사상 최대의 변화로 특징지어지는 45년을 통치했던 사람에 대한 믿을 만한 묘사를 만들어내는데' 성공한 전기 작가들이 거의 없다고 주장한다 (2002: xi).

메이지(明治) 시기의 가장 중요한 정치적 발전은 아시아에서 최초로 근대 민족국가를 형성했음을 상징하는 1889년 헌법의 공포였다 (더 많은 논의를 위하여, Gluck, 1985: 42-72 부분을 참조할 것). 그 문서(헌법 - 역자 주)는 독일의 정치적, 법적 관념(ideas)으로부터 지대한 영향을 받았고, 유럽 국가들처럼 양원제를 채택하였다. 귀족들에 의해 지배되는 비선출직 상원과 - 비록 참정권이 인구의 1퍼센트 정도로 제한되었지만 - 선출된 하원으로 구성되었다. 이러한 대의 기관들은 국가형성(nation-building)과 통합의 수단으로 볼 수 있으며, 민주주의를 확립하고 운영하기위한 수단이라기보다는 대중들의 불만에 대한 '안전판(safety valves)'으로 볼 수 있다 (Gluck, 1985: 49-50). 1889년 헌법은 비록 실제로는 거의 영향이 없는 조항들이었지만, 원칙적으로는 어느 정도의 시민적 자유(civil liberties)를 명문화했다. 이것은 광범위한 정치적 요구를 명쾌하게 반영하기보다는, 위로부터 부여된 헌법이었다. 1889년 헌법의 핵심적 특징은 천황을 최고 권위인 주권의 원천으로 규정한 것이다. 하지만 실질적 권력은 일부 영향력 있는 지도자들에게 속해 있었다. 대신들은 천황에 의해 임명되었고 내각은 의회보다는 천황에게 책임을 졌다. 정당이 중요한 역할을 하는 선출된 국회는 단지 자문 역할만을 하도록 되어 있었다 (논의를 위해서, Gluck, 1985: 60-67 본문을 참조할 것). 이러한 모든 한계와 단점에도 불구하고 1889년 헌법은 근대 민족국가라는 정치적 기반을 확립하도록 하는, 일본을 위한 커다란 진전이었다. 헌법이 공식적으로 공포된 이후, 헌법 체계가 실용체제(working entity)로 완전히 제도화되고 확립되는 데에는 대략 10년이 소요되었다 (Banno, 1992: 200).

다이쇼 데모크라시(大正民主主義)

실제로, 메이지 헌법에 의해 시행된 정치체제는 엘리트들을 대립하게 하는 것 중의 하나였다. 스탁윈(J. A. A. Stockwin)이 지적했듯이,

> 내각, 정당, 고위 정부관료, 상원, 추밀원, 궁내성 내의 텐노(천황)의 개인적 조언자들, 군대의 참모총장들과 일부 대기업의 임원들 모두 권력이 실제로 어디에 있는지 모호한 상황에서 권력을 위해 다투었다. (Stockwin, 2008: 20)

경쟁세력(contending forces)이라는 관념은, 정당의 중요성이 증가하고 보다 더 큰 정치적 자유가 존재한, (약하고 정신적으로 쇠약했던 다이쇼 천황의 재임기간에 해당하는 1912년부터 1926년까지) '다이쇼 데모크라시' 시기 동안에 절정에 달했다. 1918년부터 1932년까지, 정당은 특히 영향력이 있었으며 총리들도 일반적으로 정당 지도자들 중에서 선택되었다. 그럼에도 불구하고 정당은 대중에 기반하기보다는 엘리트 조직으로 존재하였고 (Pyle, 1996b: 159-171), 정당 정치인들은 사법부, 관료, 군부와 밀접하게 협력해야 했다. 메이지 헌정질서의 특성 때문에 실질적인 변화는 비록 제한적이었지만, 정치체제는 민주적 방향으로 진행되고 있는 것으로 보였다. 엘리트 외에도 대중들의 정치의식이 급속히 성장하였다. (소작농의 전투적인 조합들을 포함하여) 노조가 번창하였고, 학생들은 정치적으로 능동적이 되었으며, 자유주의이고 심지어 급진적인 개혁운동이 광범위하게 등장하였다. 1925년에 중요한 정치적 변화가 일어났는데 남성 보통선거권이 도입되면서 유권자수가 1,200만 명으로 네 배 증가하게 되었다. 이런 당

근은 시민적 자유를 축소하는 엄격한 새로운 공안법(Public Security Act)의 채찍으로 상쇄되었다.

제국주의, 군국주의와 전쟁

메이지 리더십은 무기로 잘 무장된 일본만이 서양에 동등하게 대응할 수 있다고 인식하여 군사력을 매우 강조하였다. 이 정책의 성공은 일본이 중국의 해군을 파괴하고 육군을 압도했던 1894~1895년 청일전쟁에서 나타났다. 그 후 일본은 아주 유리한 조건의 조약을 강요할 수 있었다. 중국은 펑후 열도(Pescadores), 포모사 (현재의 대만), 그리고 요동반도를 일본에 할양했다. 중국의 나약함이 드러났고 청일전쟁은 제국주의 열강들 간의 '중국 쟁탈전(scramble for China)'을 촉발하였다. 그렇지만 서구 열강들은 일본이 공격적인 행위를 통해 막대한 이익을 거두는 것을 꺼렸으며, 1895년 4월에는 독일, 러시아, 프랑스가 일본으로 하여금 요동반도를 포기하도록 만들었다. 그러자 일본은 러시아와 맞서기에 충분한 군사력을 키우는데 집중하였고, 1904~1905년 러일전쟁에서 러시아 해군을 패배시키는 데 성공했다.

러시아의 패배는 일본의 지도자들이 제국주의적 모험을 추구하는데 더욱 대담해지도록 만든 주요한 전환점이었다. 동시에, 러시아에 대해 힘겹게 얻어낸 승리는 일본으로 하여금 스스로를 취약하고 불안정하다고 느끼게 하였다. 이러한 지속적인 불안감은 이후 수 십 년간 일본의 외교정책을 추동하는 힘 중의 하나였다. 일본은 1910년 조선을 병합하였으며, 제1차 세계대전의 격변을 아시아태평양 지역 내 독일 영토를 장악하고, 중국에 대한 압력을 증가시키는 데 이용하였다. 1930년대 일본에서의 군국주의의 성장은 군부가 다른 정치기관들보다 더 많은 권한을 갖도록 함으로써, 일본의 국내외 의제를 형성하는데 있어서 군부가 유리한 위치를 점하게 되었다.

일본은 1931년 9월 만주사변부터 (일본군은 만주지역 전체를 침략하기위해 작은 폭파 사건을 구실로 이용하였고, 그 뒤에 만주국이라는 괴뢰국을 세웠다) 1945년 8월 항복할 때까지 제국주의적 침략자로 행동하였다. 이 '15년 전쟁' 동안 일본은 중국인들을 공포에 떨게 했고, 1941년 12월에는 진주만의 미 해군에 대한 기습을 감행했으며, 동남아시아를 침략하여 대부분의 지역을 정복하였고, 연합국(Allies)과 잔혹한 전쟁을 치렀다. 일본의 공격성은 끔찍한 원자폭탄이 히로시마와 나가사키에 사용되고 난 후에야 중단되었다. 15년 전쟁(Fifteen-Year War)은 일본 역사에 있어서 가장 암울한 사건들 중 하나였으며, 이 역사에 대한 어떤 논의든 즉각적으로 격한 감정을 일으켰다. 일본군의 행위 중 많은 것들은 ― 몇 가지만 언급하자면, 중국 민간인에 대한 강간과 학살, 이른바 '위안부(comfort women)' 학대, 전쟁포로에 대한 끔찍한 대우 ― 설명하는 것은 물론 이해하기도 어렵다. 그러나 연합군과의 전쟁으로 귀결된 제국주의적 정책들을 추진하게 된 일본의 결정은 국내정치와 국제정치 상황을 참고함으로써 이해될 수 있다.

일본의 저명한 역사학자는 태평양전쟁 동안의 일본의 행동을 '제국주의 시대 이후의 제국주의 전쟁'으로 묘사한다 (Nakamura, 1998: 248). 제1차 세계대전 말에 체결된 베르사유조약과 워싱턴조약은 제국주의적 경쟁을 끝내려고 의도한 것이었지만, 그들이 형성하고자 한 질서는 그 전쟁의 승자, 특히 미국, 영국과 프랑스에게 우호적인 것이었다. 독일과 이탈리아에서의 파시즘의 대두는 패전국들이 승자들의 테이블을 뒤엎으려는 시도를 반영한다. 일본에서의 상황은 유사하기도 하고 다르기도 하다. 유사점은 일본이 — 비록 일본이 미국과 영국 편에서 싸웠고, 1918년에 개념상 승전국이었지만 — 또한 앵글로 아메리카가 지배하는 국제질서에서 약소국(have-nots)에 들어간다는 것이다. 차이점은 서유럽 일부 국가들과 달리, 일본은 급격한 산업화를 촉진할 천연자원과 원자재의 준비된 원천인 거대한 해외 제국을 형성할 기회를 갖지 못했었다는 점이다. 어떤 면에서는, 일본이 근대 산업 사회로 전환하면서 서양 '따라잡기(catching-up)'라는 메이지시대의 목표를 달성하긴 했지만, 강대국으로서의 위신과 이점은 얻지 못했다. 일본의 전전(pre-war) 지도자들의 인식에서는 나카무라가 주장하듯이,

> 연합국(the Allies)은 제1차 세계대전 이후, 제국주의 이후의 질서를 유지하려고 노력하는 '가진 자들(haves)'이었고, 주축국(the Axis)은 연합국의 광대한 영토와 해외 식민지를 부러워하고 전세계의 부와 권력의 재분배를 간절히 바라는 '못가진 자들(have-nots)'이었다. (Nakamura, 1998: 249)

태평양전쟁에 대한 일본의 옹호자들은 이 전쟁을 식민주의로부터 아시아를 해방시키고 '대동아공영권(大東亞共榮圈)'을 건설하기 위해 기획된 해방전쟁으로 묘사하려 해왔지만, 실상은 15년 전쟁이 일본이 서구방식의 제국주의적 지배와 착취를 모방하려는 시도였음을 보여준다. 그러는 동안 일본은 이미 반(反)식민주의로 돌아선 대세를 아예 인식하지 못하고 있었다. 민족주의 운동이 아시아 전역 — 인도, 네덜란드령 동인도 제도 (현재의 인도네시아), 베트남, 특히 중국 — 에서 분출되었다. 제국주의는 이미 한물 지났고 일본이 아시아 독립운동을 성장시키고자 한다는 주장은 상당히 의심받았다.

왜 그리고 어떻게, 일본이 만주와 중국을 침략하고, 주축국과의 군사

조약을 체결했으며, 1941년에 미군과 영국 식민지들에 대한 공격을 감행하기로 결정했는가에 대한 질문은 길고 신중한 답을 필요로 한다. 의미심장한 것은, 1931~1941년 동안 군부가 문민통제의 범위를 크게 넘어섰다는 것이다. 대중국정책은 내각이 아니라 주로 군부에 의해 결정되었다. 비록 정책의 대부분에 대해 동조하였지만, 그 당시의 총리와 외무상들은 종종 자신들이 통제력이나 영향력이 거의 없는 상황에 대응하고 있음을 깨달았다. 게다가 문민 지도자들의 재임기간은 대체로 짧았다. 1932년부터 1945년 사이에 열세번의 내각과 열한명의 총리가 존재했다. 정치인들이 군부의 행동을 억제하거나 반대하려 할 때에, 그들은 문자 그대로 자신들의 목숨을 군부의 손아귀에 내맡겼다. (만주분쟁의 평화적 해결을 지지한) 이누카이 쯔요시(犬養毅) 총리는 1932년 5월 15일 자신의 관저에서 제복을 입은 해군 사관학교 생도들에게 사살 당했다 (Ienaga, 1978; 42-43). 1936년 영향력 높은 재무장관이던 다카하시 고레키요(高橋是清)의 죽음을 포함, 몇몇의 뛰어난 민간 지도자들 또한 젊은 장교들이 꾸민 음모에 의해 피살되었다.

  군부는 내각 구성을 계속 거부하면서 자신들의 행위에 대한 설명을 종종 완전히 거절하였다. 미국과의 전쟁 개시를 결정을 하는데 있어서 여론 주도층은 총리나 내각 장관들이 아니라 "육군과 해군 내 소수 핵심부서의 장교들이었다" (Nakamura, 1998: 252). 전시에 내각이 전선에서의 진행 상황을 항상 알았던 것은 아니다. 몇 척의 일본 군함들이 미드웨이 해전에서 비참하게 파괴되었을 때, (당시 현역 장군으로서 총리이자 육군상이던) 도조 히데키(東條英機)는 한 달 동안이나 이에 대해 듣지 못했다 (Inenaga, 1978: 39). 당시 일본군의 전략은 매우 비뚤어졌던 것 같다. 1945년 2월과 3월에 22,000명으로 추측되는 일본군이 전사한 외딴 섬 이오지마에서의 전혀 쓸데없는 전투가 전형적인 사례이다 (Kakehashi 2007, 같은 제목의 클린트 이스트우드의 훌륭한 영화). 전쟁 막바지, 자살임무를 지닌 가미카제 항공기의 투입은 흥분을 일으키는 용기와 절망의 조합을 보여주었다 (사진 2.1). 전시 히로히토 천황의 역할은 치열한 논쟁거리로 남아있다 (글상자 2.2).

군사팽창주의는 국내의 정치적 억압을 통해 지지되었다. 악명 높은 비밀경찰은 민간인들의 반체제적 의견이나 행동의 징후에 대해 면밀히 감시하였고, 위반자들에 대해서는 신속하고 효과적으로 행동했다. 하지만 일본이 불황으로부터 벗어나도록 한 케인즈적인(Keynesian) 국가지원의 경기 부양책들은 1930년대 말에 국민 대다수에게 상당한 경제적 이익을 제공하였다. 앨린슨(G. D. Allinson)은 경기회복과 '더욱 호전적인' 민족주의의 결합이 일본국민들이 확실하게 중국에서의 팽창주의와 이후의 태평양전쟁을 용인하도록 했다고 주장한다 (Allinson, 1997: 26). 이러한 경기회복은 소수의 유력한 대기업

사진 2.1 도쿄 야스쿠니 신사에 전시된 가미카제 항공기(제로센)

> **글상자 2.2   히로히토(1901~1989년): 논란이 많은 천황**
>
> 전쟁에서의 천황의 역할은 매우 논쟁적이다. 일부 학자들은 히로히토를 평화를 사랑하는 사람, 자신의 지휘관들에 의해 곤란한 입장이 된 전쟁의 '마지못한 상징(unwilling symbol)' (Large, 1992: 216)으로 인식한다. 반면 수정주의자들은 그를 전쟁 범죄자로 비난해왔다. 이처럼 오래된 논쟁은 2000년의 퓰리처상 수상작인 허버트 빅스(Herbert Bix)의 전기 『히로히토 평전(*Hirohito and the Making of Modern Japan*)』의 출간으로 격화되었다. 빅스는 군부가 정치과정을 완전하게 장악한 적은 결코 없었다고 주장한다. 그는 히로히토를 군사전략을 만드는 데 깊이 관여하고, 이에 따라 많은 심각한 판단 착오에 직접적인 책임이 있는 전시 '핵심인물(helmsman)'로 보았다 (Bix, 2000: 486). 빅스는 또한 히로히토가 1945년 5월 초의 독일의 무조건 항복 이후에 패배가 불가피하게 된 상황에서 전쟁이 더 빨리 종결하지 않은데 대해 개인적으로 비난받아야 한다고 믿는다 (Bix, 1995: 223; 2000: 519-530).
>
> 빅스의 전기는 미국에서는 많은 찬사를 받았지만, 일본에서는 엇갈리는 반응을 야기했다. 장문의 비평문을 통해, 두 일본 학자들이 빅스 자신의 핵심 주장들에 대해 1차 자료의 부족함, 그리고 좌파 일본 학자들에 의해 수행된 2차 연구에 대한 지나친 의존성을 비난했다. 한 명은 "나로서는 빅스가 일본의 문화적 전통인 천황제를 이해하는 데 그야말로 실패한 것으로 보인다" (Matsumoto and Shoji, 2002: 68)고 분명하게 주장했다. 이 논쟁은 쉽게 사그라지지 않을 것 같다.

(conglomerates)에 의해 주도된 강력한 산업 부문을 구축하는데 일조했으며, 전후 일본의 경제력 재건을 위한 길을 닦아놓았다. 다우어(J. W. Dower)는 전쟁이 전후 일본의 경제적 주도권을 위한 기초적 기반

(infrastructure)을 다지고, 보수 세력이 중개하는 강한 자본주의 국가를 건설하도록 했다고 주장하면서, 이러한 모순적 상황을 '쓸모 있는 전쟁(useful war)'이라고 칭했다 (Dower, 1992: 49-70).

일본의 히로시마와 나가사키에 원자폭탄을 투하하기로 한 미국의 결정은 제2차 세계대전의 가장 논쟁적인 쟁점들 중 하나이다 (논의를 위해, Bernstein, 1995: 227-223, 그리고 *Diplomatic History* 1995년 봄 특별호의 다른 논문들). 트루만 정부의 공직자들은 원폭투하가 전쟁을 단축시킴으로써, 침공을 불필요한 것으로 만들고 최대 50만 명의 미국인들의 목숨을 구했다고 주장했다. 수정주의 역사가들은 일본이 이미 항복할 상황에 이르렀으며 원폭투하는 군사적 목적에는 거의 기여하지 못했다고 주장해왔다. 트루만의 진짜 목적은 소련에 대한 미국의 우위를 입증하는 것이었다. 계획된 침공에 따른 미군 사망자 수의 공식적 예상은 — 수십만 명이 아니라 — 2만 5,000명에서 4만 6,000명 사이였다. 원자폭탄은 무려 30만 명의 사람들을 죽였는데 (Dower, 1995: 282), 거의 대다수는 민간인이었다. 공식적 관점과 수정주의적 관점 사이에는 많은 절충된 입장이 있다. 거의 틀림없이, 원자폭탄의 투하나 전면적인 침공이 없었더라도 일본이 항복했을 것이라는 점이다. 히로시마 원폭이 일본의 항복을 촉진했다고 주장할 수는 있지만, 나가사키에 투하한 두 번째 원자폭탄은 결코 설득력 있게 정당화되지 않는다.

태평양전쟁 — 미국 및 연합국과의 충돌 — 에 대한 일본인들의 기억은 1931년 이래의 만주와 중국에 대한 사악한 침공보다도 더 크게 나타난다. 하지만 일본은 그 점령지들을(만주와 중국 — 역자 주) 명확하게 합병하고 확장하기 위해 태평양전쟁을 시작했다. 1931년부터 1945년까지 15년 동안 다른 국가들이 대체로 일본을 침략국(aggressive power)으로 간주해왔다는 사실에도 불구하고, 일본 내에서는 종종 일본을 전쟁의 희생자로 보는 인식이 지배적이었다. 일본은 두 개의 원자폭탄의 표적으로 유례없이 희생당했을 뿐만 아니라, 또한 일본인들은 자신들을 군국주의의 희생자로 인식한다. 비난의 대상이 국가전체에서 군부와 그에 대한 엘리트 지지자들, 특히 도쿄전범재판(Tokyo War Crimes Tribunal)에서 재판받은 28명의 지도자들에게로 전환되었다 (Totani, 2009 참조). 다나카는 아래와 같이 지적하고 있다.

> 일본에서 대중적인 생각은 전쟁의 책임이 전적으로, 속이기 쉬운 대중들을 기만하고 시민들을 그 누구도 반복되는 것을 원치 않는 전쟁으로 이끌어낸 전쟁 지도자들에게 있다는 의견과 강하게 연결되어 있다. 그 결과 일반 국민들은 자신들이 희생자였다고 느끼게 된다. (Tanaka, 1996: 214)

다나카는 사실상 "일반 시민들이 궁극적으로는 전쟁을 지지했고 그 만큼의 책임을 가지고 있다"고 생각한다 (Tanaka, 1996: 215). 일본 지도자들의 다수도 차례로 피해자라고 주장했다. 그들은 단지, 재판에 회부되지 않은, 천황을 위해서 행동했었다. 글럭(Carol Gluck)은 "국민도 천황도 심문받지 않았다"고 표현한다 (Gluck, 1992: 13). 돌이켜 생각해보면 그 결과로 다수의 평범한 일본인들은, 실제로는 일본이 관여한 '총력전(total war)'에 전체 국민이 사실상 적극적 또는 소극적 공범으로 연루되어 있었지만, 전쟁이 자신들과는 전혀 관련되지 않았다고 느낄 수 있었다 (Young, 1998: 7-8 참조). 헤스팅(Max Hastings)은 "총력전에 참가하기로 결심함에 따라, 국가 전체가 총체적 패배(total defeat)에 노출되었다"고 주장한다 (Hastings, 2007: 5). 실제로 일본인들은 총체적 패배가 그들이 벌였던 모든 전쟁에서 자신들을 해방시켰다고 믿기로 하였다.

전후 독일에서는 나치 전범에 대한 재판이 수십 년간 계속되었던 반면, 도쿄전범재판은 1948년에 종결되었다. 일본인들은 독일인보다 훨씬 더 강하게 자신들의 전시 책임과 죄과에 대한 집단적 부정(collective denial)을 행해왔다. 일본의 우익은 도쿄전범재판에서 전쟁범죄 재판을 '승자의 정의'로 비판했던 인도계 판사인 팔(Radhabinod Pal)의 소수의견(dissenting judgement) 때문에 그를 영웅처럼 떠받들었다. 팔의 기념비가 도쿄의 야스쿠니 신사에 세워져 있다. 빅스는 일본의 전후 부정(post-war denial)이, '(일본인들이) 전쟁에서의 천황의 중심적 역할을 계속 알아보지 않는 한 그들 자신을 문제시할 필요가 없었기' 때문에, 히로히토 천황에 대한 점령 당국의 대우와 관련되어 있었다고 주장한다 (Bix, 2000: 17). 그럼에도 불구하고, 글럭은 1989년 히로히토의 사망 이후, '전쟁 책임'에 대한 공론이 더욱 성숙하고 반성에 기초하게 되었다고 믿는다 (Gluck, 2009: 94-100).

 미국의 점령

현재의 일본정치체제를 평가하는데 겪는 어려움의 상당부분은, 일본의 헌법이 대부분 1945~1952년 미 점령기에 일본에 부과된 것이기 때문에 외견상으로 서구식 체제처럼 보인다는 사실에 있다. 전후 일본에서의 미국의 역할에 대한 상충되는 시각과 해석들에 대한 이해가 이후의 일본정치를 판단하는 데 핵심적이다.

전쟁 말기에 일본은 허탈(虛脫[쿄다쯔]), (사기저하, 탈진과 절망) 상

태에 있었고, 재건을 위한 초기의 활력과 낙관론의 대부분은 외부에서 비롯되었다 (Dower, 1999: 89). 일본의 일반 국민들은 단지 생존을 위한 투쟁에 여념이 없었다. 그들의 '죽순생활(竹の子生活)'은 (패전 후 유행하던 용어로 죽순의 껍질을 벗기듯이, 모든 것들을 하나하나 내다 팔며 생활해야하던 당시의 어려움을 의미한다 - 역자 주) 필수품을 제외한 모든 것을 '껍질을 벗기듯(peeling off)' 내다 파는 것을 의미한다 (1999: 95). 하지만 미국인들은 일본인들이 점령비용의 대부분을 떠맡을 것을 요구했다 (1999: 115).

연합국 진영에서는 일본이 어떻게 처리되어야 하는지에 대해서 상당한 불일치가 있었다. 예를 들어, 호주는 천황제의 폐지를 포함하여 일본인들에 대한 징벌적인 처우를 지지했던 반면, (육군 장관인 스팀슨[Stimson]과 같이) 미국 내 다수는 일본 문제에 대해 비군사화(demilitarization) 프로그램과 전범재판에 국한된, 극히 제한된 개입을 선호했다. 결국 패전 후 처리를 수행하는 임무를 부여받은 미국인 맥아더(Douglas MacArthur) 장군에게 일본에 '민주적인 자치정부' 체제의 도입이라는 더욱 야심찬 임무가 주어졌다 (글상자 2.3). 하지만 맥아더는 또한 '자유로운 국민의 의사에 의해 지지받지 못하는 어떠한 형태의 정부도 일본에 강요하지' 않도록 지시받았다. 즉 일본은 모두가 동의하는 한, 원하든 원치 않든 민주주의가 될 예정이었다. 점령 당국의 목적은 지도원리(guiding principle)로서 '자유로운 국민의 의사'를 강조하는 '초기대일방침(Initial post-surrender policy)'으로 알려진 문서에 깔끔하게 틀이 잡혀있다 (Dower, 1999: 77).

미국이 초안을 잡은 1947년 헌법은 메이지 헌법과는 아주 다른 것이었다. 일본정부는 메이지 헌법에 기초하여 자신들의 헌법 초안을 준비했었지만, 연합군최고사령부(SCAP: Supreme Commander

> **글상자 2.3** 맥아더 장군(1880~1964년)
>
> 맥아더(Douglas MacArthur)는 필리핀의 군사고문으로 임명되기 이전에, 루즈벨트 대통령 당시 육군참모총장의 지위에 오른 직업군인이었다. 1942년 일본군의 진격으로 코레히도르(필리핀의 코레히도 섬 – 역자 주)에서 호주로 ("나는 돌아올 것이다"는 맹세로 소문 난) 수치스러운 철수를 했음에도 불구하고, 맥아더는 미국 국민들에 의해서 영웅시되었다. 트루만 대통령의 의구심에도 불구하고, 그는 1945년에 일본의 항복을 받고 연합국 점령군을 지휘하도록 선택받았다 (Schaller, 1989: 118-119). 일본에 대한 맥아더의 개인적 비전은 매우 컸다. 다우어는 그가 행정권과 입법권을 모두 가지고 "자신의 극동 영토에서 작지만 강력한 지배자로 군림했다"고 주장한다 (1999: 79). 그러나 역설적이게도 맥아더는 그가 연합군최고사령관(Supreme Commander for the Allied Powers)으로 재임하던 5년 동안 그가 관장해야할 사람들과 거의 접촉하지 않았다. 그는 평범한 일본인들이 어떻게 사는지를 전혀 본 적이 없을 뿐 아니라, 오직 16명의 일본인들이 실제로 그와 두 번 이상 대화했을 뿐인데, 이들 모두 고위직 인사들이었다 (Dower, 1999: 204). 일본 개혁에 대한 맥아더의 헌신은 부분적으로, 자신의 정치적 야심에 대한 집착이 증가함에 따라 약화되었다. 그렇지만 일본의 정치적 향방에 대한 그의 막대한 영향력에도 불구하고, 미국 대통령직을 위한 맥아더의 노력은 수포로 돌아갔다. 그는 한국전쟁 초기에 유엔군을 지휘하였다. 하지만 그의 경력은 1951년 트루만에 의해 해임되었을 때 갑작스레 끝나버렸다. 일부 저술가들은 맥아더를 우뚝 솟은 거인(towering colossus)으로 바라보고, 나머지는 그를 영웅적인 실패자(heroic failure)로 본다 (Schaller, 1989: 252-253).

for the Allied Powers)에 의해 즉시 거부당했다. 대신 1946년 2월 4일부터 12일까지 8일간, 미국 관리들은 완전히 새로운 문서를 작성했고, 충격에 빠진 일본정부는 사실상 이를 받아들이지 않을 수 없었다 (Matsui, 2011: 13-16). 점령군 진영(Occupation circles)에서 천황의 미래에 관한 치열한 논쟁이 있었고, 이 논쟁은 일본인들의 심리가 서양인들과는 매우 다르다는 문화주의자 관점에 의해 강한 영향을 받았다. 맥아더는 천황이 점령군의 매우 유용한 도구가 될 수 있다는 것을 재빨리 인식했다. 다우어가 지적하듯이, "긴급하고 즉각적인 과제는 가능한 한 천황을 가장 유용하게 만드는 것이었다"(Dower, 1999: 299). 이러한 목적을 위해 천황은 재판에 회부되지는 않았지만 모든 공식 권력을 박탈당하고 국가수반이 아닌 '국가의 상징'으로만 지정된 채, 존속되었다 (전문은 www.solon.org 참조).

주권은 이제 내각이 책임지는 (Diet로 알려진) 의회를 선출하는 국민들에게 있다. 입법부의 권위가 매우 강해졌으며, 여성의 참정권이 최초로 도입되었다. '지방자치'가 지방과 현(県) 정부의 핵심 원칙으로 채택되었다. 다양한 인권이 보호받게 되었고, 독립적 사법부가 확립되었다. 그리고 무엇보다도 논쟁적으로, 일본이 전쟁을 수행하는 주권을 영원히 포기하도록 하는 헌법 9조가 공포되었다. 헌법의 영속성은 이것이 아직까지 개정되지 않았다는 사실에 의해 증명된다. 1990년대까지는 헌법 개정을 위한 중대한 수정안이 제출되지 않았다 (하지만 2012년 12월 자민당의 아베정권이 들어선 이후 헌법 9조 개정을 위한 노력이 진행 중이다 - 역자 주) (Hook and McCormack, 2001).

헌법에 더하여, 점령 세력은 또한 정치적 참여를 확대하고 민주화하기 위한 목적의 다양한 2차 개혁정책들을 실행했다. 2차 개혁정책 중에서 가장 중요한 것 하나는 좌익 정당을 포함하여 노조와 이익집단들을 설립할 수 있는 권리를 회복시키는 것이었다 (공산주의자들은 1920

년대 이래로 수감되어있었다). 다른 하나는 광범위한 토지개혁 프로그램 이었다. 개인은 7.5 에이커(약 3만 제곱미터 – 역자 주) 이상을 소유할 수 없도록 되었고, 이는 농촌의 지주제도(landlordism)를 종식시키는 효과를 낳았다. 추가된 개혁조치로 과거의 중앙집권체제를 대신하여 지방정부에 새로운 권력이 부여되었다. 교육 또한 개혁되었다. 국수주의적 교과서들은 다시 쓰였고, 교육체제는 분권화되었으며, 새로운 학위수여 기관이 다수 신설되었다. 대다수의 학자들이 이러한 개혁조치들의 대부분을 매우 성공적이었다고 평가한다.

점령의 또 다른 중요한 측면은 군 간부, 전직 관료, 3,000여 명의 재계 주요 인사들, 대략 300명의 중앙 정치인들은 물론 비밀경찰, 종교 지도자들과 군국주의 조직들의 회원을 포함해서 전쟁의 주요 지지자들로 평가받는 개개인의 (대개 강제 퇴진을 의미하는) '추방(purging)'이었다. 1946년부터 1948년 사이 스물여덟 명이 도쿄전범재판에서 재판을 받았다. (두 명의 전직 총리를 포함) 일곱 명이 처형당했고, 열여덟 명이 장기 징역형을 받았다 (Allison, 1997: 52-55).

그렇지만 미군정이 끝까지 같은 목표를 추진하지는 않았다. 1945~1947년 사이에는 '뉴딜(New Deal)' 방식의 사회적, 정치적 개혁을 위한 상당한 열정이 있었지만, 1948년경에는 현실화되기 시작한 냉전이, 일반적으로 '역 코스(reverse course)'로 알려진 일본에 대한 미국의 정책변화를 이끌었다. 민주화는 그저 중요사항의 하나로 격하되었다. 대신, 점령정책은 아시아에서 공산주의에 대항하는 견고한 방벽을 형성할, 경제적으로 강력하고 자립적인 국가를 만드는 데에 집중되었다. 일본에 대항력 있는(countervailing) 좌익세력을 구축하려던 맥아더의 초기 열정은 바로 번복되었다. 다수의 '추방되었던' 관료들이 정식으로 복권되었다. 점령 후반기의 핵심 주안점은 미국 은행가인 조셉 도지(Joseph Dodge)가 감독하게 된 임무인 일본경제의 재생이었다. 비록 오키나와에서는 1972년까지 미군통치가 지속되었지만, 일본 본토에 대한 점령은 공식적으로 1952년 4월 종결되었다.

다수의 분석가들은 미군정의 제한적 성공에 대해 강조하고 있다. 특히 그들은 전쟁 전에 요직을 차지했던 일본 관료들을 단호하게 추방하는데 대한 맥아더의 실패와 - 단지 수십 명이 축출되었고 이들 중 다수는 나중에 중요한 직책으로 복귀하였다 (Pempel, 1987; 157-187) - 마찬가지로 그가 자이바쯔(財閥), 즉 대기업을 개혁하기 위한 상징적 시도에도 불구하고, 기업 부문에서 전전(pre-war) 대기업들의 지배를 타파하는데 실패한 것에 주목한다 (Allison, 1997: 74-75). 만약 점령이 구시대의 권력집중을 제거하지 못했다면, 전후 일본이 전전(戰前) 보다 극적으로 민주적이고 개방적 사회가 된 것을 보기가 어려웠을 것이다.

어떻게 일본과 같은 나라가 이전의 정치적 방향과 명백하게 이질적인 헌법을 받아들일 수 있었는가? 일부 학자들에 의해 선호되는 대답은 1889년 헌법이 일본에서 좀 더 폭넓은 정치참여의 기원을 열었다는 것이다. 1947년 헌법과 다르지 않은 것이 이미 진화하고 있었다. 라이샤워(Reischauer)는 다음과 같이 주장한다.

> 독재적인 권력 또는 카리스마적인 리더십에 대한 혐오감과 집단협력 (group co-operation)에 대한 강한 성향은 일본의 정치적 유산의 확연한 특징이었고, 내 관점에서 그것들은 여전히 현재 일본의 커다란 정치적 자산을 구성한다. (Reischauer, 1977: 240)

라이샤워는 또한 일본이 '대중민주주의'를 성공적으로 창출한 이유로 광범위한 문자해독율과 강한 기업가적 정신을 들었다. 그는 1889년과 1947년 헌법 사이의 연속성을 제기했다. 암묵적으로, 태평양전쟁으로 귀결된 1930년대의 일본 군국주의 시기는 점진적인 민주화과정으로부터의 일탈이었다. 이러한 주장의 증거는 1889년 이후 정치체제의 작동 방식의 분석을 통해 도출되었을 것이다. 메이지 헌법이 거의 틀림없이 정치참여를 통제하려고 의도했었지만, 실제로는 의원들과 정당들이 기대했던 것만큼 다루기 쉽거나 무능하지는 않았다. 비록 1929년의 대공황으로 군부가 다시 정치적으로 우세하게 되었지만, 라이샤워 같은 학자들은 다이쇼(大正)시대에 일본이 근대 민주국가로 진화 중이었다고 주장한다. 미국이 부과한 1947년 헌법은 단지 이미 진행 중이던 진화의 과정을 촉진하였다. 라이샤워의 관점은 일본 엘리트들이 자신들이 전혀 선호하지 않는 전후 정치제체를 어떻게든 참아내도록 강요받았다고 주장하는 다른 학자들에 의해 반박되고 있다.

많은 논쟁이 점령과 1947년 헌법의 중요성을 중심으로 진행되고 있다. 미국의 역사적 경험을 반영하는 이른바 '헌법에 대한 강박관념(constitution complex)'에 시달리는 미국의 학자들에게는 일본의 새로운 헌법이 최고의 중요성을 가진다. 하지만 점령은 비미국인들로부터 더욱 엇갈리는 논평을 받는다. 밴 울퍼렌(Van Wolferen)은 다수의 일본 전문가들의 가설에 강력하게 의문을 제기했고, 일본이 태평양전쟁의 패배 이후에 과거 정치와 단절했다는 발상은 '일본체제의 정확한 평가에 대한 주요 장애물'이라고 말했다 (van Wolferen, 1989: 347). 라이샤워와 마찬가지로 밴 울퍼렌은 일본의 정치질서 속에서 상당한 역사적 연속성을 확인한다. 그러나 라이샤워가 민주적 경향성의 측면에서 연속성을 인식하는 반면, 밴 울퍼렌은 관료통제의 지속과 반대에 대한 제약(curtailing opposition)이라는 지속적 패턴을 기술한다. 밴 울퍼렌에게는, 태평양전쟁에서의 군국주의가 일본체제의 억압적이고 중앙집권적 속성의 당연한 논리적 귀결인 것 같다. 그는 19세기 말 일본의 관료들이 유럽에서 등장했던 것과 같은 반체제적인 사회세력의 성장을 막기 위하여 '사상지도(thought guidance)' 제도를 실행했다고 주장하면서, 메이지시대에 대한 회고를 통해 자신의 주장을 지지한다. 매우 효율적이었던 메이지시대의 경찰과 징병제의 도입은 '질서'를 강제하기 위해, 즉 반대(dissent)를 금지하기 위해 고안된 조치였다.

카와이(Kawai)는 일본의 근대화 ─ 그리고 유추에 의하면, 일본의 정치발전 ─ 에 대하여 세 가지 주요 가설이 있다고 주장했다 (Kawai, 1960: 234-248). '보수주의 가설(conservative hypothesis)'에 따르면, 성공적인 근대화를 위하여 일본은 가능한 한 많은 문화적 전통을 보존해야 했다. '자유주의 가설(liberal hypothesis)'은 일본이 서구와 같은 수준의 근대화를 달성하기 위해서 서구사회가 겪었던 모든 변화를 도입할 필요가 있었다고 주장한다. 세 번째 접근법은 카와이의 '실용주의 가설(pragmatic hypothesis)'로 표현된다 ─ 일본은 근대화와 정치발전을 성취하는데 있어서 전통적 가치와 수입된 서구사상을 혼합하여 이용할 필요가 있었다. 문화주의 학자들은 점령 이래의 일본의 성공은 보수주의 가설 또는 실용주의 가설을 실질적으로 입증하는 것을 의미한다고 주장한다. 반면에 일본의 정치체제에 대한 수정주의 비판자들은 계속해서, 대체로 자유민주주의 사상에 부합하지 못하는, 일본의 부족함을 찾아낸다. 대조적으로, (동일한 '자유주의 가설'을 기준으로 적용하는) 주류 학자들은 일본이 서구 자유민주주의쪽으로 '수렴하는' 중으로 보는 경향이 있다.

점령의 결과가 무엇이었는지 ─ 그리고 무엇이 아니었는지 ─ 를 명확하게 규명하는 것은 어려울 수 있다. 예를 들어, 점령기 이후의 일본의 정치적 안정은 미국에 의해 도입된 개혁의 결과인가, 아니면 이 시기의 경제 성장의 결과인가? 미군정에 관한 학문적 연구물의 상당수는 편향성에 시달린다. 많은 이야기들이 점령의 정당성을 입증하거나 이를 부인하기 위한 시도였다. 새로운 헌법과 이것이 가져온 정치적 질서가 일본인들에게 널리 반향을 일으키고 광범위하게 수용되었다는 점은 분명하다. 표면상으로는 일본이 1947년의 헌법에 포함된 미국식 자유민주주의의 가치를 받아들였지만, 더 깊이 내재된 현실(deeper realities)은 더욱 복잡하다.

3

제3장 **변화하는 정치경제**

점령과 그 이후 · 58
성장의 공고화 · 62
저축 · 66
발전국가? · 68
일본 기업의 구조 · 72
경제의 상승과 하강 · 87
'기적'의 종언에 대한 설명 · 94
결론 · 102

1945년 패전의 폐허로부터 1980년대 불사조처럼 세계에서 가장 강력한 산업경제를 이룩한 일본의 경험은 흔히 '기적'이라고 불린다. 그러나 현대 일본의 다른 측면과 마찬가지로 기적의 기원과 성격에 대해서는 열띤 논쟁이 전개되고 있다. 어떤 학자들은 일본의 성공이 시장이 승리한 결과라고 본다. 이들은 일본이 서구와 유사해지는 수렴의 과정을 거쳤다고 본다. 이와 다른 시각에서는 일본에게 기술 및 재정 지원을 제공한 미국의 역할과 냉전의 발발(특히 한국전쟁)과 같은 우발적인 국제적 환경을 일본의 경제적 부상에 영향을 미친 중요한 요인으로 강조한다. 존슨(Chalmers Johnson)과 같은 수정주의자들은 전후 일본의 산업화는 통상산업성(通商産業省)과 같은 핵심 정부 부처에 의해서 조정되는 국가 주도적 발전 과정이었다고 강조한다. 존슨은 일본을 발전국가(developmental state)로 설명하는데, 이념적 이유 때문에 국가주의적 설명에 불편함을 느끼는 미국의 주류 학자들은 이러한 견해에 반대한다. 이 밖의 다른 설명들은 고등 교육과 훈련을 근거로 일본 노동력의 질에 주목한다. 문화주의적 시각은 이러한 설명을 한층 더 강화하여 근면, 단결력, 보상에 대한 미래 지향적 태도 등 문화적 규범이 일본의 경제적 전환의 근본 원인이라고 주장한다. 일본경제 성공의 근원에 대한 해묵은 논쟁은 최근에는 1990년대 초 이후 일본을 엄습한 경제 불황에 대한 새로운 논쟁으로 변모하였다. 과거 성공 공식이 실패하게 된 이유는 무엇인가?

점령과 그 이후

미국 군함이 도쿄만에 진입했을 때, 일본은 경제적, 정치적, 사회적 위기에 직면해 있었다. 과거의 정치 질서는 와해되었고 서구 모델을 수입·모방한 모델로 대체되었다. 서구와 경쟁하기 위해서 일본은 기존 경제 시스템을 근본적으로 해체하여, 산업화 과정에 돌입할 필요가 있었다. 불과 수십 년 만에 일본은 서구의 패권에 역동적인 도전을 하게 되었다.

위의 네 문장은 의도적으로 모호하게 쓴 것이다. 이 문장들은 1853년의 일본을 의미할 수도, 1945년의 일본을 의미할 수도 있다. 여러 면에서 태평양 전쟁 종전 이후 일본이 직면한 도전은 앞서 메이지(明治) 시대에 직면했던 도전과 흡사하다. 두 시대 모두 당시의 통치 질서는 거의 붕괴되었고 압도적인 외세의 압력에 굴복할 수밖에 없는 상황이었다. 그러나 두 경우 모두 이전 수십 년 동안 발생한 광범위한 사회경제적 변화가 일본이 직면한 도전을 해결하는 데 중요한 토대가 되었다. 미국의 폭격으로 인한 도시와 산업시설의 파괴에도 불구하고, 경제 재건은 거의 즉각적으로 시행되었다. 이때도 절체절명의 과제는 서양을 '추격'하는 것이었다. 일본 산업경제의 물리적 인프라의 상당 부분이 파괴되고 일부 공장은 전후 보상을 위해 몰수되었지만, 철강과 조선 같은 중공업을 운영할 수 있는 기술적 전문성은 사라지지 않았기 때문이다.

미군정은 일본경제를 '민주화'하기 위해 노조의 조직화를 장려하고, 10개 지주회사, 26개 제조기업, 2개 무역상사를 해체하는 등 자이바쯔(財閥, 재벌)를 분할하며, 주식을 대중에게 매각하고 토지개혁 프로그램을 제도화하였다. 세 가지 개혁 가운데 토지개혁만이 실질적으로 성공하였다. 일본의 전쟁 수행 능력을 뒷받침하는 핵심 산업을 구성했던 대기업들은 전후 새로운 조직적 형태를 재창조하거나 재발명하는 데 성공했다. 해체 프로그램이 거의 적용되지 않았던 은행의 경우가 특히 그렇다. 전후 미쓰이(三井), 미쓰비시(三菱), 스미토모(住友), 후지(富士) 등 4대 은행은 전전 시기에 기원을 두고 있었다. 자이바쯔(재벌) 개혁은 그 수혜자가 누구인지 불분명하다는 비판을 받았으며, 최고사령부(最高司令部: Supreme Commander for the Allied Powers) 내에서도 논란의 대상이 되었다 (Allinson, 1997: 74-75).

다우어(Dower)는 현대 일본 자본주의가 갈등의 도가니 속에서 창조되었기 때문에 15년 전쟁이 '유익한 전쟁'이었다고 주장한다 (Dower, 1992: 49). 일본산업은 전쟁 중에 획기적으로 팽창하였고, 진주만을 공습할 당시 일본경제는 가장 빠르게 성장하고 있었다. 일본은 이미 공업시설을 건설하고 화학제품의 대부분을 생산할 수 있는 역량을 갖추었고, 세계 4위의 수출국이었다. 1937년부터 1941년까지 기계 생산이 252퍼센트 증가하는 등 생산 능력이 비약적으로 성장하였고, 1942년에는 산업 노동자의 68퍼센트가 중공업 분야에 종사했다. 즉 1940년대 후반에서 1950년 초반 일본의 경제 회복은 1942년 이전에 달성하였던 산업 생산 수준을 회복하는 재건 기간이었다. 종전 직후의 기간은 결코 기적이 아니었으며, 패전으로 인해 중단되었던 산업화 과정을 다시 지속시키는 것에 불과한 것이었다.

다우어는 자동차 엔지니어링, 조선, 광학 장비 등 주로 군사용으로 개발된 산업 기술들이 전후 일본의 경제적 성공을 가능하게 하는 토대를 형성하였다고 주장한다 (Dower, 1992: 54-56). 종전 이후 기술학교 졸업생의 대폭적 증가와 전쟁 기간 중에 이루어진 노동 시장의 변화를 잘 활용한 결과이다. 규모가 큰 비교적 소수의 은행을 중심으로 한 견고하고 핵심적인 은행구조 역시 중요한 성공 요인이다. 반면, 모든 기업들이 대기업은 아니었다. 일본 대기업들은 부품 제조를 자회사와 하청기업에 맡기기 때문에 대기업과 다수의 중소기업들이 공존하는 이중 경제 구조를 갖게 되었다. 이러한 이중 구조는 경제의 유연성을 증대시키고, 기업 집단들이 비용을 조절하며, 필연적으로 노동자들의 협상 지위를 약화시키는 결과를 초래하였다.

　미군정 초기에는 '개혁, 복수, 보상'에 초점을 맞추었는데, 이는 일본의 경제 회복에는 불리한 것이었다 (Allinson, 1997: 76). 그러나 미군정 후반기에 접어들면서 중국의 공산화로 인해 일본에 자본주의와 민주주의를 건설하는 데 대한 미국의 관심이 고조되었다. 1948년 미국은 디트로이트 은행가 도지(Joseph Dodge)를 파견하여 금융 안정을 위한 조치들을 담은 프로그램을 설계하도록 하였다. 1949년 발표된 9개 조항의 '도지 라인'은 재정 지출의 삭감과 실업을 초래할 것으로 예상되었지만, 신용과 인플레이션의 통제를 목표로 한 긴축 재정을 강요하는 것이었다.

　1950년 한국전쟁이 발발하자 군복과 장비 주문이 쇄도하면서 일본 경제는 그토록 필요로 했던 도약의 계기를 잡을 수 있었다. 일본의 경제 회복이 아시아에서 공산주의에 대항하는 전초 기지를 만들려는 미국 전략의 중요한 요소로 인식되어, 일본은 냉전기 아시아의 발전소로 위상을 확보할 수 있게 되었던 것이다. 일본의 이러한 역할은 베트남전쟁 중에도 계속 되었다. 미군정이 부과한 '평화헌법' 때문에 일본은 전쟁에 직접적으로 참여할 수는 없게 되었다. 또한 아시아에서 초강대국과 그 동맹국들이 연루된 '열전'이 억제됨에 따라 일본은 커다란 경제적 혜택을 누릴 수 있었다. 한국전쟁은 고용 수준과 임금을 증가시키고 국내 소비 수요를 발생시키는 등 일본경제를 중요한 시기에 점화시키는 역할을 하였다. 닛산, 도요타, 도시바, 히타치 등 유명 기업들이 주요 수혜자였고, 1955년까지 일본의 산업 생산은 전전 수준으로 회복되었다 (Allinson, 1997: 78-79).

농업 생산도 상황은 비슷했다. 1950년대 인프라와 관개 시설을 지원하는 정부 보조금은 쌀뿐 아니라 과일과 채소 생산 등으로 생산의 다양화를 시작한 농민들에게 도움을 주었다. 그러나 농업, 임업, 수산업 등 1차 산업의 GDP에 대한 기여가 제조업 부문에 비해 장기적으로 감소하는 추세를 보였다. 1차 산업은 1950년 GDP의 26퍼센트를 차지했으나 1970년 6퍼센트까지 감소했다 (Lincoln, 1988: 85). 이후 1차 산업의 쇠퇴 속도가 다소 감소하였으나 3차 산업이 제조업 대신 새롭게 성장했다. 1990년 농업 부문의 고용과 GDP 비중은 2.9퍼센트와 6퍼센트에 불과했다 (Argy and Stein, 1997: 257).

제한적인 경제적 비중과 달리 농민의 정치적 중요성은 감소하지 않았다. 정부가 소규모 파트타임 농민들을 지원하고 수입을 제한하는 '식량 통제'를 은밀하게 시행함에 따라 농민들은 상당한 규모의 정부 보조금의 수혜자가 되었다 (Yayama, 1998: 102-104). 쌀 생산은 1990년까지 일본 농지의 40퍼센트를 차지하였다. 그러나 1980년대 말 추산에 따르면, 쌀 농가 수입의 절반 이상이 사실상 납세자와 소비자의 지원에 따른 것이었다 (Argy and Stein, 1997: 268). 일본 농민에게 거액의 보조금이 지급되고 농업 총생산이 1960년에서 1985년까지 43퍼센트 증가했음에도 불구하고, 일본의 식량 자급률은 1960년 90퍼센트에서 1990년 67퍼센트로 하락했다 (Argy and Stein, 1997: 269-270). 외국 특히 미국의 압력에 직면하여 일본은 농산물을 점진적으로 자유화하였다.

성장의 공고화

1955년은 일본의 전환점이라고 할 수 있다. 패전 10년 후 경제는 1942년 생산 수준을 회복하였다. 1955년 두 보수 정당이 합당하여 출범한 자유민주당(自由民主党)은 1955년 체제로 알려진 거의 40년 동안 지속된 일당 우위의 시작을 알리는 것이었다. 이때부터 일본의 국내적 목표는 생활수준을 향상시키고 일본을 경제 초강대국의 지위로 끌어올리는 경제성장에 초점이 맞추어졌다. 일부 분석가들은 이념적으로 경제적 성공에 몰두하는 것을 의미하는 '경제주의'가 이 시기 일본을 이끌었다고 주장한다. 맥코맥(McCormack)은 전후 일본은 맥아더 장군과 요시다 시게루(吉田茂, 글상자 3.1 참조)의 합작 사업으로 경제 지향과 약한 민족주의가 결합된 것이었다고 기술한다(McCormack, 1986a: 39-40). 비평가들은 이 시기 일본을 물질적 이득을 위해 문화, 원칙, 심지어는 인간성마저 포기한 '경제적 동물'로 표

글상자 3.1 요시다 시게루(吉田茂, 1878~1967년)

요시다는 유명한 정치 가문 출신의 전직 외교관으로서 전후 초기 모두 7년 간(1946년~1947년과 1948년~1954년) 총리로 재임하면서 일본의 향방을 결정하는 데 중요한 역할을 했다. 요시다는 맥아더 장군과 미군정 담당자들을 상대로 그들의 요구를 만족시키면서도 유리한 조건을 얻어내는 뛰어난 역량을 발휘하였다. '요시다독트린'은 일본 외교정책의 근간을 형성하였다. 일본은 미국에 의존하여 국가 안보를 확보함으로써 경제성장과 국가재건에 집중할 수 있었다. 요시다 독트린을 통해 일본은 미국이 수립한 경제적·정치적 국제질서에 편입된 것이다.

현한다. 1963년 프랑스 대통령 드골이 일본 총리의 방문 후 그를 가리켜 "저 트랜지스터 판매원은 누구지?"라고 조소했던 것은 유명한 일화다 (Horsley and Buckley, 1990: 64).

그러나 실제로 일본에서는 1950년대 후반과 1960년대 상당 기간 동안 치열한 이념적 갈등이 있었다. 1950년대에는 전투적 노조가 주도하는 일련의 파업이 발생했고, 1960년에는 미일안보조약 개정에 반대하는 대규모 시위가 있었다. 신속한 경제성장은 보상을 통해 반대와 이견을 무마할 수 있는 수단이 되었고, 이것은 국가와 일반 대중 사이의 일종의 암묵적 합의였다. 이러한 특징은 이케다 하야토(池田勇人) 총리가 '소득배증계획'을 발표했을 때 가장 극명하게 드러났다. 안보조약에 반대하는 시위가 시작된 직후, 이케다 정부는 일본 GNP와 개인 소득이 향후 10년 동안 두 배가 되어야 한다고 역설했다 (Masumi, 1995: 67). 이는 정치적 투쟁이나 산업 분규를 일으키기보다 정부 정책에 순응하고 열심히 일하면 소득이 증가할 것이라는 시그널이었다. 이는 대규모의 '전 사회적인 협약'이었던 것이다 (Horsley and Buckley, 1990: 62). 일반의 예측과 달리 이 계획은 대단한 성공을 거두었고, 평균 소득은 10년이 채 지나기 전인 7년 만에 두 배가 되었다.

이후 대부분의 가정들이 '세 개의 보물(TV, 냉장고, 세탁기)'을 구비하는 등 소비 수요가 빠르게 증가하였다. 1964년 90퍼센트의 가구가 세 종류의 가전제품을 모두 갖추었고 (Horsley and Buckley, 1990: 76), 팽창하는 도시 지역의 노동자들을 수용하기 위해 아파트들이 건설되었다. 그러나 고도성장으로 인해 발생한 추가적인 소득이 모두 소비재나 주택을 위해 지출된 것은 아니었다. 소액 저축자들은 일본 은행과 금융기관의 대출 자금의 중요한 재원이 되었다. 1974년 평균적인 일본 가정은 가처분 소득의 25퍼센트를 저축했는데, 이는 1955년의 저축률보다 두 배 증가한 수치이다 (Allinson, 1997: 101). 전후 일본의 풍요는 아시아에서 최초로 개최된 올림픽인 1964년 도쿄올림픽에서 상징적으로 드러났다 (사진 3.1). 일본은 올림픽 개최를 활용하여 도쿄와 오사카를 연결하는 세계 최초의 고속열차인 신칸센(新幹線)과 같은 일본의 인프라와 기술을 대외에 과시했다.

이 기간 중 고속 성장에 기여한 요인으로 몇 가지를 들 수 있다. 하나는 높은 투자율이다. 개인뿐 아니라 기업의 높은 저축률로 인해 GNP의 상당 부분이 생산 능력, 특히 자본재 산업의 생산 능력을 증대하기 위한 투자로 연결되었다 (Pyle, 1996b: 245). 다른 요인으로는 1960년대 전후 베이비붐으로 인한 양질의 교육을 받은 노동자의 증가를 들 수 있다. 인구는 1945년 7,200만에서 1960년 9,340만, 1970년 1억 370만, 1980년 1억 1700만으로 증가하였다. 이후 인구 증가는 이 수준을 유지하였다 (*Japan Almanac*, 1999: 286-287). 한편, 농업에서

사진 3.1   1964년 건설된 다리에 새겨진 올림픽 로고

제조업으로 노동력의 대규모 이동이 있었고, 이 과정에서 혼슈의 태평양 연안인 간토(도쿄-요코하마-가와사키), 주부(中部)의 나고야, 간사이(오사카-교토-고베) 등 도시 지역으로 이주가 발생하였다. 일본의 노동자들은 대체로 매우 의욕적이고, 경제 회복과 성장이라는 목표에 전념했던 것으로 평가된다.

생산성 향상의 또 다른 요인은 엔지니어와 전문가들이 전쟁 기간 중 상실했던 경쟁 우위를 되찾으려고 노력하는 과정에서 발생한 기술 혁신이다. 일부 해외 생산품들은 단순 복제되기도 했지만, 대부분의 해외 기술은 당시 일본을 경쟁상대로 보지 않았던 서구 기업으로부터 저렴한 가격에 사들일 수 있었다 (Pyle, 1996b: 245; Horsley and Buckley, 1990: 63). 이를 통해 일본은 섬유 같은 노동집약적 산업으로부터 중공업으로 점진적으로 이행해갔다. 일본 전자업체들은 미국 업체들이 국가적 명성을 고양하는 데 도움이 되는 우주 프로그램이나 군산복합체 등 대규모 자본재 생산에 집중하는 동안 TV, 라디오, 하이파이(hi-fi) 등 세계 전자제품시장에 조용히 진출하고 있었다 (Horsley and Buckley, 1990: 144-150).

1970년대 NEC와 후지쓰(富士通)와 같은 기업들은 1972년부터 통산성(MITI: Ministry of International Trade and Industry)이 주도하여 반도체 산업을 진흥하기 위해 수립한 국가 계획에 힘입어 첨단 IC와 반도체 기술을 개발하는 데 집중했다. 이러한 방식은 이후에도 계속되어 통산성은 5개의 선도적인 컴퓨터 기업들을 중심으로 컨소시엄을 구성하고 1979년 64k-RAM 반도체를 개발하는 데 성공했다. 1971년 통산성은 '지식집약산업'으로 이행하는 데 필요한 신기술 어젠다를 주 내용으로 한 보고서를 발간하였다. 이 보고서는 이후 수십 년간 일본의 산업전략을 형성하는 근간이 되었다. 일본의 상업은행들은 장기 저리의 신용을 제공함으로써 필요한 투자 재원을 공급하였다.

국내적 요인 이외에도 국제적 환경도 일본의 경이로운 경제적 부상에 긍정적인 역할을 하였다. 종전 후 통상 마찰이 감소하고 세계 시장이 개방되어 국제 무역이 확장기에 접어들면서 일본의 수출에 우호적인 환경을 조성하였다. 일본은 1955년 GATT에 가입함으로써 수출 시장에 대한 접근권을 확보할 수 있게 되었다. 1945년 국제통화기금(IMF)의 창설은 안정적인 국제통화레짐을 형성하였고, 일본은 산업생산을 위한 천연자원의 안정적 공급을 확보할 수 있게 되었다 (Allinson, 1997: 98-99). 천연자원의 국내적 공급 능력이 제한적이었기 때문에, 일본은 해외 의존도가 매우 높아서 결과적으로 대외적 압력에 매우 취약했다. 일본의 수출은 공산품에 대한 세계 수요가 증가한 데 힘입어 1953년에서 1965년 사이 연평균 17퍼센트 증가하였다 (Pyle, 1996b: 246). 1953년에서 1973년 사이 공산품 수출의 총량은 여섯 배, 달러 기준 일본의 수출액은 1955년부터 1974년 사이 25배 증가하였다 (Allinson, 1997: 99). 이로써 일본은 철강, 조선, 자동차, 오디오 및 비디오 장비의 주요 공급자가 되었다. 반면, 1955년부터 1974년 일본 생산 가운데 90퍼센트는 내수를 위한 것이었다 (Allinson, 1997: 100). 이처럼 거대한 국내 소비는 일본의 산업능력이 성장하는데 주요 성장 동력이었다.

 저축

국내 소비 수요와 마찬가지로 일본경제에서 저축의 중요성은 아무리 강조해도 지나치지 않는다 (표 3.1 참조). 저축률은 전반적으로 매우

표 3.1 가계 가처분 소득 대비 가계 순저축률

	1960	1975	1985	1990	1997	2000	2005	2007
미국	7.2	8.9	6.6	4.9	4.7	3.0	1.5	1.7
일본	14.5	22.8	15.6	14.1	11.0	3.9	3.8	3.8
영국	4.5	11.4	5.4	4.4	5.9	0.1	-1.3	4.3
독일	8.6	15.4	11.4	13.9	10.1	9.2	10.5	11.2
이탈리아	16.5	26.9	17.8	15.6	15.1	8.4	9.9	8.2
캐나다	3.8	12.7	15.6	10.5	4.9	4.8	2.2	2.6

참조: 1997~2007의 수치는 OECD 자료를 참고했음.
출처: OECD, *Economic Outlooks 2002*; OECD (1989) *Historical Economic Statistics 1960–1990; Bank of Japan* (1997), *Comparative Economic and Financial Statistics*; OECD, Statistics, *Main Economic Indicator* (2002), http://www.oecd.org/EN/statistics/ OECD (2010) 'HOUSEHOLD SAVINGS', Available: http://www.oecdilibrary.org/docserver/download/fulltext/3010061ec014.pdf?expires=1286112911&id=0000&accname=freeContent&checksum=C59333CFE453DDAE999DC14C0636E651.

높았는데, 1960년대 꾸준하게 증가하다가 1970년대 정점에 달했다(이에 대한 기술적 논의에 대해서는 Ito, 1992; 259-277 참조). 저축 수준은 특정 지역이나 세대에 편중되지 않고 고루 높은 편이다. 저축률이 높은 이유로는 유교적 검약 정신과 같은 문화적 설명, 사회보장의 취약성, 상여금, 세금 혜택, 고가의 주택 구입을 위한 저축의 필요성, 친지에 대한 유산 상속을 위한 욕구 등을 들 수 있다. 개론(S. Garon)은 일본의 저축 수준이 높은 이유는 '저축증강중앙위원회(貯蓄增強中央委員会)'가 라디오, TV, 포스터 캠페인 등의 세련된 프로그램을 통해 저축의 중요성을 도덕적으로 설득한 정부의 체계적인 진흥책과 관계가 있다고 주장한다(Garon, 1997: 153-157).

최근 고령화 사회와 출산율의 감소에 대한 우려 또한 일본이 높은 저축 수준을 유지하게 하는 요인이다. 노부모를 부양할 자식들의 수가 감소하면서 많은 일본인들은 노년에 재정적으로 안정되기를 원한다. 일본에서 중요한 저축 형태 가운데 하나는 비과세 저축인 우정저축이다. 1980년까지 우정저축의 예금액은 세계 최대의 상업은행인 뱅크 오브 아메리카(Bank of America)의 네 배에 달했다 (Johnson, 1982: 210). 높은 저축률은 산업 발전을 위한 재원을 제공하였지만, 1990년대 후반까지 지속된 낮은 이자율은 장기간 일본경제의 강점이었던 저축의 동기를 약화시키는 결과를 초래하였다.

발전국가?

일본정치를 연구하는 학자들이 국가를 운영하는 데 정치인과 관료 가운데 누가 우위에 있는가에 대해 논쟁을 벌인 것처럼, 일본경제를 연구하는 학자들은 일본의 경제 및 산업 정책을 형성하는 데 있어서 국가와 시장의 상대적 영향력에 대하여 상당한 견해의 차이를 보이고 있다. 미국의 주류 학자들은 민주주의, 헌법, 자유시장의 우위에 대해 무한 신뢰를 보낸다. 이들은 전형적으로 일본의 정치와 경제가 미국 시스템과 유사하다는 점을 설명하려고 한다. 일본에 대한 저작 가운데 가장 중요하고 논쟁적인 저서인 존슨(Chalmers Johnson, 1982)의 『통상산업성과 일본의 기적: 산업정책의 성장, 1925-1975(*MITI and the Japanese Miracle: The Growth of Industrial Policy, 1925-1975*)』는 이런 견해에 도전한다. 존슨은 '발전국가' 모델을 통해 일본의 네 가지 핵심 요소를 규명하였다.

1. 체제 내에서 최고의 관리 재능을 가진 인재들로 충원된 소규모 저

비용의 엘리트 관료
2. 관료가 정책을 주도하고 효과적으로 실행할 수 있도록 충분한 재량이 주어지는 정치 시스템
3. 경제에 대한 국가의 시장 순응적 개입 방식의 완성
4. 통산성과 같은 선도 조직(pilot organization) (Johnson, 1982: 315-319)

존슨은 일본의 강력한 관료들이 직간접적인 행정 지도를 통해 산업 정책을 계획하고 지휘하는 '일반 경제 관료'의 역할을 하였다고 주장한다. 섬유와 같은 노동집약적인 사양 산업에서 조선, 기계, 전자와 같은 새로운 고성장 분야로의 이행은 통산성의 주도 하에 이루어졌고, 기업과 산업의 구조 조정은 통산성과 대장성(大蔵省)의 협력 속에 진행되었다. 1951년 양 부처는 또한 우정 저축으로 형성된 재원을 이용할 수 있는 일본장기신용은행(日本長期信用銀行)을 설립했다 (Johnson, 1982: 210). 이 은행은 소수의 선택된 산업 분야에 저렴한 비용의 자본을 공급함으로써 장기 성장을 위한 자본 조달을 가능하게 했다. 일본 정부는 특혜적 신용 배분을 실행하고 독점 관행에 대해 관용적인 태도를 취하며, 투자 전략을 조정하는 한편, 다양한 형태의 비관세 장벽을 만들어냈다 (Pyle, 1996b: 248). 기브니(F. Gibney)는 경제성장이 전쟁을 대체하여 일본의 새로운 국가적 역량을 집중하는 새로운 목표로써 부상하였다고 주장한다.

경제 부처 — 대장성과 통산성 — 는 실질적으로 미국의 국방성과 같은 역할을 하려고 하였다. 그리고 관료들은 정치인이 아니라, 장군과 같은 존재가 되려고 하였다. (Gibney, 1998: 70)

존슨(Johnson, 1987)은 그의 주장을 확대하여 싱가포르, 한국, 대만 등 아시아 지역의 다른 국가들의 급속한 산업화를 설명하였는데, 이러한 시도는 이후 다른 학자들에 의해 더욱 정교한 설명으로 발전하였다. 이 국가들은 강한 정부, 공공 부문과 민간 부문의 긴밀한 관계, 해외직접투자(FDI), '지연된 보상', 미국의 안보 우산 등의 공통적 특성을 바탕으로 유사한 '발전주의' 정책을 추구한 것으로 인식되고 있다(McCargo, 1998: 130-137 참조). 이러한 생각들은 동아시아 국가들의 부상을 설명하는 '발전주의' 학파의 사고를 반영하고 있다.

존슨의 주장이 시장의 우위를 강조하는 분석과 직접적으로 충돌하기 때문에 상당한 비판에 직면해왔다. '시장 학파'는 일본의 산업적 성공을 설명하기 위해 다른 요인들을 강조한다. 즉, 일본의 성공은 민간 기업들이 다음과 같은 다양한 요인들을 효과적으로 활용한 결과라는 것이다.

> 저축률, 투자, 조세; 높은 기술력 숙련도와 교육, 서구 선진 기술의 축적; 세계 무역 확대로 인한 유례없는 수출 기회, 가용 자본. (Pyle, 1996b: 248)

존슨은 이러한 주장에 대해 다음과 같이 반박한다.

> 미국의 경제 이론과 냉전 전략이 상호 작용하여 일본경제를 지속적으로 비하한 결과, 일본인들 스스로도 일본경제를 자기 비하하는 환경이 만들어졌다. (Johnson, 1995: 56)

최근의 논쟁은 1975년까지 존슨 주장의 옳고 그름에 대한 문제 보다는 '발전국가' 모델이 1980년대 후반 이후에도 적실성이 있는지에 대해 더 많은 관심을 기울이고 있다. 1980년대와 1990년대 일본경제는 전통적인 '굴뚝 산업'인 중공업에서 정보통신산업이나 전자산업 같은 청정 첨단산업으로 빠르게 이행했다. 이와 동시에 제조업에서 서비스업으로의 전환이 함께 진행되었다. 전통적으로 통산성이 선도하던 제조업이 쇠퇴하면서 발전국가 모델의 적실성이 점차 감소하게 되었다. 오키모토(Okimoto, 1989)와 캘런(Callon, 1995) 같은 학자들은 게이단렌(経団連)과 같은 민간 기구의 영향력이 줄어드는 것과 함께 통산성의 영향력 또한 감소했다고 주장한다.

  그 결과 공적 부문과 민간 부문의 관계가 존슨이 설명했던 비교적 고정된 형태에서 보다 유연하고 복합적인 관계로 변화하였다. 존슨은 1950년대와 1960년대의 일본을 설명하는 데 대체로 정확했지만 1980년대와 1990년대를 설명하는 데는 그렇게 유용하지 않다는 것이 일반적인 견해라고 할 수 있다. 콜더는 발전국가모델을 기반으로 하여 1973년 석유위기 이후 일본이 '기업이 선도하는 전략적 자본주의(corporate-led strategic capitalism)'라는 공적 부문과 민간 부문의 혼합 체제로 발전하였다고 주장한다 (Calder, 1993: 268). 이 체제는 순수한 기술관료적 발전국가모델이 인정하는 것보다 더 높은 수준의 후견주의(clientelism)의 특징을 보이는데, 연구개발 비용, 위험 요인, 규모의 경제 증가와 산업 및 금융의 세계화로 인해 국가 능력이 공동화되면서 발생한다 (Calder, 1993: 268). 그 결과 기업들 사이의 체계적 파트너십이 지속적으로 형성되는 경향이 나타나는 반면, 정부 기관과의 협력은 부차적인 역할을 하게 된다. 콜더는 '민간 부문이 주도하는 전략적 자본주의'를 가능하게 한 요인으로 산업과 기업 간 네트워크인 게이레츠(系列)의 중요성을 강조한다. 그는 국가가 위험을 회피하는 성향을 가지고 있으며, 국가주의의 단점이 장기적 목표에 대한 감각이 뛰어나고 창조적이며 조직적인 민간 부문에 의해 상쇄된다고 주장한다

(Calder, 1993: 277). 존슨 역시 그의 비판자들에 일정 부분 동조하여 일본의 '아시아 자본주의'는 '강한 국가, 산업 정책, 생산자 위주의 경제, 경영인의 자율성'이 효과적으로 결합된 결과라고 서술한 바 있다 (Johnson, 1995: 68).

 일본 기업의 구조

일본 기업에 대한 가장 대중적인 이미지는 도요타(豊田)나 소니(Sony) 같은 주요 거대 기업에 집중되어 있다. 일본은 보통 다양한 분야에서 사업을 하고 수많은 노동자들을 고용하며 복잡한 조직을 가진 대형 종합상사가 주도하는 경제로 묘사된다. 대기업들이 일본경제에서 매우 중요한 행위자임에는 틀림없지만, 대다수는 사업 분야가 제한적인 중소기업들이다. 작은 상점이나 공장 같은 소규모 가족 기업은 일본에서 매우 흔하다. 대기업과 하청기업 사이에는 매우 정교한 네트워크적 관계가 형성되어 있다.

일본 기업에 대한 대다수 연구들은 게이레츠로 알려진 상호 연계된 동맹 관계를 활용하는 대기업에 초점을 맞추고 있다. 게이레츠에는 서로 다른 산업 분야 사이의 동맹인 수평적 게이레츠와 특정 산업 분야의 공급자와 배급자 동맹인 수직적 게이레츠가 있다 (Argy and Stein, 1997: 107).

수평적 게이레츠는 대기업 그룹의 시중 은행, 신탁 은행, 부동산 회사, 생명 및 손해보험회사, 하나 또는 그 이상의 종합상사로 구성되는 대기업 연합으로 정의된다 (Argy and Stein, 1997: 107).

수평적 게이레츠의 가장 잘 알려진 사례는 미쓰이(三井), 미쓰비시(三菱), 스미토모(住友), 다이이치 간교(第一勸業), 산와(三和), 후지(富士) 등 '6대' 게이레츠 집단이다. 이 그룹들은 조선에서 화학에 이르기까지 가능한 한 여러 분야의 사업을 하는 이른바 '풀-셋(full-set)'을 추구하는 경향이 있다. 수평적 게이레츠들은 수익성보다는 규모와 특권적 지위를 활용한 '안전'에 중점을 두는 경향이 있다 (Katz, 1998: 157-158). 이 그룹들은 중앙통제에 구속되지 않는 느슨한 구조를 갖고 있다. 그럼에도 불구하고 소속 기업들은 제품과 서비스 구매 등 직간접적으로 서로의 사업을 돕는다. 이들은 또한 주식을 상호 보유하고 있으며 기업 전략과 협력 방안에 대해 정기적으로 협의한다. 순환출자(cross shareholding)는 일본경제의 중요한 특징 가운데 하나로 게이레츠의 토대인 기업과 은행 및 고용주와 종업원 사이의 관계를 묶어주는 '제도적 보완성(institutional complementarity)'을 형성한다 (Okabe, 2001: 82). 게이레츠가 거대하고 단일한 것처럼 보이기도 하지만, 실제로는 게이레츠 밖의 기업들과 대부분의 거래를 하며 게이레츠 내부의 거래는 1980년대 이후 감소하고 있다 (Argy and Stein, 1997: 112). 그럼에도 불구하고 6대 게이레츠는 화학, 건설, 제약, 전기 기계, 정유, 고무, 조선 등의 분야에서 80퍼센트 이상의 시장 점유율을 유지하는 등 일부 분야에서는 여전히 큰 영향력을 행사하고 있다. 이처럼 개별 산업 분야에서 특정 기업들이 지배적 영향력을 행사할 수 있는 것은 통산성이 국내외 경쟁자들이 핵심 분야에 진출하지 못하도록 진입 장벽을 세우는 등 주요 기업들을 보호한 결과이다 (Katz, 1998: 89).

혼다(本田), 산요(三洋), 캐논 등 보다 새로운 '수직적' 게이레츠는 전자 산업과 같은 첨단 산업 분야에서 큰 영향력을 갖고 있다. 수직적 게이레츠는 '대기업에 속한 제조업체와 배급업체(주로 중소기업)의 집합'으로 정의된다 (Argy and Stein, 1997: 108). 각각의 대기업은 핵심적인 하청기업들을 가지고 있으며, 하청기업들은 또 다시 2차와 3차 공급자들과 관계를 형성하고 있다. 그 결과 일본 기업들이 서구 경쟁 기업들에 비해 기업 내에서 부품을 생산하는 비율이 낮다.

대기업 조직의 특징

은행은 게이레츠의 핵심 요소로서 일본의 모든 기업들은 자사의 주식을 소유하기도 하는 '메인 뱅크(main bank)'와 특수관계를 형성하려고 노력한다. 메인 뱅크는 기업의 재정 상태에 대해 매우 구체적인 정보를 바탕으로 기업이 필요로 하는 자본을 제공하는 데 주도적인 역할을 한다. '추격' 시대에는 산업 확장을 위한 대부분의 투자가 일본은행으로부터 대출 자금을 융통한 약 15개의 메인 뱅크에 의해 조달되었다 (Katz, 1998: 86). 주식 시장을 통한 민간 자금의 조달은 제한적이었기 때문에 대기업의 산업 확장 계획과 대출 승인에 영향을 미칠 수 있는 관료 및 정치인들과 우호적인 관계를 유지하는 것이 매우 중요했다. 다케오 호시(Takeo Hoshi)와 아닐 카시얍(Anil Kashyap)은 1970년대 이후 탈규제 과정에서 구체제가 지속가능하지 않게 되어 새롭게 정비됨에 따라, 기존 금융 시스템의 비용은 증가한 반면 이익은 감소하게 되었다고 시사한다 (Hoshi and Kashyap, 2001: 210, 259-263). 특히 제조업 분야의 대기업들은 은행권을 통한 자본 조달 방식을 대부분 주식과 연계된 채권 발행을 통한 자본 조달 방식으로 빠르게 대체하기 시작했다 (2001: 248).

서구 기업들이 대다수의 이사들을 외부에서 충원하는 데 비해, 내부에서 임용된 이사들이 일본 기업 이사진의 주류를 형성하고 있다. 이사진을 임명하는 회장이 기업을 이끌고, 재정 및 회계 전문가들이 이사진의 다수를 점하고 있는 영미 기업과 달리 일본 기업에서는 생산과 기술 분야에 직접적인 경험을 갖고 있는 사람들로 이사진이 구성되는 경우가 많다. 합의를 도출하기 위해 사전에 메모를 회람하는 '품의제(稟議制)'나 직원들이 품질 개량을 위해 고위 경영진들이 참고할 수 있는 아이디어를 제출하도록 권장하는 제안 제도 등 일본 기업의 집단의사결정 관행에 대해서는 이미 많은 연구들이 이루어져 있다. 그러나 대부분의 일본 기업 조직은 하향식 위계 구조를 갖고 있으며, 많은 대기업들은 한 명의 핵심 인사가 의사결정을 장악하고 있는 경우가 많다 (Argy and Stein, 1997: 119). 서구 기업에 비해 일본 기업에서 소액 주주는 일상적이지 않으며, 대부분의 주식은 기관들이 보유하고 있다. 많은 기업들이 배당 때문이 아니라 거래 관계를 단단히 하고 특혜를 주고받기 위해 고객사나 공급사 등 상대 기업의 주식을 보유한다. 그 결과 미국 경영인들에 비해 일본 경영인들은 주주에 대해 직접적으로 책임을 지는 경우가 상대적으로 많지 않다.

많은 서구 기업들이 주주들의 압력 때문에 (흔히 단기적) 수익 극대화에 집착하는 반면, 일본 기업들은 시장 점유율 증대와 같은 보다 장기적인 목표에 주력한다. 일본 기업의 순위와 명성은 대체로 수익성보다 시장 점유율에 의해 정해지며, 따라서 기업들이 매우 공격적 마케팅과 판매 정책을 펼치게 된다. 예를 들어, 아사히(朝日), 마이니치(每日), 요미우리(読売) 등 3대 일간 신문의 배급사들은 고압적인 판매 전략으로 악명이 높다. 소비자들이 일간 신문을 구독하는 것보다 판매원들을 막는 게 더 어려운 것은 이 때문이다 (Westney, 1996: 54). 이로 인해, 기업들이 일부 대기업을 제외한 다른 경쟁 기업들을 시장에서 몰아낼 수 있을 정도의 규모의 경제에 기반하여 매우 치열한 가격 경쟁을 전개하게 된다. 이와 같은 '과다 경쟁'은 전후 고도 성장기 기업들이 작업을 확충하고 저비용의 젊은 노동자들을 고용하는 방식으로 평균 노동 비용을 낮추려는 데서 급격하게 확대되었다.

전통적으로 일본 기업들은 핵심 사업에 집중하고 사업을 다각화하는 데는 매우 신중했다. 그러나 1980년대 이후 기업들이 저렴한 노동자들을 확보할 수 있는 해외로 핵심 생산을 이전하고 국내에서의 사업 활동을 다각화하는 경향이 점차 증가했다. 일본에서 인수합병(M&A)은 서구에 비해 훨씬 드문 일이다. 그러나 모기업 소유의 자회사의 설립은 일상적인 관행이다. 핵심 기업이 너무 규모가 커서 부차적인 사업을 효율적으로 관리하기 어려울 경우 자회사에 해당 사업을 담당하도록 한다. 자회사들은 일본에서 상대적으로 저비용 지역이나 해외에 위치하며 일반적으로 핵심 기업보다 노동 비용이 낮다. 실적이 부진한 고위 직원은 조기 은퇴하도록 유도하기 위해 자회사의 명목상 더 고위직으로 전출된다.

일부 핵심 산업에서 게이레츠의 부상은 게이레츠 간 담합(collusion) 과 경쟁 및 수입을 제한하는 카르텔의 증가와 관련이 있다 (Katz, 1998: 160). 한편 오카베(岡部)는 1980년대 말 이후 순환출자가 매우 빠르게 감소하고 있으며 앞선 시기에 형성되었던 순환출자와 친밀한 기업 관계의 변화가 더욱 급격하게 가속화될 것이라고 예견한다 (Okabe, 2001: 83). 따라서 머지않아 전형적 형태의 게이레츠 시대가 사라질 것으로 보인다.

중소기업의 특징

일본에서는 하청 생산이 매우 제도화되어 있다. 프랭크스(P. Francks) 는 다음과 같이 지적한다.

일본산업의 이중 구조는 착취적 측면과 위계적이지만 개인화된 신뢰와 후견의 장기적 관계를 반영하는 것으로 상징된다. 이 때문에 일본의 사업 관행은 문화적으로 특수할 뿐 아니라 외국 기업들이 침투하기 어렵게 하는 요인이 된다 (Francks, 1999: 252).

하청은 전간기(inter-war period) 대기업들이 생산의 상당 부분을 더 저렴하고 더 쉽게 대체 가능한 노동을 사용하는 중소기업으로 이전하면서 매우 광범위하게 확산되었다 (Francks, 1999: 252). 프랭크스는 일본의 중소기업 부문을 개발경제학의 '도시 비공식 부문(urban informal sector)'과 비교한다 (Francks, 1999: 183). 가족 소유의 공장과 하나의 대규모 고객을 위해 상품을 생산하는 소규모의 열악한 작업장은 '제3세계' 현상으로 간주되지만, 이러한 현상은 일본에서도 여전히 광범위하게 존재한다. 1990년대 민간 부문 노동자 가운데 거의 90퍼센트가 종업원 300명 이하 규모의 기업에 고용되었고 (Sugimoto, 1997: 79–80), 일본 노동자의 60퍼센트는 종업원 100명 이하의 기업에서 일하고 있으며, 겨우 13퍼센트만이 종업원 1,000명 이상의 대기업에 근무하고 있다. 1993년 공장 노동자의 70퍼센트 이상이 종업원 300명 이하 규모의 기업에 고용되어 있다 (Whittaker, 1997: 3). 1986년 종업원 300명 이하의 기업에 근무하는 노동자의 비율이 건설업 96퍼센트, 광업 76퍼센트, 운송업 88퍼센트에 달했다 (Argy and Stein, 1997: 126). 1980년대 초 전체 노동자의 29퍼센트가 가족 또는 일인 기업에서 고용되었는데, 이 수치는 미국과 영국에서는 각각 9퍼센트와 8퍼센트에 불과하다 (Argy and Stein, 1997: 125).

사업을 분류하는 것은 매우 논쟁적일 수밖에 없다. 키요나리(淸成)는 일본의 사업 형태를 기업형 회사, 기업형 가족회사, 가족회사, 수익과 임금 회계가 분리되어 있지 않은 생계형 가족회사, 부업형 또는 주거형 회사 등 네 가지로 분류한다 (Whittaker, 1997: 5에서 인용). 1970년대와 1980년대 기업형 신규 회사의 수가 빠르게 증가함에 따라 네 가지 기업형 가운데 기업형 회사와 기업형 가족회사의 비중이 증가하고 있다는 증거가 제시되고 있다. 이와 동시에 소규모 가족형 회사 가운데 상당수는 완전한 현대식 기업으로 성공적으로 발전했다. 휘태커 (Whittaker)는 일본인들이 대기업을 선호할 것이라는 대중의 이미지와는 달리, 일본인의 상당수가 우두머리가 되려는 동기에서 창업을 선택한다고 주장한다 (Whittaker, 1997: 6).

도요타 공장에서 사용되는 압력계는 나고야 동부 교외에 위치한 종업원 20인 미만 규모의 한 기업이 모두 제조하고 있다. 만일 도요타의 주문이 중단된다면, 이 기업은 즉시 퇴출될 것이다. 따라서 두 기업 사이에는 소규모 기업이 거대 제조업체에 완전히 의존하는 매우 불평등한 거래 관계가 형성된다. 일본의 많은 중소기업들이 기업 활동을 위해 하청에 전념하고 있지만, 약 40퍼센트 이상의 중소 제조업체들은 전혀 하청 관계를 맺고 있지 않다 (Whittaker, 1997: 1). 혼다와 소니의 대표적 사례에서 나타나듯이 일부 중소기업들은 대기업으로 성장하기도 했다. 수정주의자들은 일본경제가 대규모의 '현대적인' 제조업 부문이 '전통적인' 소규모 부문을 이용하는 '이중 구조'를 갖고 있다고 비판해왔다. 이중 모델이 시사하는 것보다 두 부문의 관계가 보다 호혜적이고 통합적인 것으로 보는 분석가들은 이러한 견해를 반박한다 (Francks, 1999: 254, 271). 카츠(Richard Katz)는 기업 카르텔이 게이레츠에 국한된 것이 아니라 중소기업 간에도 광범위하게 존재한다고 지적한다. 자민당 통치기간 중 고물가와 초과 고용을 유지하는 등 중소기업들을 돕는 다양한 규제가 도입되었다. 뿐만 아니라 정부 당국은 중소기업들의 뿌리 깊은 조세 회피를 눈감아주기도 했다. 이러한 정책들은 자민당이 도시 지역의 지지층에게 보상을 제공함으로써 고도 경제성장을 모든 사회 구성원들에게 고루 배분하는 일종의 '보수적 사회주의' 메커니즘이라고 할 수 있다 (Katz, 1998: 105). 탈규제와 버블경제 이후에 나타난 일본경제의 변화는 중소기업에 새로운 기회를 제공한 반면, 1990년대 후반까지 여러 경제 부문에서 신설 중소기업의 수가 폐업하는 중소기업의 수를 밑돌았다. 소규모 가족기업의 소유주들의 은퇴가 다가오는 가운데 상당수 기업은 가업 승계의 어려움을 겪고 있다. 중소기업들이 경제 재생의 원천이 되는 신일본경제로의 '패러다임 변화'는 가시적인 성과를 내는 데 실패했다. 휘태커는 이에 대해 일본이 활력적인 새로운 중소기업들을 육성하는 중소기업 '문제'에 대응하는 데 실패했다고 설명한다 (1997: 206-207). 일부 눈에 띠는 예외적 사례가 있기는 하지만, 아이러니컬하게도 수많은 중소기업들을 탄생시켰던 기업가적 문화가 일본에서 쇠퇴하고 있는 것으로 보인다.

고용과 노동

종신고용은 국제적으로 일본 고용 관행 가운데 가장 잘 알려져 있다. 이 모델에 따르면, 종업원은 55세까지 직업 안정성을 보장받는다. 급여는 대체로 성과보다는 조직 내 연공서열에 의해 결정된다. 즉, 오래 근무하고 연령이 높아질수록 많은 급여를 받는다. 일본 기업에는 더 고위의 책임 있는 직책으로 승진하는 것과 정의가 다소 모호하게 규정된 '기술 자격 요건'에 따라 승진하는 두 가지 유형이 있다. 고위 경영진으로 승진하지 못하는 사람들은 경험이 쌓이는 것과 비례하여 급여가 점진적으로 증가하게 된다 (Sako, 1997: 6-7). 종신고용 및 연공서열제는 회사가 종업원의 복지를 직접적으로 책임지는 가부장적 경영(paternalistic management)과 관련 있다. 그 이면에는 종업원이 기업에 대해 호혜적 '충성'을 보이고 기업의 더 높은 기대에 헌신할 것이라는 기대가 있다. 충성에는 무급 연장 근무, 멀리 떨어진 지점으로의 일시적 파견, 경쟁 회사로 이직하지 않는 것, 휴가를 사용하지 않는 것 등이 포함된다. 이러한 일본 고용 시스템의 세 요소는 에이버 글렌(James Abegglen)이 1958년 발간한『일본 공장(The Japanese Factory)』에서 처음으로 다루어졌고, 이후 일본의 노사관계를 문화적 특수성의 시각에서 이해하는 문화주의자들에 의해 자주 강조되었다. 문화주의자들은 일본의 경제적 성공이 고용주와 종업원 사이의 특수한 협약, 즉 존중과 가부장주의에 대한 일본적 사고에 기반한 협약 때문에 가능했다고 본다. 이러한 설명을 거부하는 학자들조차 일본 기업이 공동의 이해관계로 결속된 '공동체'라는 점을 수용하기도 한다 (Sako, 1997: 5).

일반적으로 일부 예외를 제외하면 대다수 유형의 일본 노동자들의 직업 이동성은 다른 국가에 비해 제한적이다. 장기 고용 종업원들은 고등학교, 전문대학, 또는 대학교로부터 직접 선발된다. 신규 종업원들은 일반적인 교육 수준에 근거하여 고용되는데, 대체로 가장 중요한 선발 기준은 지원자의 출신 학교인 경우가 많다. 직업 훈련은 고용주의 책임으로 간주되는데, 범용화된 기술 훈련보다는 기업에서 필요로 하는 업무에 특화된 기술 훈련에 중점을 두는 게 일반적이다. 간부가 경력 중간에 다른 기업으로 이동하는 경우는 일상적이지 않으며, 중년에 중대한 경력의 변화(예를 들어, 44세에 기업 연구소에서 근무하다가 중학교 과학 선생님이 되는 것)를 시도하는 경우는 매우 드물다. 기업에 계속 근무하는 데 싫증을 느낀 중견 간부들이 생각할 수 있는 거의 유일한 대안은 커피숍과 같은 소규모 자영업을 시작하는 정도이다.

그러나 상대적으로 젊은 간부들 사이에서는 이러한 패턴에서 탈피하는 변화가 나타나고 있는데, 특히 금융서비스업처럼 외국 기업들이 상당한 입지를 확보한 산업 분야에서 두드러진다. 그럼에도 여전히 대부분의 일본 기업들은 경력자 채용보다는 신규 채용을 선호한다. 그 이유는 신규 입사자들이 기업의 기존 조직 문화에 더 잘 사회화된다고 생각하기 때문이다. 대다수의 초급 간부들은 특정 분야에 전문화하기보다는 다양한 부서에서 여러 직책을 정기적으로 순환 근무하면서 특정 분야에 대한 심층적인 지식보다는 전반적인 기업 운영 방식을 익히게 된다.

에이버글렌(Abegglen)은 종신고용과 제한적인 직업 이동을 일본문화의 반영으로 보았는데 이러한 견해는 후속 연구의 도전을 받고 있다 (Francks, 1999: 218). 우선 종신고용모델이 일본에서 보편적이지 않아서, 대부분 대기업 남성 화이트칼라 종업원에게 적용된다는 것이다. 따라서 여성이 이 제도의 혜택을 받는 경우는 상대적으로 드물고 대기업의 남성 노동자들도 '한시적'으로 고용되어 정규직 노동자에 비해 동일한 임금과 근무 조건을 누리지 못한다. 대부분의 중소기업들 역시 대기업과 동일한 수준의 장기적 직업 안정성과 혜택을 제공하지 않는다. 따라서 블루칼라 노동자들은 더 높은 임금과 더 좋은 근로 조건을 위해 직장을 옮기는 경우가 드물지 않다. 일반적으로 '종신고용'에 따른 혜택을 모두 받는 노동자들은 전체 1/4을 넘지 않는다.

일본 종업원들은 대체로 연봉의 약 30퍼센트를 연 2회 상여금의 형태로 지급받는데, 이는 저축을 촉진하는 데 도움이 된다. 종신고용 종업원들은 도시 지역의 높은 월세와 과도한 부동산 가격을 고려할 때 상당히 큰 혜택인 주택보조금을 받기도 한다. 한편, 회사 생활의 단점으로는 많은 간부들이 장시간 근무하는 경향이 있으며 (도표 3.1 참조), 공개적으로 알려진 과로사의 사례가 다수 있다 (Sugimoto, 1997:

도표 3.1 근로자 일인당 실질 근로 시간 (2010년, 연평균)

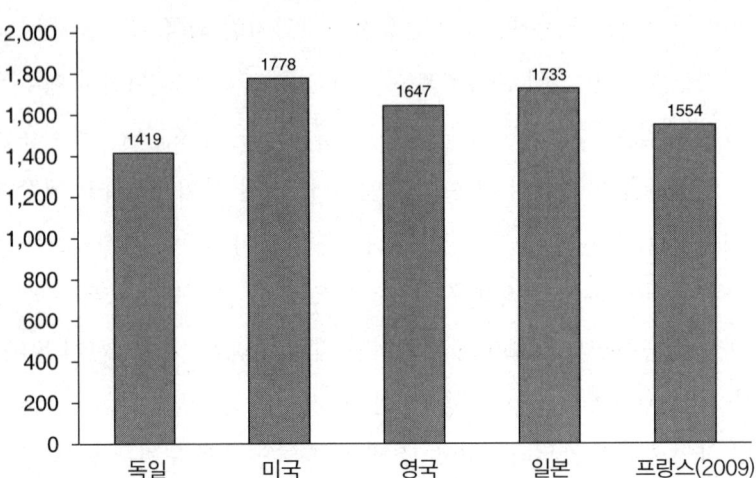

출처: OECD, *Labour Force Statistics*, http://stats.oecd.org/Index.aspx?Data SetCode=ANHRS (accessed 26 March 2012).

94). 남성 간부들은 일과 관계된 음주와 사회 활동으로 저녁 시간을 보내는 경우가 많다. 대다수 남성들이 이러한 활동을 즐기기는 하지만, 참석하지 않는 것은 사실상 불가능하다. 일에 지친 샐러리맨들은 흔히 스트레스를 풀기 위해 파친코 게임장을 찾아 '핀볼'과 같은 도박을 여러 시간 하면서 위안을 찾기도 한다 (사진 3.2 참조).

순환근무제로 인해 갑자기 가족과 떨어져 지역 사무소나 심지어 해외 사무소에 발령받는 경력 직원들은 상당히 심각한 개인적 문제를 겪기도 한다. 그러나 전체적으로 일본인들의 근로 강도가 미국인들에 비해 세다는 증거는 많지 않다. 노조 조직률이 높고 근로 시간이 짧으며 1개월가량의 여름휴가를 제공하는 유럽이 세계적 노동 관행에 비추어 일본보다 훨씬 더 문화적 특수성을 갖는다고 할 수 있다.

일본에서 '일을 하는 것'과 '직장에 있는 것'에는 차이가 있다. 국제

제3장 • 변화하는 정치경제 83

사진 3.2 '파친코' - 사무직을 위한 여가

적 기준에 비해 다수의 일본 조직들이 초과 고용하고 있다. 중등학교 선생의 수업 시간은 일주일 16시간에 불과하고, 백화점에는 너무도 많은 판매 보조원들로 넘치며 모든 도로 건설 현장에는 사진 3.3에서 볼 수 있듯이 인도 위에서 깃발을 흔드는 안전요원들이 있다. 도쿄에 있는 정부 성청의 고위 관료들은 아침에 신문을 읽으며 보내고 대신 저녁 때 강제적인 연장 근로 시간에 남은 일을 하기도 한다. 이들은 특히 국회가 회기 중일 때 자기 부서에 관련된 질문이 제기되어 즉각적인 답변을 준비해야 할지도 모른다는 가능성에 대비해 거의 매일 저녁 대기한다. 일본인들의 '근로 윤리'가 항상 그런 것은 아니지만 강도 높고 효율적인 근무를 강조한다기보다는 작업장에서 동료들과 긴 시간을 보내고 근무 또는 근무와 관련된 사교 활동을 하는 특징을 갖는다. 바쁜 것

사진 3.3 안전요원

처럼 보이는 것은 모든 일본 조직에서 중요하다. 정신과 의사이자 고위 관료로서 후생노동성에서 파면된 경력이 있는 미야모토 마사오(宮本正男)는 다음과 같이 거침없이 표현했다.

"지각하지 말라"는 것은 직장에 있어야 한다는 뜻이다. 즉, 다른 사람들이 당신을 볼 수 있도록 책상 앞에 있어야 한다는 것이지 꼭 일하고 있어야 한다는 뜻은 아니다. 신문을 읽거나 만화책을 보거나 커피를 마시고 있을 수도 있는 것이다. 중요한 것은 근처의 사람들이 당신이 근무시간 시작 전에 출근했다는 것을 알 수 있도록 하는 것이다. (Miyamoto, 1994: 157)

종신고용을 일본문화의 산물로 간주하는 것은 상당히 문제가 있다. 이 관행이 일본의 급속한 산업화를 촉진한 것이 아니라 산업화 과정에서 비교적 최근에 형성된 것이기 때문이다. 마찬가지로 일본인들이 특수하고 문화적으로 차별화된 근로 윤리를 갖고 있는지에 대해서는 의심의 여지가 있다. 다른 나라 사람들처럼 일본인들은 상황에 따라 매우 근면하게 일할 수 있고 또 그렇게 하지만, 기업이나 조직의 이익만을 위해서 헌신하는 워커홀릭들은 아니다. 실제로 서베이 결과에 따르면 일본 근로자들의 직장에 대한 불만 수준이 매우 높은 것으로 나타난다. 여러 일본연구에서 집중적으로 조명되고 있는 '기업 군인(corporate soldiers)'처럼 정형화된 일본 근로자들은 전체 노동력 가운데 매우 작은 부분일 뿐이다. 다수의 근로자들은 기업의 가부장적인 수사에 대해 회의적이며, 그렇지 않으면 열악한 상황을 이유로 '회사주의(corporationism)'의 혜택에서 배제되어 있다 (Sugimoto, 1997: 121-123). 일본 전후 산업화의 기간 근로 전사들에게 기업이란 자비로운 후견인이라기보다는 절대적 순종과 굴종을 요구하는 억압적 위계 조직이다 (보통의 자동차 공장 노동자들의 삶에 대해서는 Kamata, 1982 참조). 사코(佐古)는 일본 노사관계에 대한 초기 문화적 시각은 현재 시점에서는 구시대적이지만, 그렇다고 일본이 단순히 서구 모델로 수렴한 것은 아니라고 주장한다. 일본의 고용 관행에 대해 이해하기 위해서는 서로 맞물려서 상승 작용을 하는 다양한 요소들을 검토함으로써 일본에 내재된 사회적·문화적 차별성을 매우 정교하게 해석할 필요가 있다는 것이다 (Sako, 1997: 2).

노조 조직화(unionization)

일본 노조는 20세기 초부터 존재했지만 독립적인 노조주의는 1930년대 후반과 1940년대 초반 억압을 받았다. 종전 직후 미군정은 일본 노조를 군국주의를 상쇄하여 균형을 맞추는 집단으로 인식하고 적극적으로 지원했다. 1940년대와 1950년대 노조는 급여 인상, 기타 혜택, 근로 조건의 개선을 위해 수많은 대규모 파업을 전개하는 등 매우 적대적인 전략을 추구했다. 이 가운데 요미우리신문(1946), 닛산자동차(1953), 미쓰이 광산(1960) 파업이 주목할 만하다.

닛산 파업은 일본 노동운동의 매우 중요한 전환점이 되었다. 닛산 노조는 산별 노조인 전국자동차노조를 약화시키기 위해 회사 노조를 설립한 이래 단체 행동으로 인한 생산 손실을 단 하루도 기록하지 않았다 (Argy and Stein, 1997: 148). 기업 노조로도 알려진 회사 노조는 민간 부문의 지배적인 노조 조직 형태가 되었다. 이들은 대체로 대치 국면을 회피하고 대신 점심시간 중 파업과 같이 악의적이지 않은 행동을 통해 임금 인상을 요구하는 다소 의례적인 '춘투(春鬪)'를 전개했다. 작업장에서 충원된 노조 간부들은 경영진으로부터 특혜를 부여받았고 일부는 이사진에 포함되기도 했다. 산업 분쟁의 수가 상당함에도 불구하고 파업으로 인한 작업의 손실이 발생한 일수는 매우 적다. 일부 분석가들은 기업 노조가 종업원들의 이익을 대표하는 데 매우 적극적이고 효과적이라고 주장하지만 (Argy and Stein, 1997: 149), 수정주의자들은 기업 노조 모델은 경영진이 노동자들을 포섭하고 조종하는 전략을 반영하는 것이라고 믿는다. 기업 노조가 '인사 관리의 보조 수단'이라고 불리는 것도 이 때문이다 (Kawanishi, 1986: 151).

기업 노조는 분명 한시직 근로자들을 지원하는 데 매우 소극적인 반면, 경영진과 장기 근로자 사이의 신뢰 관계를 형성하는 데 초점을 맞추고 있다. 이 때문에 기업 노조가 경영진이 추진하려는 의제를 지나칠 정도로 존중하는 경향이 있다는 비판이 제기된다. 사코는 기업 노조가 직면하는 중대한 도전은 과거 동질적이었던 근로자들의 구성이 이질적으로 변화하고 작업장에서 이들의 역할이 투명한 방식으로 재정의하는 것과 관련이 있다고 주장한다 (Sako, 1997: 17). 상당수 국제적인 연구들은 기업 노조를 노조로 간주할 수 있을 것인가에 대해 의문을 제기한다. 그러나 일본의 시각에서 볼 때, 경영진의 활동을 감시하는 데 중요한 역할을 한다. 기업 공동체에 기여하는 '충성스러운' 근로자에게 보상을 하는 데 상대적으로 더 큰 의미를 부여하는 경향을 반영하여, 일본에서 주주 배당은 영국이나 미국보다 낮은 게 일반적이다 (Sako, 1997: 8). 국가적으로 볼 때, 노조 가입률의 하락과 노조 간 갈등으로 인해 최근 수십 년 간 노조가 특별히 효과적인 역할을 수행하고 있다는 증거를 찾기 어렵다. 주요 노조 연맹인 연합(連合)은 1993년 기준 일본 노조 가운데 62퍼센트의 지원을 받고 있을 뿐이다. 그러나 쿠메 이쿠오(久米郁男)는 이러한 약점에도 불구하고 일본 노조가 일반의 인식보다 훨씬 더 성공적이라고 주장한다. 그는 노조가 노동자들이 일조하여 형성된 '유연한 네트워크'의 한 부분을 구성함으로써 노동자들에게 상당한 혜택을 제공하는 역할을 한다고 주장한다 (1998: 227).

 경제의 상승과 하강

1970년대 석유 위기는 전후 일본의 고성장 정책에 처음으로 차질을 초래했으며, 원자재 수입 – 특히 중동에 – 대한 의존도를 널리 드러내는 계기가 되었다. 1974년 유가의 급작스러운 상승으로 인해 일본 소비자 물가는 24.5퍼센트 인상되었고, 그 결과 일본경제는 침체에 빠지게 되었다. 1979년 제2차 석유위기가 발생했을 때, 일본은 그 충격을 견딜 수 있는 준비가 더 잘 되어 있었다. 그럼에도 불구하고 1970년대 중반은 다른 선진 경제와 마찬가지로 초고속 성장이 둔화됨에 따라 일본경제의 전환점이 되었다 (Ito, 1992: 69-72). 1967년부터 1970년까지 4년 간 두 자리 수 증가를 기록했던 GDP 성장률이 1970~1980년대에는 훨씬 낮은 3~5퍼센트 성장률로 이어졌다.

  그러나 1980년대 후반과 1990년대 초반 일본경제가 세계에서 가장 성적이 좋은 것과는 거리가 멀었음에도 불구하고 토지와 주식 가격이 이른바 '거품' 기간 중 기하급수적으로 상승했다. 1981년에서 1989년 사이 자산 가치는 다섯 배 이상 상승했다 (Argy and Stein, 1997: 46). 맨해튼의 록펠러 센터(Rockefeller Center)를 매입하고 반 고흐(Van Gogh) 작품을 기록적인 8,390만 달러에 사들인 것처럼 일본의 엄청난 부 가운데 상당 부분은 과도한 투기에 의해 축적된 것이었다. '장부' 상의 부 가운데 일부는 다른 주요국들의 통화, 특히 미국 달러화에 비해 지나치게 높게 평가된 엔화에 의한 것이었다. 이라크의 쿠웨이트 침공으로 인해 일본 주식 시장의 가치가 1개월 만에 16퍼센트 이상 하락한 1990년 '암흑의 8월(black August)'은 하나의 전환점이 되었다 (Ito, 1992: 433-434). 이후 거품이 터지기 시작하자 자산 가격은 급락했고, 일본인들이 새로 취득한 해외 기업과 자산 가운데 다수는 다시 매각되었다 (도표 3.2 참조). 거품 기간 중 과도하게 빠른 경기 확장은 상당한 규모의 불량 채권을 양산했고, 이후 수 년 간 대기업과 금융기관들이 도산하는 등 과거에는 상상할 수 없었던 일들이 발생하기 시작했다. 다운사이징(downsizing)과 긴축은 화이트칼리의 정리해고를 초래하는 등 종신고용제의 해체를 초래했다 (Yamamoto, 1993: 381). 1993년 한 서베이에 따르면 일본 상위 400개 기업 가운데 15퍼센트가 연공서열형 급여 체계에서 개인성과에 근거한 급여 체계로 이미 전환한 것으로 나타났다. 히구치는 성과형 급여 체계로의 전면적인 전환이 이루어지지 않고는 일본이 21세기 초 고령화 사회에서 필요로

도표 3.2 일본의 실질 경제성장률 (1983~2009년)

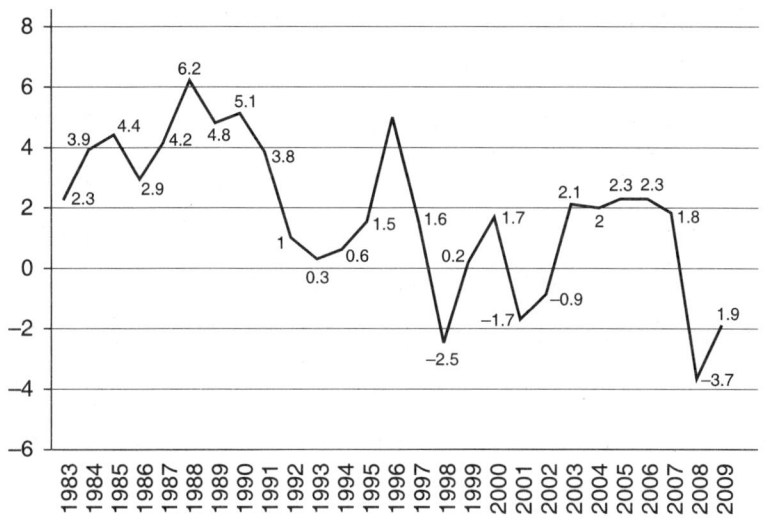

출처: 내각부, 일본; http://www.esri.cao.go.jp/jp/sna/toukei.html#qe.

하는 유연하고 효과적인 노동력을 확보할 수 없을 것이라고 주장한다 (1997: 50). 그러나 휘태커와 쿠로사와(Whittaker and Kurosawa)는 일본 내외의 다양한 전문가들이 1960년대 이후 종신고용과 경영 가족주의(managerial familialism)의 소멸을 예견해왔다고 지적한다 (1998: 767).

1990년대 시작된 일본경제의 구조적 문제 가운데 하나는 높은 개인 저축률과 그에 따른 소비자 수요의 부족이다. 1970년대 후반까지 국내 소비 부족에 따른 '과잉' 저축은 지속적인 경제성장에 장애가 되었다. 그러나 1980년대 초 이 문제는, 대규모 무역 흑자와 그로 인해 예기치 않은 무역 마찰이 발생하기는 했지만, 수출로의 전환이 이루어지면서 해결되었다. 그러나 높은 엔화 가치는 일본 수출품의 가격이 비싸지고 산업 생산이 감소하기 시작한다는 것을 의미했다 (Katz, 1998:

213). 동아시아의 다른 국가들로부터 강력한 경쟁에 직면하자 일본 수출은 급감했다. 그러나 과잉 저축을 포함한 경제의 근본적 변화를 촉구하는 요구는 정치적으로 수용가능하지 않다는 이유로 거부되었다. 일본은 상당한 규모의 자본을 해외직접투자(FDI)나 미국 정부 채권과 같은 다른 금융 자산에 대한 포트폴리오 투자의 형태로 재투자하는 방식을 선택했다 (Francks, 1999: 9). 단기적으로 해외 투자 효과가 일부 있었던 것은 사실이지만, 지출보다 저축에 대한 일본인들의 선호는 새로운 생산 활동에 대한 투자가 이루어지지 않는 등 국내 경제의 핵심 역량을 서서히 약화시키는 결과를 초래했다. 또한 이자율 하락으로 투자가 일시적으로 급증함에 따라 1985년에서 1991년 사이 단기적인 '버블'을 더욱 부채질했다. 그러나 이러한 자금의 상당 부분은 이미 고평가되어 수익률이 낮은 부동산 프로젝트에 투자되었다. 카츠의 표현대로 "이 시기 건설된 일부 '버블 빌딩'들은 도쿄에서 가장 아름다운 건물이 되었다. 그러나 많은 경우 이러한 건설은 구덩이를 팠다가 다시 메우는 것과 같은 경제 행위에 지나지 않았다" (Katz, 1998: 216). 그 결과 채무자는 보증을 제공한 은행과 채권 소유자에게 채무를 상환할 수 없게 되었다. 자산 가격은 폭락했고 금융기관들은 대규모 불량 채권을 떠안게 되었다. 1990년대 초 경기 침체에 직면한 일본정부는 수요를 진작하기 위해 세금을 감축하는 것과 같은 고전적인 방식으로는 대응할 수가 없었다. 일본인들이 지출할 돈을 충분히 갖고 있었음에도 불구하고, 그들의 선택은 소비보다는 저축이었기 때문이다. 버블 시기는 심각한 은행 위기를 초래했다. 카츠는 일본의 금융 부문이 투자를 위해 가장 효율적인 곳에 자본이 사용되지 않는 '전 자본주의적(pre-capitalist)' 질서를 보이고 있다고 주장한다 (Katz, 1998: 218-219). 장기적 성장을 위한 자본의 '인내'와 '헌신'은 매우 긍정적인 것이지만,

이러한 자본의 활용이 다른 한편으로는 상당한 문제를 초래하는 측면이 있는 것이다. '포스트 버블' 시대의 경기 하강에도 불구하고 일본경제는 일인당 GDP를 기준으로 다른 국가와 비교할 때 상당히 인상적인 성과를 보였다 (도표 3.3 참조).

문제가 발생하기 시작하자 금융 부문에 대한 대장성과 일본은행의 기능(또는 결여)에 대한 심각한 의구심이 제기되었다. 연속해서 발생한 스캔들과 조사는 금융기관과 이들을 감독해야 할 관료 사이의 뿌리 깊은 담합 관행을 드러내는 계기가 되었다. 뿐만 아니라 주요 기업들 또한 폭력단원들에게 거액을 지불한 것으로 드러났다. 경제학자가 대장성의 수장이 된 적은 한 번도 없으며, 대부분 경제 전문가들을 믿지 못하는 도쿄대학교 법대 출신의 엘리트들이 대장성을 이끌었다. 두 명의 선도적인 경제학자들이 일본정부가 단 한 명의 경제학자를 고용한 적

도표 3.3 일인당 GDP (2009년 구매력평가[PPP] 기준)

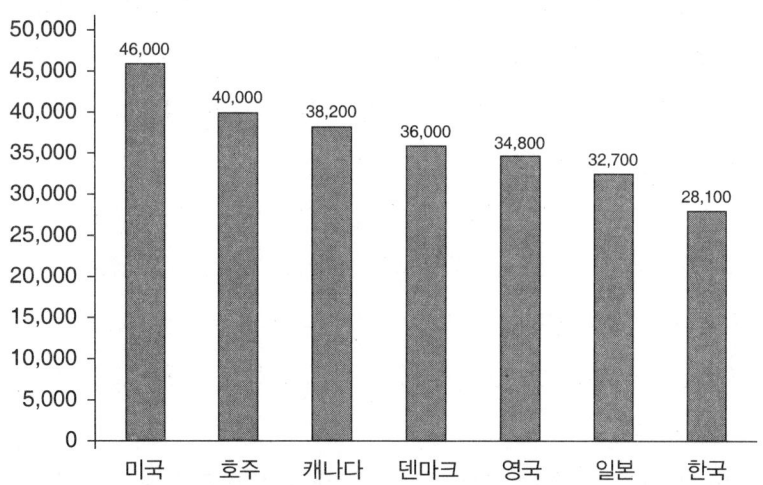

출처: CIA, *CIA World Factbook 2009*, https://www.cia.gov/library/publications/the-world-factbook/rankorder/2004rank.html.

이 없다고 역설한 것도 이러한 배경 때문이다 (Hartcher, 1997: 9). 다방면에 걸쳐 두루 경험을 쌓은 일반 관료들이 전후 재건과 고도 성장기를 이끌었지만, 금융시장이 점점 복잡해지고 세계화되면서 이러한 관행은 많은 문제점을 초래했다. 대장성은 일본의 금융서비스 발전을 억누르는 높은 수준의 규제를 계속 유지했음에도 은행 체제의 완전무결성을 보존하는 데 실패했다. 일본의 금융인 가운데 비리로 사직하거나 형사 고발을 당한 경우는 매우 드물다. 반면, 대장성에 대한 매우 치밀한 라이트의 연구는 금융 위기의 주요 책임이 관료들에게 있다는 주장을 반박한다. 그보다는 대장성 통제에 대한 헌법상의 그리고 실질적인 제한이 있을 뿐 아니라, 자민당이 정책과정을 정치화하는 데 문제가 있다고 강조한다 (Wright, 2002: 5).

부적절한 감시와 감독으로 인해 은행과 금융 부문이 어려운 상황에 처하게 된 동시에 산업 부문 역시 어려움을 겪고 있었다. 생산의 고비용 구조는 동남아시아와 미국, 영국과 같은 저임금 해외 시장으로 생산의 대규모 이전을 초래했다. 그 결과 일본경제는 '공동화'되었다. 본사, 고위 경영진, 은행 회계, 예금과 부채 등 기업의 기본 골격은 일본에 있었지만, 핵심적인 고용과 수익 창출 활동은 일본 밖으로 빠져나갔다. 닛산자동차는 이제 영국 국기 스티커가 붙여진 영국산 닛산 자동차를 고베에서 판매하고 있다. 일본이 일본 자동차를 수입하고 있는 것이다. 한 분석가는 2000년까지 일본 제조업의 15퍼센트가 해외에서 생산될 것이며, 국내 생산을 늘리는 기업은 극히 일부일 것이라고 전망했다 (Hartcher, 1997: 169). 이러한 생산의 변화는 국내 제조업의 기반을 약화시켰다.

반면, 1990년대 후반 일본 엔화의 약세는 경기 부진과 맞물려 사상 처음으로 일본 기업들이 외국 기업에 매각되는 상황을 초래했다. 전후 산업화의 초석이었던 경제 민족주의가 위협받게 된 것이다. 아이러니컬하게도 1990년대 초까지 해외 기업들뿐 아니라 일본 기업들이 홍콩 등 도쿄 이외의 지역에서 금융 거래를 하게 되면서 금융 부문도 공동화된 것이다 (Hartcher, 1997: 180-181). 1997년 7월 2일 태국 정부가 바트화를 평가절하했을 때, 태국, 한국, 인도네시아의 경제적 파국뿐 아니라 동아시아 지역과 전세계에 연쇄 반응을 일으킨 신용 위기가 가속화되었다. 아시아 국가들은 공적 부문과 민간 부문 부채의 상당 부분을 지역의 최대 대부자인 일본으로부터 조달했다. 이처럼 광범위한 금융 와해는 일본경제에 심각한 충격을 안겼고, 이는 엔화의 약세, 기업 폐쇄, 정리해고 등으로 이어졌다.

연속적인 은행 파산과 도산에도 불구하고, 일본정부는 과단성 있는 포괄적 조치보다는 '호송선단 작전(convoy operations)'을 통해 사안별 대응 방식을 고수했다 (Hoshi and Kashyap, 2001: 267-277). 1996년 한와(阪和)은행은 전후 대장성에 의해 해체된 최초의 은행이 되었다. 이후 얼마 지나지 않아 간사이 지역에서 4개의 은행이 도산했다. 한편 금융 규제완화 과정은 계속되어 1990년대 말 '빅뱅(Big Bang)'으로 이어졌다. 일본의 빅뱅은 점진적으로 시행되었다는 점에서 1986년 런던의 빅뱅에는 미치지 못했다. 그럼에도 개혁 패키지가 대규모의 폭넓은 것이었다는 점에서 과거 어느 때보다 큰 변화라고 할 수 있다. 개혁의 전반적 효과는 심하게 규제된 은행 중심 체제에서 자유화된 시장 중심 체제로 전환하는 것이었다 (Hoshi and Kashyap, 2001: 290). 주요 규정에는 투자자 선택의 확대, 기업의 자금 조달을 위한 선택 범위의 확대, 금융기관들의 다양한 서비스 제공 허용, 공정하고 효율적인 시장 창출, 금융 시스템의 안정 증진 등이 포함되었다 (2001: 290-293). 빅뱅으로 인해 주요 도시 은행들의 합병이 잇달았고, 그 결과 2001년까지 미즈호, 미쓰비시 도쿄, 스미토모 미쓰이, 유나이티드 파이낸셜(United Financial) 등 4개의 금융 그룹만이 남게 되었다. 은행 간 합병에 이어 보험 그룹 합병과 주요 국제 금융서비스 회사와 일본 금융서비스회사 사이의 협정이 이루어졌다. 은행 간 합병의 특징 가운데 하나는 이러한 변화가 전통적인 게이레츠 관계를 뛰어넘어 이루어졌다는 점이다. 합병 가운데 일부에서는 규모가 클수록 도산하거나 외국 경쟁자들의 적대적 인수 합병의 희생양이 될 가능성이 낮을 것이라는 '방어적' 동기가 주로 작용했다. 호시와 카시얍은 주류 시각을 반영하여 21세기 일본 금융시스템이 영미 모델에 수렴하게 되어, 은행의 규모와 중요성이 감소하는 반면, 증권 시장의 중요성이 커지게 될 것이라고 주장한다 (2001: 324-327).

버블 기간 중 나타난 또 다른 문제는 제조업체들이 금융 투기와 기타 '비사업 수익'에서 이익을 거두었다는 점이다. 1987년 이러한 이익이 전체 이익에서 차지하는 비중이 도요타 40퍼센트, 닛산 65퍼센트, 소니 63퍼센트에 달했다 (Katz, 1998: 221). 일부 대기업의 경우, 전통적 '핵심 사업'이 이익 창출 기반이라는 측면에서 부차적 활동으로 전락했고, 그로 인해 사업의 우선순위가 왜곡되는가 하면 기업 자체가 단기적 금융 압박에 매우 취약한 상황에 처하게 되었다.

 '기적'의 종언에 대한 설명

일본경제가 1990년대 초 버블 붕괴와 함께 비틀거리게 된 이유는 무엇인가? 그 해답은 당신이 전후 일본의 경제적 성공에 대한 설명 가운데 어떤 설명을 선호하는가와 관련이 있다. 가오(Bai Gao)는 영어 문헌에서 제시된 핵심 설명들과 자신의 설명을 매우 유용하게 소개하고 있다 (Gao, 2001: 2-19). 대부분의 학자들은 국내적 또는 국제적 요인과 관련된 구체적인 인과적 설명을 강조하는 반면, 브렌너(Brenner), 카츠(Katz), 펨펠(Pempel), 가오(Gao) 등의 학자들은 보다 정교한 구조적 해석을 선호한다.

1. 구체적 국제 요인. 여기에는 '레이거노믹스(Reaganomics), 금융자유화, 다국적 대외정책의 조정, 국제결제은행(Bank of International Settlements)이 공포한 규칙' 등이 포함된다 (Gao, 2001: 20). 존슨(Chalmers Johnson, 1998)과 크루그먼(Paul Krugman, 1999)이 이 진영의 선도적인 학자들이다. 이들의 주장은 국제정치경제적 요인에 초점을 맞추고 있다. 일본의 경제적 부상은 일정한 국제적 상황 속에서 촉진된 것이며, 이러한 조건이 사라지자 쇠퇴가 시작되었다는 것이다.
2. 구체적 국내 요인. 일본은행 또는 대장성의 규제 실패와 같은 특정 제도의 실패나 기업지배구조, '창구 지도(window guidance)', 재정정책과 같은 어느 한 분야의 취약점이 여기에 포함된다. 이러한 주장을 펴는 저술가들로는 애셔(David Asher, 1996), 호리우치 아이쿄시(堀內昭義, 2000), 머피(R. Taggart Murphy, 1996), 포센(Adam Posen, 1998) 등이다.
3. 자본주의의 위기. 브렌너(Robert Brenner, 2002)는 일본의 경제적 어려움을 20세기 후반 '장기적 쇠퇴기(long decline)'에 접어든 지구적 차원의 자본주의체제의 거대한 모순이 작용한 결과라고 본다.
4. '발전 단계'론. 카츠(Richard Katz, 1998)는 일본의 국가 주도적 경제성장이 '추격기'의 적절한 전략의 결과이며, 이후 '카르텔화'되고

비효율이 증가하여 더 이상의 성장이 어렵게 되었다고 본다.
5. 레짐 변동. 펨펠(T. J. Pempel, 1998)은 일본의 전후 경제성장이 자민당의 보수 지배를 정당화하는 동시에 자민당의 지배로 인해 더욱 발전할 수 있었다고 주장한다. 그러나 1970년대부터 선거 정치가 더욱 파편화되고, 경제정책이 정치화되는 한편 일본 기업들이 (국내가 아닌) 국제 투자자로서 행동하는 변화가 발생함에 따라 일본은 길을 잃고 경제적으로 비틀거리게 되었다는 것이다.
6. 지구적 변화 속의 기업지배구조의 제도적 실패. 가오(Gao, 2001)는 세계 경제의 변화가 국내적으로 보호주의에 대한 점증하는 요구와 탈규제와 자유화에 대한 국제적 압력 사이의 모순을 초래했다고 주장한다. 일본은 강력한 조정과 느슨한 감시 및 통제 사이에서 갈피를 잡지 못했고, 그 결과 과다 경쟁, 버블, 붕괴로 이어졌다는 것이다.

위의 설명들은 몇 가지 예에 지나지 않으며, 이와 관련한 주제를 다루는 연구는 매우 광범위하다. 각각의 설명에서 핵심적으로 제기하는 질문들은 다음과 같다.

(a) 일본의 경제적 쇠퇴가 장기간에 걸쳐 형성된 제도와 레짐의 구조적 실패의 결과인가? 아니면 잘못된 정책 또는 전략 때문인가?
(b) 일본의 경제적 쇠퇴가 영미형 경제 활동으로 수렴하지 못한 결과인가?
(c) 일본의 경제적 쇠퇴가 근본적으로 국내적 요인 때문인가? 아니면 일본이 통제하기 어려운 국제적 차원의 요인에서 비롯된 것인가?

일본의 경제적 쇠퇴의 원인을 분석하고 미래를 예측함에 있어서 주류, 수정주의, 문화주의 시각과 같은 단순한 구분은 의미를 상실하게 된다. '수정주의'가 일본의 부상이 미국의 압도적 우위를 약화시켰다는 생각에 사로잡혀 있는 한, 버블의 종식은 수정주의의 설명력을 취약하게 한다. 일본은 더 이상 미국이나 서구에 대한 중대한 경제적 위협을 가하지 못했기 때문이다. 그러나 기업지배 구조 등에서 나타난 일본의 취약점에 대한 수정주의의 비판은 일본의 경제적 문제가 지속됨에 따라 점차 입증되고 있다. 주류 학자들은 경제적 곤란으로 인해 일본이 자유화와 탈규제를 절실히 추구할 필요가 있다고 주장할 것이다. 일본의 '기적'에 대한 주류의 분석은 오류가 있을 수도 있지만, 일본이 장기적 위협을 가하지 않았을 뿐 아니라, 결국 서구 모델에 수렴을 모색할 것이라고 전망한 점에서 옳았다고 할 수 있다. 결과적으로 수정주의와 주류 이론의 구분은 여전히 뚜렷하지만 점차 그 경계가 약해지고 있다. 산업 발전을 진흥하는 데 있어서 국가의 중심적 역할을 강조하는 것으로 유명한 존슨(Chalmers Johnson)은 일본의 위기는 미국이 냉전을 종식시키는 데 매우 소극적이었던 것과 관련이 있다고 언급했다. 1998년 논문에서 존슨은 자신과 다른 수정주의자들이 동아시아 자본주의의 어두운 면을 조명하는 데 실패했다는 비판을 받았다는 불만을 토로했다. 이와 관련, 애셔(Asher)는 특히 존슨을 지명해서 신랄하게 비판한 바 있다 (1996: 232-233). 존슨은 이러한 비판에 대해 "동아시아 자본주의와 미국 자본주의를 구분한 것은 이른바 수정주의자들이 최초였다"고 응답했다 (1998: 655). 그러나 존슨은 수정주의자들이 냉전의 종식이 일본경제에 얼마나 지대한 영향을 미칠 것인지를 예견하는 데 실패했다고 인정했다.

반면, 수정주의자들이 드러내는 일본에 대한 반감에 대해 비판적인 카츠(Richard Katz)는 일본의 전형적 특징을 '체제'의 경직성으로 묘사했는데, 이는 울퍼렌의 주장과 유사한 것이다. 수정주의적 시각에 전적으로 동의하지는 않지만, 카츠는 수정주의자들이 "어떤 면에서는 서술적으로(descriptively) 정확했다"고 인식한다(www.japanreview.com). 주류와 수정주의 시각은 모두 적어도 부분적인 설명력을 갖는 데 반해, 문화론의 시각은 1990년대 경제적 상황을 설명하는 데 매우 취약하다. 만일 문화가 경제적 성과를 결정하고 문화가 대체로 변하지 않는다면, 일본경제의 극적인 쇠퇴를 어떻게 설명할 수 있을 것인가?

일본의 전후 정치의 틀을 형성했던 안전한 고용에 대한 일반적 기대는 21세기가 시작되기 훨씬 이전부터 이미 해체되기 시작했고, 지금은 과거의 유물처럼 되었다. 국제적 기준과 비교할 때 실업이 상대적으로 낮은 수준이기는 하지만, 불완전취업 또는 불완전고용은 일본의 심각한 문제이다. 일본의 20대와 30대 가운데 상당수는 장기적인 직장을 가져 본 적이 없다. 대신 이들은 시급 노동자, 임시직 노동자, 계절 계약자와 같은 대안적인 고용 경로를 밟으면서 부모와 함께 살거나 최저 생계를 겨우 유지할 수 있을 정도의 임금으로 아주 작은 아파트에 살고 있다. 온라인 재택근무를 하거나 매우 소규모의 자영업을 하는 사람들도 있다. 이들에게 결혼, 가족 만들기, 집 소유와 같은 전통적 목표는 달성하기 어려울 것으로 보인다. 이들은 흔히 '프리타(freeters)'로 알려져 있으며 프리랜서, 기식자, 니트족(NEETs; 고용(employment), 교육(education), 훈련(training) 가운데 어느 것도 하지 않는 사람들로서 영국에서 처음 이 용어가 사용되었다) 등으로 분류된다. 이 가운데 다른 좋은 대안이 없어서 그렇게 되기는 했지만, 의도적으로 전통적인 목표를 추구하지 않는 프리타(*freeter*)들이 가장 큰 주목의 대상이 되었다. 이러한 현상은 장기간 안정적인 직장의 수가 크게 감소한 결과이기도 하다. 슬레이터(David Slater)는 프리타가 노동 계급의 새로운 모습이라고 보기 때문에 이 용어가 사실을 호도하는 경향이 있다고 주장한다.

> 많은 경우, 프리타는 행위성(agency), 선택(choice), 자유(freedom), 개인성(individuality) 등을 뜻한다. 대중적 또는 학술적 문헌에서 좀 더 낭만적으로 묘사되는 프리타는 정치적 언명을 하는 반역자이기도 한 것이다. (Slater, 2010)

달리 말해서 프리타 개념은 중산층의 산물인 것이다. 예전에 많은 하층 계급에게 있어서 비정기적 고용은 오랫동안 일상적인 삶이었다. 1990년대 후반 중산층이 두드러지게 영향을 받으면서 일본에서 노동의 비정기화에 대한 도덕적 경각심이 높아졌다. 요즘 프리타가 하는 일은 과거 아이들을 양육한 후 비정기적인 일을 찾는 노년 할머니들이 하던 일이다. 프리타의 수를 파악하기는 매우 어렵다. 고스기(小杉)는 2002년 약 300~400만 사이일 것으로 추정했고 (Kosugi, 2006), 다른 통계에 따르면 2014년 프리타는 약 천만 명에 달하는 것으로 보인다. 과거 훨씬 더 많은 경제적 기회를 누리고 양질의 교육을 받았던 사회 계층 사이에서도 프리타가 증가하고 있는데, 이러한 변화는 일본경제의 전성기를 가능하게 뒷받침했던 국내 소비자 수요에 악영향을 미쳤다.

새로운 유형의 일본 기업

전통 대기업 집단 가운데 상당수가 경직화되고 있는 반면, 일부 모험적 기업가들은 미국 실리콘 밸리보다는 일본 나고야나 오사카 지역에 더 적합한 신생 기업들을 창업하여 매우 빠르게 성장시키는 데 커다란 성공을 거두었다. 금융 분석가 제스퍼 콜(Jesper Koll)은 유니클로(UNIQLO)로 잘 알려진 패스트 리테일링(Fast Retailing)의 야나이

타다시(柳井正), 그리(GREE; グリー) 소셜 네트워킹 사이트의 다나카 요시카즈(田中良和), 그밖에 믹시(Mixi, ミクシィ), DeNA(ディー·エヌ·エー), 라쿠텐(楽天) 등의 신생 기업 경영자들이 이런 유형의 기업가에 속한다고 지적했다 (Koll, 2011: 115). 다른 예로는 소프트뱅크(SoftBank), 니토리(ニトリ), 일본전산(日本電産) 등을 들 수 있다. 이 기업들은 대체로 개성이 강해서 세간의 이목을 끄는 경영인들이 이끄는 경우가 많다. 이들은 이전의 경영자들에 비해 훨씬 더 국제화되어 있고 다문화적이며 새로 떠오르는 사업 분야에서 독립적으로 규칙을 만드는 데 능력을 발휘하고 있다. 그럼에도 불구하고 이들이 고루한 주류 언론의 공격을 끊임없이 받는 등 상당한 어려움을 겪고 있는 것이 사실이다. 일본에서 가장 유명한 신생 기업 가운데 하나인 인터넷 제공회사(internet provider) 라이브도어(Livedoor)는 2006년 창업자 호리에 다카후미(堀江貴文)가 자신의 무죄 주장에도 불구하고 공정거래법 위반으로 구속되자 급작스럽게 도산하여 다른 기업에 인수되는 어려움을 겪었다. 법률적인 시시비비를 떠나, 이 사건은 일반적으로 '거만한 침입자'에 대한 기득권층의 복수라고 인식되었다 (Son, 2011: 58). 일본이 해결해야 할 도전은 다양한 분야에서 기존의 질서를 개편할 수 있는 역량을 갖춘 새로운 세대의 창조적인 사업가들이 성장할 수 있는 공간과 조건을 만드는 것이다. 지금까지 그러한 공간은 매우 협소한 상태이다.

쓰나미 이후의 도전

2011년 3월 11일 일본 북부에서 발생하여 결국 2만 여명의 생명을 앗아간 끔찍한 쓰나미, 지진, 원전 위기는 매우 복합적인 도전들을 양산했다 (Earthquake Report, 2011 참조). 이 가운데 가장 큰 도전은 구조, 정화, 재건을 위한 경제적·인적 비용과 일본 원자력산업에 미친 재앙적 효과였다. 무려 9만 개 이상의 건물들이 손상되거나 파괴되었고, 영구 또는 일시적으로 영업을 중지한 수천 여 사업체들의 손실은 산정하기조차 어려울 정도이다. 한 권위 있는 자료에 따르면, 직접적 손실은 총 2,800억 달러에 달하고, 간접적 손실은 약 1,100억 달러에서 2,200억 달러 사이일 것으로 추산된다 (*Earthquake Report*, 2011). 일본경제는 거대한 재건 프로그램을 가동하기 시작했고, 이는 이미 높은 수준에 있는 공적 부문의 채무를 더욱 증가시키게 될 것이다. 그럼에도 불구하고, 이를 위한 비용의 대부분은 일본 국내에서 조달될 수 있기 때문에 심각한 대외 위험이 발생하지는 않을 것으로 보인다. 재건 프로그램이 일부 경제 회복에 필요한 자극을 가할 수 있겠지만, 이미 공공재원이 과도하게 투입된 건설업계의 이익을 충족시키는 수준에서 끝날 수도 있다. 에모트(Bill Emmott)와 같은 평론가들은 이번 재난이 일본경제를 침체에서 벗어나게 하는 계기가 될 것이라는 희망을 피력하기도 했으나, 이는 지나치게 낙관적인 것으로 보인다 (Emmott, 2011).

원자력 발전 프로그램은 훨씬 더 어려운 상황에 처해있다. 후쿠시마(福島) 원전의 멜트다운에 대한 잘못된 대응은 원전을 보유하고 있는 전력회사인 동경전력(東京電力)과 원자력산업을 규제하는 관료들 사이의 담합이 충격적일 정도로 높은 수준이었음을 여실히 드러냈다. 동경전력은 안전 절차를 광범위하게 위반했을 뿐 아니라 사고를 은폐하기 위한 시도도 했다. 그 결과 칼리세(Paul Scalise)가 지적한 것처럼 "불과 몇 달 사이에 드러나지는 않았지만 아픈 환자였던 동경전력이 산송장이라 다름없는 신세가 되었다"(Scalise, 2011: 210). 동경전력의 거짓말과 속임수로 대중의 신뢰가 사라졌지만, 동경전력은 여전히 일본 전력 수요의 약 30퍼센트를 담당하는 원전 산업을 지배하고 있다. 천연자원이 부족한 일본이 아직 원자력에서 탈피할 준비는 안 되어 있는 것으로 보인다. 그러나 지진에 대한 취약성 때문에 원자력 안전을 확보하는 것이 대단히 어려운 것이 현실이다. 54개의 원자로가 앞으로 발생할지 모르는 쓰나미의 영향을 받을 수 있는 해안에 위치해 있다(Scalise, 2011: 214). 후쿠시마 위기는 일본 시스템의 책무성이 결여되고 공동선보다 엘리트 이익을 우선하는 문제가 있다는 수정주의자들의 비판이 옳았음을 여실히 증명했다. 원전이 폐쇄되고 원전 건설 계획이 유보됨에 따라 일본은 에너지 위기가 도래할 가능성에 직면하고 있다.

 결론

포스트 버블 시대에 일본을 단순히 경제적 기적의 나라라고 보는 것은 가능하지 않다. 전후 일본이 경험했던 신속한 재건과 경제성장은 매우 특수한 역사적 환경에 기반한 것이었다. 어떤 분석가들은 일본의 산업적 부상이 주로 국가 개입을 통해 관리된 것이라고 보는 반면, 다른 분석가들은 시장의 힘이 승리한 결과라고 본다. 또 다른 분석가들은 일본 경제의 부상을 설명하는 데 있어서 핵심적 설명 변수로서 특수한 형태의 노사관계와 같은 문화적 측면을 강조한다. 그러나 버블 이후 일본의 경제적 강점의 약화는 이러한 설명들에 대한 의구심을 초래하게 되었다. 냉전이 종식되었던 시점까지 일본이 막대한 경제력을 축적하는 데 도움이 되었던 동일한 구조적 또는 문화적 자산이 뿌리 깊은 단점들을 내포하고 있는 것처럼 여겨지기 때문이다. 일본 관료와 게이레츠 경영자들은 고도 성장기 유리한 조건을 활용해서 성장한 반면, 탈냉전기 변화하는 국제 경제 환경에 적응하는 과정에서 어려움을 겪고 있다. 카츠는 일본 산업정책이 '추격기'에만 효과적으로 작동했을 뿐, 일단 일본이 산업화를 이룩한 이후에는 짐이 되었고 규모의 경제 역시 감소했다고 주장한다 (Katz, 1998: 349-357). 일본이 생산을 유지하기 위해 수출을 이용하는 한, 경제 문제는 극복하기 어려울 것이다. 그러나 1990년대 수출이 약화되자 이 문제는 더 극심하게 되었고 결국 경제 위기로 이어졌다.

전통 제조업과 무역이 주도했던 세계 경제가 첨단금융서비스를 한 치의 오차도 없이 효과적으로 관리해야 하는 '지구적 정보 사회'로 급속하게 전환하는 과정에서 일본은 무방비 상태가 되었다. 일부 일본기업들은 유연성과 창의성이 부족하여 서구 경쟁자들과의 경쟁에서 도태된 것으로 보인다. 카츠와 마찬가지로 이와오(Iwao)는 일본의 경제적 부상이 개발도상국에게만 적합한 '추격' 전략에 기반한 것이라고 주장한다 (Iwao, 1998: 37-39). 일본 기업들은 개인의 재능을 발전시키는 것보다 집단 학습 능력(group-learning capacity)을 배양하는 데 과도한 중점을 두었다. 그러나 현재의 세계적 기업 문화는 개인의 창의성을 위한 여유를 허용할 것을 요구한다. 일본 기업들은 위계적 조직을 포기해야만 혁신적 조직으로 효과적인 성과를 낼 수 있을 것이다. 이와오는 "1990년대 일본경제는 미국이 주도하는 거대한 '제3의 산업혁명'(또는 정보 혁명)의 흐름을 놓치고 있다"고 결론짓는다 (Iwao, 1998: 39). 그러나 이와오는 많은 일본 기업들이 지속적으로 기술 혁신에 성공하고 있을 뿐 아니라, 컴퓨터 게임과 만화영화 등 매우 창조적인 신상품을 출시해서 세계적으로 탁월한 성공을 거두고 있다는 사실은 설명하지 못하고 있다.

얼마 전 경제학자 나카마에 타다시(中前忠)는 향후 일본에서 발생할 수 있는 세 가지 시나리오를 제시한 바 있다. 구조적 문제가 해결되지 못해서 일본이 점진적으로 경제적 쇠퇴를 하는 '장기 공동화', 경제가 사실상 붕괴해서 구조적 변화에 대한 요구가 봇물처럼 터지는 '추락과 재탄생', 미국이 군사적 지원을 중단함에 따라 일본이 부상하는 중국의 도전에 직면하는 '헤라클레스와의 이별' 등이 그것이다 (*The Economist*, 21 March 1998; http://www.nier.co.jp). 2009년 이후 일본 민주당 정부와 미국 사이의 긴장에도 불구하고 헤라클라스는 이상하게도 떠나지 않았다. '추락과 재탄생'은 나카마에의 시나리오 가운데 가장 낙관적인 전망이다. 일본이 흑선의 출현이나 1945년 패전과 같은 재앙을 기회로 전환하는 시키는 데 성공했던 과거의 족적을 감안하면, 국내적 위기와 세계적 차원의 '외압'은 또 한 번의 변환을 위한 이상적인 촉매제가 될 것이다. 2011년 쓰나미와 그에 따른 재난이 촉매제가 될 수도 있을 것이라는 기대가 잠시 제기되기도 했으나, 취약한 정치 리더십으로 인해 일본은 여전히 가오가 '그럭저럭 헤쳐 나가는(muddle-through)' 방식이라고 부르는 대응을 고수할 것으로 보인다 (2001: 274). 일부 변화가 있기도 하지만, 아주 소규모의 개혁이 너무 느리게 이루어지기 때문에 침체가 지속되고 있는 것이다. 포스트 버블기 일본은 분명 2002년부터 2008년까지 상당히 오랜 기간 동안 생산성 증가에 따른 재정 회복 단계에 진입했으나 (Posen, 2011: 104), 이 기회를 활용해서 근본적인 구조 변화를 추진하는 데 실패했다.

2000년대 후반 일본은 중국을 쇠퇴시키려는 목표에 대한 집단적 체념과 상당수 분야에서 미국을 추월하려던 과거의 야망을 모두 포기하는 '장기 공동화'의 국면에 처해있다. 장기 집권한 자민당이나 2009년 집권한 개혁적 민주당 모두 장기적인 경제적 도전을 극복할 수 있는 현실적 계획을 갖고 있지 않다. 최대의 도전은 여태까지 선진국 가운데 가장 높은 수준의 공공 채무 문제이다 (Schwab, 2011: 121). 고령화, 저출산, 높은 기대 수명, 작은 이민, 여성의 제한적 노동 참가도 지극히 해결하기 어려운 난제이다. 이민과 여성 고용 정책은 비교적 손쉽게 바꿀 수 있지만, 이를 위해서는 대담하고 상상력이 풍부한 정치 리더십이 필요하다.

이보다 낙관적인 견해들이 있는 것은 분명하다. 콜(Koll)은 정부가 텔레콤과 보건의료와 같은 분야의 규제를 완화해서 해외 경쟁에 노출시킨다면, 일본이 소매업과 디지털 미디어 부문과 유사한 성공을 거둘 수 있을 것이라고 주장한다 (Koll, 2011: 115-117). 콜은 연금 및 의료 혜택을 증대시키고 소비자 신뢰를 더욱 견고하게 한다는 구체적인 목적을 가지고 오랫동안 매우 뜨거운 논쟁거리인 소비세를 현재의 5퍼센트에서 인상하는 방안을 추진해야 한다고 제안한다. 노다(野田) 정부가 2012년 초 소비세율 인상과 관련한 조치를 위한 초안을 작성했을 때 예상되는 어려움에 맞서려고 한 것은 사실이다. 포센(Posen)은 일본이 버블 시기의 영광을 재현하기는 어려울 것이며, 경제가 강력한 금융 시스템, 개선된 FDI 흐름, 일부 고부가가치 산업의 국내 잔류, 문화산업과 관광산업의 핵심적 역할 등의 특징을 갖는 '영국식으로 변화'할 것이라고 주장한다 (2011: 107). 결국 일본경제의 미래는 굉장히 멋지지는 않더라도 꽤 괜찮을 것이다.

제4장 **사회구조와 사회정책**

문화적 특성 · 109
가족구조 · 112
연애와 연인관계 · 116
도시-지방 격차 · 123
여성 · 128
소수집단 · 131
이주 · 134
종교 · 137
건강과 인구변동 · 141
복지 · 142
계층과 불평등 · 145
결론 · 145

일본의 사회구조는 다른 사회와 얼마나 다른가? 주류학자들은 일본이 근대화와 서구 모델로의 수렴 과정에 있다고 주장하면서 다양한 유사점들을 확인한다. 수정주의자들은 일본을 지나치게 장밋빛으로 보는 지배적 시각에 도전하면서 일본사회의 결점과 역기능적 측면을 강조하는 경향이 있다. 문화주의 분석가들에게는, 일본의 사회구조는 오직 장기간에 걸친 문화적 규범과 풍습을 반영하는 독특한 질서와 행동 양식에 대한 학습을 통해서만 이해될 수 있다. 세 가지 관점 모두를 차용한 하나의 시각은 일본사회를, 대부분의 일본인들을 다양한 동심원들(concentric rings)로 구분할 수 있는, 양파로 비유하는 것이다. 양파의 중심에는 남성, 대기업의 종신고용자 등의 일본사회에서 최고 특권을 가진 구성원들이 있다. 바깥 링(ring)에는 혜택 받지 못하는 이주노동자나 소수집단들이 있다. 중간 링은 블루칼라 남성들, 여성, 노인, 단기 계약직, 자영업자, 소규모 기업 근로자 등을 포함한다. 사회의 핵심에 있는 사람들은 주변부의 사람들보다 특권을 더 많이 지니고 풍족하기 때문에, 일본인들에 대해 일반화하는 것은 어렵다.

 문화적 특성

일본의 문화적 특성에 대한 토의는 아주 논쟁적이 될 수 있다. 일본을 이해하기 위한 '문화주의' 접근법들은 일반적으로 사회를 지탱하는 몇몇 핵심적 가치와 신념을 강조한다. 여기에는 집단주의(개인의 이익보다는 가족, 마을, 회사 또는 국가의 이익을 강조), 합의(공개적 반대와 논쟁보다는 조화와 동의에 대한 선호), 그리고 위계(연공서열과 직위의 중요성 수용)가 포함된다. 일본문화에 대한 논쟁의 대부분은 문화가 어디서 유래되었는가의 질문에 중점을 둔다. 문화를 한 세대로부터 다음 세대로 전수되는 내재적이고 거의 변하지 않는 가치들로 본다면, 문화가 사회의 본성에 대한 설명을 제공한다. 하지만 만약 문화를 (특히 교육체계를 통해) 국가에 의해 창조된 인공물, 구성(construct)으로 본다면 문화는 사회에 대한 설명이라기보다는 사회를 표현하는 것이다.

지위(status)는 일본에서 핵심 개념인데, 심지어 대학생들도 사회계층에서 자신들의 위치를 강하게 인식한다. 2학년 학생들은 3학년 학생들을 자신들의 센빠이(先輩, 선배)로 부르고 1학년을 코하이(後輩, 후배)로 부른다. 일본에서는 모두가 다른 사람들의 나이를 알고, 많은 조직들은 내부적 분배를 위해 연공서열 명단을 만든다. 주로 연령에 기초한 수직적 순위는 사실상 모든 일본의 기관에 스며들어있어서, 각 개인의 책상 위치부터 찻잔이 놓이는 순서까지 모든 것을 결정한다(Japan National Tourist Organization, 1986). 일본어는 누군가의 사회적 상급자와 하급자를 호칭하는 다양한 방법을 지정하기 때문에, 이러한 순위는 모든 종류의 언어적 제약(linguistic constraints)에 의해 강화된다. 이러한 체제에서는 뛰어난 개인들이 합의된 인정을 받기 어렵다. 왜냐하면 이것이 위계제를 뒤엎을 수 있기 때문이다. 이는 또한 공개적 토론이나 논쟁을 어렵게 만든다. 하급자들은 상급자들의 의견에 쉽게 이의를 제기할 수 없고, 종종 더 지혜로운 것으로 가정되는 상급자들의 의견을 따라야 하는 의무감을 느낀다.

일본사회를 집단에 기초하여 설명하는 생각을 가장 대중화시킨 사람은 나카네 치에(中根千枝)다. 그녀는 다음과 같이 주장한다.

그룹 미팅의 참가자는 문제점에 대해 적절하게 객관적 방식으로 판단한 것을 말하기보다는 그 자신에게 안전한지 이익이 되는지에 따라서 의견을 제시해야한다. … 그룹에서 공개적으로 말하는 자유 또한 그룹 내의 인간관계에 의해 결정된다. 즉, 조직 내에서의 지위에 달려있다. (Nakane, 1970: 35)

나카네의 주장은 매우 영향력이 있지만, 오해를 일으키고 시대에 뒤떨어진 것으로 크게 비판받아왔다. 연공서열에 따른 수직적 관계뿐 아니라, 그룹 결속에 있어서 수평적 관계는 일본사회에서 매우 중요하다. 전통적으로 일본인들은 화(和), 즉 집단 화합의 중요성을 강조한다. 일본 학교에서의 활동, 특히 특정한 학급이나 스포츠클럽에서의 활동은, 학생들이 집단적으로 함께 활동하고 자신들의 관심을 단체의 관심사에 포함시키도록 가르치는 것에 중점을 두고 조직되어 있다. 이러한 원칙들은 나중에 회사의 특정한 부서로 규정될 수 있는 작업 현장(workplace)에도 적용된다.

일반적으로 일본에서는 비록 30대나 40대의 특정 개인이 자신의 상사보다 훨씬 능력이 있다고 인정받고 있다고 하더라도, 높은 직위는 50대부터 70대까지의 남성들이 차지한다. 정치, 관료, 기업 분야에서 고위직이 된 여성은 거의 없다. 공개적으로 상급자에게 이의를 제기하는 것은 상급자의 체면을 잃게 할 수 있으므로 야심 있는 젊은이들은 지극히 인내해야 한다. 외양과 실제의 차이는 일본사회에서 핵심적 요소이다. 주어진 상황에서 사람들의 진실한 감정(혼네, 本音)이 무엇이든 간에 표면적으로 나타나는 모습(다테마에, 建前)은 일정하게 유지되어야 한다. 일본에 대해 비판적인 서양의 관찰자들에게는 혼네와 다테마에라는 것이 종종 부정직과 위선으로 간주되었다. 하지만 일본인들에게는 두 가지 수준의 실제(reality)가 작동하는 것이 정상적인 것 같다. 일부 학자들은 일본인들의 문화적 특성을 오랜 역사적 과정을 통해 형성된 자연스러운 현상으로 인식한다.

수정주의 학자들은 일본문화를 국가, 지배 엘리트, 그리고 자본주의적 질서의 필요에 의해 생성되고 영속화된 '인공적' 구성(artificial construct)으로 인식하는 것을 선호한다. 마르크스주의자들은 문화라는 것이 자신들의 관점에서 모든 사회의 바탕이라고 믿고 있는 계급관계를 모호하게 하기 위한 조잡한 시도임을 강조한다. 주류 학자들은 일본식 문화가 근대화와 사회변동에 직면하여 점차 덜 중요해지고 있다고 주장하면서 수렴(convergence)을 강조하는 경향이 있다. 일부 저술가들은 심지어 (경영 방식이나 근무 행태와 같은) 일본식 문화의 특성들이 서구나 개도국에 수출되면 이익이 될 수 있다고 주장한다.

가족구조

전통적으로 일본은 대가족 제도가 보편적이어서 3세대가 한 가구에 살았다. 이에(家)라고 부르는 전통적인 일본 가정은 각 구성원들의 역할을 명확하게 규정하는 엄격한 사회규범에 따라 작동했다. 하지만 높은 토지가격 및 열악한 주거환경 속에서 병행된 급격한 도시화로 대다수의 일본인들은 유럽이나 북아메리카 사람들에 비하여 훨씬 답답한 환경에서 살게 되었다. 핵가족에 시부모 또는 장인·장모가 더해진 상당수의 '신 대가족(new extended family)'들도 있긴 하지만, '토끼장' 같은 아파트나 주택에 갇힌 핵가족이 일반적이 되었다. 다수의 남녀노소가 독신으로 작은 집에 홀로 살고 있다. 일본인들의 초혼 연령은 1955

년의 남성 26.6세, 여성 23.8세로부터 꾸준히 증가하여 2000년에는 남성 28.8세, 여성 27.0세, 2009년에는 남성 30.4세 여성 28.6세로 높아졌다 (후생노동성). 예전에 일본에서 스물여섯 살의 미혼 여성은 (12월 26일이면 한창때를 지난 품목이라는 뜻의 농담으로) '크리스마스 케이크'와 같다고 하던 말은 더 이상 적용되지 않는다.

1972년 이후 혼인 건수가 꾸준히 감소하였다 (표 4.1, p. 117). 이러한 현상은 개인주의 및 선택의 자유가 증가하고 있다는 점과 연결될 수 있다. 하지만 야마다 마사히로(山田昌弘)는 "이러한 현상은 독신으로 살기를 원하는 사람들이 증가하는 것이 아니라 남성 급여의 하락, 전업주부가 되기를 원하는 여성의 증가, 그리고 '기생독신자(parasite singles)'의 증가와 같은 결혼의 장애물들 때문에 결혼을 하고 싶지만 할 수 없는 사람들이 증가했기 때문이라는" 점에 주목한다 (Ito, 2009에서 재인용). 여성의 결혼에는 두 가지의 일반적 유형이 있다. 하나는 고등학교나 2년제 학교를 마친 직후에 일찍 결혼하는 것이고, 다른 하나는 단기계약직의 '직장여성(office lady)'으로서, 또는 임시직으로 수년간 일한 이후에 결혼하는 경우이다. 켈리(Kelly, 2002)는 '여성의 결혼저항(female marriage resistance)' 현상이 일본의 특징이 되었다고 주장한다. 일본 여성들은 취업 기회가 늘어나고 있음에도, 남성들이 대체로 집안일을 분담하기 꺼리거나 자신의 배우자가 노부모를 모시기를 기대하고 있음을 알게 된다. 많은 여성들의 해결책은 결혼을 한다고 하더라도 늦게 하는 것이다.

대다수의 일본 사립고등학교는 남녀공학을 배제하고 있고, 남녀공학이라고 하더라도 상당수의 학교에서 남학생과 여학생이 격리되어 있다. 마찬가지로 직장에서도 남성이나 여성은 일반적으로 동성그룹을 중심으로 친분을 맺음으로써 '준 동성적인(quasi-homosexual)' 사회가 된다 (Miyamoto, 1994: 48, 61). 상대적으로 짧은 기간(대략 18세부터 25세) 동안 남성과 여성이 사회적으로 혼합된다. 도쿄의 일부 통근열차에서는 성희롱을 줄이기 위해 특별히 '여성전용칸'이 운영된다 (사진 4.1). 남편과 아내가 다른 부부들을 집에서 접대하거나 그들과 함께 저녁시간을 즐기러 만나는 경우는 상당히 드물다. 남성과 여성은 분리된 사회생활과 친구 모임을 가지고 있다. 일본에는 "좋은 남편은 건강하지만 집을 비우는 사람이다"(건강하고 돈을 잘 벌지만 아내에게 자유를 주고 집안일에는 간섭하지 않는다는 의미 - 역자 주)라는 속담이 있다. 결혼은 성인으로 존재하는데 형식과 적절함을 제공하는 경제적 관계로 간주되지만, 개인의 내면 생활(inner life)의 중심이 되는 핵심적 제도는 아니다. 이제는 '연애결혼'이 보편적이 되었지만, 일부 결혼은 여전히 중매인들에 의한 공식적 또는 비공식적 소개를 통해

사진 4.1 도쿄지하철의 여성전용차량 안내판

이루어진다. 사회적, 경제적 지위나 학력은 여전히 결혼을 결정하는데 중요한 기준이다. 일본의 많은 회사들이 남성 직원들을 집에서 멀리 떨어진 지점이나 사무실로 한 번에 수개월 또는 수년간 파견한다. 일본의 주택시장이 매우 한정되어 있기 때문에 발령받은 회사원들은 대부분 부인과 자식을 주거지에 남겨두고 떠난 후, 몇 주에 한 번씩 귀가한다. 새로 부임할 때 마다 집을 사거나 파는 것은 비용도 많이 들고 비실용적이다 (Jolivet, 1997: 70-72). 결혼관계에서 전통적인 성 역할은 상당히 지속적이다. 예를 들어, NHK가 2005년에 조사한 전국 서베이에 따르면 "남성에 비해서(1.38시간) 여성이 집안일에 훨씬 많은 시간(하루 평균 4.26시간)을 보냈다." 마찬가지로 육아의 경우에도, "일본의 엄마들은 육체적으로 아이들을 돌보는데 평균적으로 거의 46분을 사용하는 반면 아빠들은 하루 평균 13분만을 사용하고 있다"(Ishii-Kuntz, 2008: 3).

결혼의 무수한 단점에도 불구하고, 높은 수준의 외향적인 사회적 동조(outward social conformity) 수준을 반영하듯 일본의 이혼율은 국제평균에 비해 아주 낮은 수준이다 (2002년에 인구 1,000명 당 2.3명이던 것이, 2009년에는 1,000명 당 2.01명으로 떨어졌다). 그럼에도 불구하고 2007년 4월의 개정된 연금법은 "이혼한 부인이 전 남편의 미래 연금수급액의 절반까지 받을 수 있도록 함으로써 정규직을 얻지 못한 여성들도 재정적인 관점에서는 이혼이 더욱 쉽도록 만들었다. 이러한 법적인 변화는 단카이세대(團塊世代[단카이지다이], 제2차 세계대전 이후인 1947~1949년에 태어난 세대 - 역자 주)가 60세가 된 것과 일치하며 '주쿠넨리콘'(熟年離婚, 황혼이혼을 말함 - 역자 주)이 늘어날 것을 예고했다"(Alexy, 2007: 169). 비록 전체적인 이혼율은 떨어졌지만, 35년 이상 결혼생활을 유지하다 이혼한 부부의 수가 2007년에는 (일본 역사상 최고인) 5,507건에 달했고 이는 2006년보다 16.0퍼센트가 증가한 것이다 (朝日新聞[아사히신문], 2008/06/06). 흥신소 소식통에 따르면 2001년도의 경우 가장 큰 세 가지 이혼사유는 여성의 경우 성격차이(46퍼센트), 가정폭력(30.8퍼센트), 그리고 간통(27.5퍼센트)이었다. 남성의 경우에는 성격차이(63.2퍼센트), 간통(19.3퍼센트), 가족 및 친지와의 불화(17.6퍼센트)였다.

하지만 낮은 이혼율은 일부 일본인들의 결혼생활이 다른 사회에서는 헤어질 만한 부부 관계임에도 현실적인 이유로 유지하고 있는, 편의에 불과하다는 사실을 숨기고 있다. 스기모토는 일본의 '호적(코세키)'이 이혼을 어렵게 만든다는 점을 지적하고 있다 (Sugimoto, 2010: 160). 호적제도에서는 대개 남편이 가장이 되며, 혼외 출산한 자녀들은 사실상 '이등 시민'이 되고, 이혼한 부부의 자녀들도 낙인찍히게 될 것이다. 가족의 모든 구성원들은 같은 성(姓)을 갖게 될 것이며, 대체로 여성의 유해는 시집의 납골당에 안장된다. 호적 서류는 공개적으로 이용 가능하며 예비부부의 가족들이 상대가 문제가 있는지 확인하기 위해 호적을 살펴보는 것이 일반적이다. 호적의 어떤 '흠결'이 괜찮은 결혼 상대자를 찾는 것을 어렵게 할 수 있다. 대체로 허울 좋은 결혼(facade marriage)을 유지하는 것이 종종 더 편리한 방법이다.

 연애와 연인관계

전통적으로, 결혼상대로 적절한 젊은 사람들은 대개 가족의 친구나 전문 중매인을 통해 맞선(お見合い)을 보게 된다. "국립사회보장·인구문제연구소에 따르면 제2차 세계대전 이전에는 결혼의 70퍼센트 정도가

맞선을 통해 이루어졌다. 60년이 지난 후, 그 비율은 6.4퍼센트로 급락하였다"(Ito, 2009). 장시간의 근로와 결혼 상대자를 만날 기회 부족으로 결혼정보산업이 성장하였다. "경제산업성의 2006년 추산에 따르면 이 분야는 500억 엔~600억 엔 사이의 매출을 기록했다"(Ito, 2009). 또 다른 현상은 국제결혼의 증가다. 1996년도에 791,888건 중 27,727건 이었던 국제결혼이 2007년에는 730,971건 중 44,701건으로 급격히 증가했다 (후생노동성). 표 4.1은 일본 남성과 결혼하여 일본으로 이주하는 외국 여성의 – 주로 중국이나 동남아시아 – 증가와 (주로 서양인) 외국 남성과 결혼하여 일본을 떠나는 일본 여성의 증가라는 국제결혼의 두 가지 특징을 보여주고 있다.

점점 더 많은 젊은 세대가 장기간의 독신 상태에서 즐길 수 있는 더 큰 자유와 높은 가처분 소득 때문에 결혼을 늦게 하려는 – 때로는 무기한으로 – 유혹에 빠진다. 이러한 현상은 부모의 집에 살면서 생활비를 얻어 쓰고, 소비에만 몰두하는 20~30대를 말하는 이른바 '기생독신

표 4.1 일본 국적자들의 국내외 결혼, 2009년

	일본 국내 결혼 수 (비율)	일본 국외 결혼 수 (비율)	총 결혼 수 (비율)
일본인 남편과 일본인 아내	689,137 (약 95%)	2,215 (약 18%)	691,352 (약 93.5%)
일본인 남편과 외국인 아내	28,720 (약 4%)	1,635 (약 13%)	30,355 (약 4%)
외국인 남편과 일본인 아내	8,249 (약 1%)	8,686 (약 69%)	16,935 (약 2.5%)
총계	726,106	12,536	738,642

출처: 후생노동성(2009) '2009년 일본 인구동향 요약'; 니케이 비즈니스 온라인: http://business.nikkeibp.co.jp/article/topics/20101105/216965/?P=2.

(parasite singles)'이라는 비난으로 이어졌다. 2009년의 경우 35세부터 44세 사이의 미혼자 중 280만 명이 여전히 자신의 부모와 함께 살고 있었다 (読売新聞[요미우리신문], 2010/09/24). '기생독신'이라는 용어를 만들어낸 사회학자인 야마다는 그들을 '연금(넨킨)기생충' — 연로한 부모의 연금에 의존하여 사는 중년의 미혼자 — 으로 부르기도 하였다.

서구사회와 마찬가지로 혼전의 성적인 활동은 일반적이며, 다수의 일본 남성과 여성들이 혼외의 관계나 이성관계를 추구한다. 남성에게는 고등학생부터 가정주부에 이르기까지, 여성들을 만날 수 있는 수단이 되는 '전화방'이 다수 존재한다. 번화한 전철역에서 이러한 곳을 홍보하기 위한 일회용 휴지가 통근자들에게 무료로 배포된다. 1994년 서베이 조사에 따르면 10대 소녀 세 명 중 한 명이 전화방에 연락을 했었다고 한다 (McGregor, 1996: 241). 데이트나 성적 즐거움을 제공한 대가로 여성에게 돈이나 선물을 제공하는 '원조교제'가 퍼져나갔다 (Liddy, 2002). 일본전역에 시간당 임대하는 화려한 '러브호텔'이 퍼져서 은밀한 만남의 장소가 되었다. 이러한 행태가 일본사회의 표면 바로 아래에 존재한다는 것이 널리 알려져 있지만, 공개적으로는 거의 논의되지 않는다. 일부 연구에 따르면 일본 내 모든 성관계의 거의 절반이 일본 내의 3만 개 러브호텔에서 일어나고 있다 (Chaplin, 2007: 2).

대중 칼럼니스트인 후카사와 마키(深澤真紀)가 2006년에 만든 초식남(草食系男子)이라는 용어는 정확하게 정의하기 어렵다. 하지만 이 용어는 '적게 먹고, 적게 소비하며, 패션이나 외모에 높은 관심을 가진' 젊은 남성들을 묘사하는데 사용된다 (Neill, 2009). 최근 조사에 따르면, 20대와 30대 초반 일본 남성의 절반이 자신을 초식남으로 인식한다. 이들은 어머니와 친밀하고, 여성에 무관심하며 (특히 침대에서),

자기 확신이 부족하고, 주로 홀로 지내면서 대면 접촉에 서툴다. 이러한 생활양식의 선택은, 기업체에서 전형적인 샐러리맨으로서 성적으로 경쟁력 있는 '경제동물'(economic animals: 일본의 급속한 경제성장 시기에 일본인들이 경제적 이익에만 관심 있다고 비판하던 표현 – 역자 주)이었던 아버지 세대의 가치관에 대한 거부감을 반영한다. 일부 초식남들은 게이거나 메트로섹슈얼(metrosexual)이지만, 거의 대다수는 단지 성본능(libido)이 부족하다. 상당수는 또한 일반적인 출세욕도 부족하다. 초식남과 매우 유사한 남성형이 오토맨(乙男, 일본 여성만화가 칸노 아야의 작품 – 역자 주) 또는 여성적인 남성(girly guys)이다.

18세부터 34세 사이의 미혼남성 중 절반은 여성과 (성적 관계는 물론) 친밀한 교우관계가 없다. 같은 연령대 여성의 40퍼센트도 마찬가지 상황이다. 2010년 조사에 따르면 20세 일본 남성의 84퍼센트가 누구와도 데이트하지 않는다고 답했고, 49퍼센트는 여자 친구를 사귄 적이 전혀 없다. 또 다른 조사에서는 16세부터 19세까지의 남성 중 36퍼센트가 섹스에 전혀 관심이 없는 것으로 나타났다 (Osaki, 2011). 오타쿠(お宅) 성향의 다수의 일본 남성들이 상대적으로 제한적인 사회생활을 하고 많은 시간을 혼자 보내는데, 이러한 행태의 극단적인 양식은 은둔형 외톨이(히키코모리)로 알려져 있다. 은둔형 외톨이는 직장이나 학업을 그만 둘 만큼 자신만의 세계에 푹 빠져 있으며 광장공포증(agrophobia)으로 발전되기도 한다 (Zielenziger, 2006: 15-92). 일부는 일본에 100만 명 정도의 은둔형 외톨이가 있다고 추산하는 반면, 실제 숫자는 수 천 명에 불과하다는 다른 주장도 있다. 광범위한 사회적 현상으로써 히키코모리의 등장은 우려스러운 일이다.

일부 여성들은 새로운 유형의 남성들에 대한 판타지에 매혹되는 것 같다. 남성들 간의 친밀한 관계를 다루는 '보이스 러브(boys love)'라는 새로운 장르의 만화와 잡지, 컴퓨터게임이 주로 여성들에 의해 소비된다. 그렇지만 여성들은 점차 초식남과는 정반대 성향의 육식녀(肉食系女子)로 변하고 있다. 일본의 젊은 여성들은 자신들의 어머니 세대에 비해 훨씬 자신감에 차 있고, 여행을 자주하며, 낭만적인 모험을 즐긴다. 또한 지나치게 고상한 남자를 의미하는 경멸적인 용어인 '오조만'(우시쿠보 메구미의 책 제목에서 유래, 초식남과 유사한 의미로 여성 같은 남성이라는 의미를 내포함 - 역자 주)과 같이 무력화된 초식남에 대해 전혀 감흥이 없다. 일부 육식녀들은 초식남을 찾는데 특별한 관심을 가지고 있지만 젊은 남성들 사이에 만연한 성적 채식주의(sexual vegetarianism)는 대부분의 여성이나 감소하는 출산율에 좋은 징조가 아니다. 일본에서 남녀가 소개 받는 대중적인 방식 중 하나로 '고콘'이라고 부르는 단체미팅이 있는데, 이는 주로 레스토랑에서 이루어지지만 때로는 스키여행이나 골프를 통해 이루어지기도 한다. 일부 젊은 직장인들은 귀여운 고양이들을 쓰다듬으면서 긴장을 풀기위해 '고양이클럽(cat club)' (사진 4.2 참고)을 방문하는 등의 다른 방식으로 친구를 사귀는 것을 선호한다.

사회규범상 공개적으로 게이 생활을 하는 것이 어렵고, 비록 많은 게이들이 가족과 사회의 압력 때문에 명목적으로 이성과의 결혼생활을 하지만, 동성애가 드문 것은 아니다 (Harada, 2002). 맥클란드(McLelland)에 따르면 일본에서는 대부분의 게이 남성들이 자신들의 진정한 정체성을 분명히 해야 할 때에도, 자신들의 성적 선호에 대해 가족과 친구, 동료들에게 '커밍아웃'하는 것을 지극히 꺼린다. 이러한 문제는 대개 수년간 언급조차 되지 않는다. 대부분의 게이 남성들에게 동거란 불가능한 일이다 (McLelland, 2000: 218-221). 이러한 상황은 레즈비언도 마찬가지다. 동성결혼은 금기시 되어 있다. 하지만 일본

사진 4.2 도쿄 '고양이클럽'에서의 휴식

은 동성애적 행동이 합법적이라는 점에서 다소 자유로운 사회다.

동성애는 일본의 대중문화에서 풍자의 대상이 되기도, 찬양의 대상이 되기도 하였다. '오카마'는 일본에서 동성애, 트랜스젠더, 복장도착자, 성전환자 등을 경멸적으로 지칭하는 용어다. 그들은 또한 뉴하프(new half)라고 불리기도 한다. 맥클란드(McLelland, 2000)는 1980년대 말과 1990년대 초에 '동성애 영화, TV 프로그램, 소설과 학술담론' 등을 통해 소위 '게이 붐'이 있었음에 주목한다. 이런 유행은 잇코, 쯔바키 아야나, 하루나 아이 같은 트랜스젠더·성전환자 방송인, 모델, 가수 등의 인기를 통해 지속되었다.

과거에는 혼전에 동거하는 것이 매우 드물었다. 1987년의 출생동향기본조사(出生動向基本調査)에 따르면 미혼 응답자 중 단지 3퍼센트가 동거 형태로 살고 있다고 대답했다 (Raymo et al., 2009: 787). 그렇지만 최근에 동거가 급증하였다. 1라운드의 (2004년 - 역자 주) '세대와 젠더 조사(GGS: Generations and Gender Survey)'와 '인구·가족·세대에 관한 여론조사'에 따르면 25세부터 34세사이의 기혼·미혼 여성응답자 25퍼센트 정도가 동거 경험이 있다고 대답하였다 (Isawa, Raymon, 2005에서 인용; Tsuya, 2006, Raymo et al., 2009에서 인용; 787). 혼전 동거가 상당히 증가했지만, 대부분의 커플들은 비공식적으로 조심스럽게 살고 있으며 장기간 동거를 선택하는 경우는 거의 없다. 우브린(Heuveline)과 팀버레이크(Timberlake) (2004)는 "이전 세대 집단에게는 동거가 한계적 상황이었지만 1965년 이후 출생한 여성들에게는 결혼의 서막이라고 할 수 있다"고 지적한다 (Raymo et al., 2009: 800에서 인용). "일본에서는 동거가 결혼이나 독신생활의 대안이라기보다는 결혼의 출발점으로 볼 수 있다" (Raymo et al., 2009: 800).

일본에서 혼인 외 출생률은 2.5퍼센트에 불과해서 2007년도를 기준으로 영국의 45퍼센트와 아이슬란드의 65퍼센트에 비해 상당히 드물다 (OECD, 2010). 정당성을 특별히 강조하는 몇 가지 이유가 있다. "일반적으로 일본에서 적자(嫡子)의 법적 권리는 서자(庶子)의 권리보다 우선시 된다" (Hertog, 2009: 81). 예를 들어, 일본 민법의 논쟁적인 조항(900조)에 따르면 서자는 적자가 물려받는 것의 절반만 상속할 수 있다. 게다가 일본에서 개인을 확인하는데 사용되는 가장 중요한 문서인 호적에서 후처와 그 자식들을 쉽게 확인할 수 있다. "따라서 호적으로 인해 그들이 차별받을 가능성이 생기기 때문에 여성들이 미혼모로서의 삶을 선택하는 것을 어렵게 만든다" (Hertog, 2009: 77-78). 동시에, 일본의 싱글맘들은 국가의 지원 부족과 구조적인 경제적 어려움에 직면하고 있다 (Hertog, 2009: 5). 헐독(Hertog)은 혼외 임신에 대해 책임이 있는 생물학적 아버지들이 자신의 여자친구가 낙태를 하도록 강요하는 경우가 대부분이라고 지적한다 (2009: 37).

도시-지방 격차

스미스(Patrick Smith)는 도시와 지방의 차이가 일본과 일본의 정치를 이해하는 핵심이라고 주장한다 (Smith, 1997: 164-186). 도쿄, 요코하마, 나고야, 교토, 오사카와 고베 같은 일본의 주요 도시들은 혼슈의 중심부로 오모테 니혼(表日本, 일본의 앞면) 이라고 불리는 태평양 연안지역에 집중되어 있다. 일본 인구의 거의 절반이 도쿄를 둘러싼 간토(関東), 오사카 주변의 간사이(関西), 나고야를 중심으로 한 도카이(東海) 지역에 살고 있다. 오사카는 제2차 세계대전 이전에는 상업도시로서 도쿄에 견줄만했지만, 전후에 다수의 오사카 지역 회사들이 본부를 수도로 이전하였으며, 그 결과 요코하마가 일본 제2의 도시가 되었다. 사실 대다수의 일본인들이 도시(urban)에 살고 있기 때문에 도시와 지방을 구분하는 것이 어떤 의미에서는 시대에 뒤진 개념이지만, 오랜 사회적 관행이 유지되고 있는 준도시(semi-urban) 지역과 더욱 원자화된 도시 및 교외(suburban) 지역에는 차이점들이 있다. 일본에 대한 몇 가지 사회 지표가 글상자 4.1에 요약되어 있다.

클래머(Clammer)는 도쿄나 오사카 같은 도시들은 인구수나 경제적, 문화적 영향력 측면에서 '월드시티(world city)'로 볼 수 있다고 주장한다. 그는 또한 일본의 도시를 몇 가지로 범주화하고 있다 (Clammer, 1997: 28-30). 부분적으로 관광업에 기초한 혼합경제 특성을 지닌 교토, 나라, 가마쿠라와 같은 '구 수도(old capitals)', 구라시키와 가나

글상자 4.1 일본에 대한 주요 사회지표

종교	신도 83.9%, 불교 71.4%, 기독교 2%, 기타 7.8% 주: 전체 신자가 100%를 넘는 것은 많은 사람들이 신도와 불교를 모두 믿기 때문이다 (2005)
기대수명	평균 82.12세 남성: 78.8세 여성: 85.62세 (2010년 기준)
영아사망률	신생아 1,000명 당 2.79명 (2002년 기준)
문자해독률	99% (2002)
인구 1000명당 의사 수	2.02 (2000)
인구 1000명당 병상 수	14.69 (2002)
진학률	고등학교 98% (2010) 대학교 54.3% (2010)

출처: CIA (2010), *The World Factbook 2010*; Statistics Bureau, Ministry of Public Management, Home Affairs, Posts and Telecommunications, Japan, *Japan Statistical Yearbook 2010*; Ministry of Education, Culture, Sports, Science and Technology (2010), *School Education Report*, http://www.mext.go.jp/b_menu/toukei/chousa01/kihon/kekka/k_detail/__icsFiles/afieldfile/2010/08/05/1296403_2.pdf.

자와 같이 상류층의 특성(high-class character)을 지닌 '전통이 남아 있는' 구 도심(old towns), 자동차 제조업의 중심인 도요타, 가와사키, 기타규슈와 같은 현대적 산업도시, 삿포로, 센다이, 가고시마 등 교육과 문화의 중심이자 행정·상업 기능을 혼합한 지방도시, 도쿄 외곽의 쯔쿠바와 같은 과학도시로 분류한다. 클래머는 전통적인 도시 공동체

(neighborhoods)와 행정구역의 정치적, 문화적 활력을 강조하는 일부 도시 인류학자들의 노력에 회의적이다. 이러한 활력은 새로운 형태의 네트워크에 기초한 소비주의(consumerism)라는 새로운 방식으로 대체되는 중이라고 주장한다 (Clammer, 1997: 30-31). 그는 일본의 도시에 여전히 공동체들이 존재하지만, "구 중간층(old middle class)이 핵심을 이루는 지역들을 제외하고는, 많은 인류학자들이 생각하듯이 공동체적인 속성은 존재하지 않는다"(Clammer, 1997: 33). 그는 많은 지역을 거주지, 식당, 카페, 아웃렛, 편의점 및 다른 가게들이 뒤죽박죽되어 다양한 삶이 존재하지만 사회학적인 응집성(sociological coherence)이 제한된, '전형구역'(epitome districts, 전체로서 하나의 도시에 속하지만 각각의 역사적, 기능적 특성이 구별되는 도시 내의 구역 - 역자 주)으로 파악하는 것을 선호한다.

일본의 다른 섬들과 마찬가지로 (동해를 접한 - 역자 주) 일본의 서쪽 해안은 훨씬 저발전되고 도시화되지 않았다. 이곳이 우라 니혼(裏日本)으로 일본의 뒷면 또는 숨겨진 일본이라는 의미의 정치적으로 차별적인 용어다. 숨은 일본이란 도시 거주자들에 의해서 벽촌, 오지 또는 그보다 멀리 떨어진 곳으로 간주되는 (동일한 의미는 아니지만) 이나카(田舎) 즉 시골이라는 의미를 포함한다. 부유한 유럽인이나 북미인들은 종종 시골에 살기를 갈망하는 반면, (다른 아시아인들과 마찬가지로) 도시의 일본인들에게 시골은 덜 문명화되고, 약간의 동경은 있지만 피해야 하는 곳이다. 메이지시대에는 농촌 사람들을 부유한 지주들에게 구속받는 빈곤한 소작농으로 만들면서 도쿄가 시골을 착취하였다. 점령기의 토지개혁은 농촌 사람들에게 경작할 농지를 제공하였고, 전후의 일본정부는 지속적으로 농촌 지역에 상당한 이익을 제공하였다.

중앙정부는 가격유지, 외국 농산물 수입 억제, 보조금, 막대한 공공사업 예산 등을 통해 농촌생활이 감당할 만하도록, 심지어 풍족하게 만들었다. 이것은 엄청난 반전으로, 수도가 농촌의 도움으로 살아가던 수세기가 끝나고, 농촌이 수도에 의지해서 살게 되었다. (Smith, 1997: 169)

농촌은 일본의 전통적인 문화와 지혜의 원천인 후루사토(故郷)로 낭만적으로 묘사된다. 하지만 스미스는 이러한 반전을 무의미한 것으로 보았다. 일본의 농촌은 국가의 혜택에 의존하고 나눠먹기식 정치(pork-barrel politics)와 게리맨더링(gerrymandering)이 난무하는 곳이 되었다. 일본의 뒷면(우라 니혼)은 태평양 연안에서 일어난 경제적 변화에서 뒤처지게 되었고, '내적 주변부'가 되었다 (Smith, 1997: 171). 시골을 개발하기 위한 거대한 정부지원 사업들은 맥코맥(McCormack)이 주창한 '토건국가(土建国家)'의 핵심을 구성한다. 토건국가란 주요 건설 회사들이 막강한 권력을 누리는, 대규모의 구조적 부패에 기초하고 있는 정치체제이다 (McCormack, 1996: 25-77). 1990년대 초반에는 전체 제조업 부문 인력보다 많은 600만 명 이상이 건설업에 종사했으며, 일본의 공공사업 예산은 냉전기에 절정이었던 미국의 국방비를 지속적으로 추월하게 되었다 (McCormack, 1996: 32-33). 다케시타 노보루(竹下登) 전 총리의 고향인 가케야마치(掛合町, 현재의 시마네현 운난시 - 역자 주)는 연간 예산의 거의 절반에 해당되는 2억 엔을 매년 건설성과 다른 정부기관으로부터 받았다. 스미스는 이것이 농촌현(rural prefecture)의 마을들에서 전형적으로 나타나는 문제점을 내포하는 '잘 포장된 복지'(well-dressed welfare, 일본은 불평등을 줄이기 위해 서구식의 보편적 복지와 달리 다양한 방식의 재분배 정책을 이용하였음 – 역자 주)의 사례로 묘사한다 (Smith, 1997: 170). 전후의 일본 인구가 거의 3/4 이상 증가했지만, 일부 현에서는 인구수가 1949년보다 더 적을 만큼 농촌 지역의 인구감소는 심각한 문제이다. 농촌 지역은 저임금의 동남아시아 지역들과 공장 유치를 두고 직접 경쟁하기도 하지만, 실패하는 경우가 다반사이다.

정치적 측면에서 일본의 과도한 중앙집권화는 현(県)정부의 자율성이 거의 없다는 것을 의미한다. 버스 정류장을 옮기는 데에도 현의 지사(知事)가 중앙정부에 승인을 요청해야 한다고 불평하던 호소카와(細川護熙) 전 총리의 이야기가 유명하다. 지자체(localities)는 특색 있는 지역 농산물의 개발과 판매, 지역 산업의 촉진과 관광 증진을 포함한 지방활성화 운동에 여념이 없었다 (Knight, 1994: 634-646). 도시 거주자들이 더 높은 삶의 질을 위해 시골로 회귀하는 현상이 일부 있었지만, 재생 노력은 거의 성공하지 못했다. 나이트(Knight)는 마을 활성화(village revitalization) 운동을 통해 이주한 사람들 대다수가 지자체의 지원을 통해 도시에서 고향으로 돌아간 사람들로, 말로는 자기 결정에 의한 것이지만 실제로는 외부 기관에 의존한 것이었다고 주장한다 (Knight, 1994: 645-646). 호소카와 전 총리의 '일본 합중국(United States of Japan)' 제안과 같은 (Smith, 1997: 185-186) 전면적인 분권화에 대한 요구는 1995년 도쿄 도지사 선거에 출마한 세계화 권위자인 오마에 켄이치(大前研一)에 의해 반복되었다 (McCormack, 1996: 19-20).

스기모토는 도시-지방 격차가 소위 '이데올로기의 중앙집중화(ideological centralization)'에 의해 강화되었다고 주장한다. 일본의 언론과 출판 산업이 도쿄에 위치한 소수 회사에 독점되어 있기 때문에, 도쿄 이외의 지역이 목소리를 내기는 어렵다.

따라서 일본의 대중들은 세계와 일본에 대해 도쿄에서 구성되고, 해석되며, 편집된 관점을 받아들인다. 수도 밖의 지방 상황은 단지 선정적인 뉴스거리나 도쿄 미디어의 '이국적 호기심'을 일으키는 소식들만 관심을 끌게 된다 (Sugimoto, 2010: 72).

이러한 상황이 특별히 일본에만 국한되는 것은 아니지만, 오사카나 나고야 같이 제2의 경쟁적인 주요 도시들을 가진 상황에서 일본의 도쿄 집중화 현상은 드문 사례이다.

 **여성**

전후 일본의 괄목할만한 경제성장에도 불구하고, 일본의 정치, 행정, 경제구조 속에서 높은 권력이나 권위를 획득한 여성은 매우 드물었다. 여성도 건설이나 트럭운전과 같은 힘든 육체노동을 한다. 1999년에 임금 노동자의 40.6퍼센트가 여성이었을 정도로 여성 인력이 매우 중요함에도 불구하고 여성은 남성 인력에 부수적인 존재이다. 일본에서 여성 근로자에 대한 차별은 철저히 제도화되어 있다. 많은 여성들이 실제로 시간제 근로자이며 남성 동료에 비해 동등한 근무조건을 보장받지 못한다. 여성들은 보통 연로한 친인척들, 특히 시부모를 돌보도록 되어 있는데 직장생활과 이를 병행하는데 어려움을 겪는다. 이러한 여성들에게는 비숙련 시간제 노동이나 소규모 자영업이 일반적인 대안이다. 스기모토는 대부분의 시간제 여성들이 전문직을 지망했다가 좌절한 여성들이 아니라, 전업 가정주부가 되기에는 충분히 경제적으로 풍요롭지 못한 여성들이라고 주장한다. 그들의 꿈은 여유를 즐기는 것이

다. 부유한 중산층 여성은 가사일과 취미생활 및 친목모임을 병행하면서 편안하게 생활할 수 있지만, 대다수의 여성들에게는 이루기 어려운 꿈이다. 또 다른 방안은 환경문제 등을 다루는 공동체 조직에서 자원봉사 활동에 전념하는 것이다.

서구 국가들이나 대부분의 개도국에 비해서 일본은 피임에 관해 뒤쳐져 있다. 콘돔은 가장 일반적인 방식의 산아제한 방식이고, 낙태는 합법적이며 보편화되어있다. 낙태 수는 많은 편이지만 급격하게 떨어지고 있는데, 2000년에는 공식적으로 341,164건이 보고되었고 2009년에는 221,980건이었지만, 두 해 모두 전체 임신의 22퍼센트를 조금 넘은 것이었다. 그러나 실제 낙태 수는 훨씬 많은 것으로 추측된다. 피임약은 오랫동안 금지되었고 낙태 수술로 수익을 얻는 의사들의 이익 때문에 유통이 금지되었다. 마침내 1999년이 되어서야 자유롭게 되었다. 어떤 조사에 따르면 40세부터 49세까지의 여성 중 72.9퍼센트가 낙태 경험이 있음을 인정했다 (Jolivet, 1997: 127).

연구에 따르면 일본 여성들은 예의바르고 온순한 자녀를 갖기를 원한다. 반면 미국 여성을 대상으로 한 비슷한 연구에서는 독립적인 자녀를 원한다는 결과가 나왔다. 온순함(docility)에 대한 선호는 부분적으로 아버지들의 육아에 대한 지원 부족을 반영한다. 2005년의 경우 일본의 아버지들이 아이들을 '물리적으로 돌보는 데에' 쓰는 시간이 평균적으로 1일 13분, 매주 91분에 불과했다 (Ishii-Kuntz, 2008: 3). 졸리벗(M. Jolivet)은 "대부분의 일본 남성들은 마치 아무도 없는 것처럼 살 수 있는 특별한 재능을 가지고 있다"고 주장하지만 (Jolivet, 1997: 62), 많은 일본 남성들, 특히 젊은 세대는 매우 가정적이다. 그렇지만 남자는 직장에 있어야 한다는 고정관념이 남성들로 하여금 가정생활에 충실하기 어렵게 하는지도 모른다. 은퇴하여 일거리가 없는 남자는 가족들에게 '땅에 붙어서 떼어내기 어려운 젖은 낙엽'으로 비춰질 수도 있다 (Jolivet, 1997: 68).

대부분의 여성들에게는 시부모와 함께 살아야 한다는 압박이 상당한데, 특히 시어머니와 사는 것을 꺼린다. 고부갈등은 보편적이지만, 연장자를 우선시하는 일본에서는 전통적으로 가정의 위계에서 시어머니가 강력한 힘을 행사하는 데다가, 일본 남성들에게 '모친컴플렉스(mother complex)'가 만연하기 때문에 더욱 심각한 문제이다. 졸리벗은 "나를 만나러 오는 모든 여성들이 자신의 남편보다는 시부모와 이혼하기를 원한다"라고 말한 자료를 인용한다 (Jolivet, 1997: 160). 스미스는 일본여성의 2/3 이상이 자신들의 운명에 만족하고 있다는 것을 보여주는 여론조사를 강조하면서, 전후에 여성의 지위가 급격하게 상승되었다고 주장한다 (Smith, 1987: 25). 내각부(內閣府)의 2010년 조사 자료에 따르면 일반적으로 여성이 남성보다 행복해했으며, 여성의 59퍼센트가 자신의 행복도를 10점 만점에 7점 이상으로 표기했다 (Cabinet Office, 2010). 그러나 스미스와 동일한 서베이 자료를 분석한 락(Lock)은 자신의 삶에 만족한 것으로 대답한 여성들의 일부가 남편과 시부모에 의해 이용당하고 억압받고 있으며, 실제로는 끔찍한 생활을 하고 있다고 설명한다. "그러한 여성들이 참아내는 고통은 서베이 연구와 집에 있는 사람에 대한 이념적 해석(ideological construction) 양쪽 모두에서 걸러져 나온다" (Lock, 1996: 93).

로젠버거(Nancy Rosenberger)는 1970년대, 1980년대, 1990년대에 도쿄와 동북지방의 여성들의 역할을 분석하는 인류학적 연구를 수행했다. 30년 사이에 뚜렷한 대비가 있었는데 그녀가 여성의 '기(気) 에너지'라고 부르는 것의 흐름을 기록했다.

엄청난 변화의 가운데, 일본 여성들이 개인적, 지역적, 국가적 그리고 글로벌한 역할의 줄거리를 다루게 됨에 따라 자아와 인간성의 새로운 잡종성(hybridities)이 등장하였다. 여성들은 자신들이 문화적으로 습득한 능력을 내면의 힘으로 개발하고, 자신들의 기(気)에너지를 조절하며, 다방면으로 사회활동의 무대를 확대하는데 사용했다. (Rosenberger, 2001: 239)

이 연구는 문화적 접근법으로 일본을 이해하는 방식이, 집단모델(group model)과 같은 과거의 해석 방식보다 높은 수준의 유연성을 제공하여 더 오래 살아남을 수 있다는 점을 보여준다. 로젠버거가 강조한 것은 '일본 여성'이라는 광범위하고 다양한 집단에 대해 확정적으로 일반화하는 것이 정말 어렵다는 점이다.

소수집단

일본은 종종 인종적 다양성의 부족함이 일본의 사회적, 경제적 강점인 듯이 아주 동질적인 사회로 묘사된다. 하지만 일본의 동질적이고 획일적인(undifferentiated) 이미지는 수정주의자나 다른 연구자들에 의해 잘못된 설명으로 비판받고 있다 (Weiner, 1997: xii-iv). 스기모토(Sugimoto, 2010a: 15)는 일본이 실제로는 다문화사회라고 주장한다. 일본에는 육체적으로는 다른 일본인과 전혀 구별되지 않는 부라쿠민(部落民, 천민집단의 후손들로 신분제가 폐지된 근대 이후에도 차별이 계속되고 있음 – 역자 주)과 일본 출생의 한국인, 아이누, 외국인 특히 이주노동자 등의 몇몇 중요한 소수집단이 있다.

힌두 카스트제도의 '불가촉천민(untouchables)'과 유사한 부분도 있지만, 부라쿠민은 일본만의 독특한 현상이다. 일본인 40명 중 1명에 해당하는 300만 명 정도의 부라쿠민들은 도살업, 도축장이나 가죽 무두질 공장에서 일을 하거나 무덤 파기, 폐물 수집 등을 담당하던, 전통적으로 천시되던 직업에 종사했던 집단의 후손이다. 도쿠가와 시대에 (중세 초기에 기원을 둔) 부라쿠민들은 버림받은 계급(outcast class)이 되었다. 그들은 주류 공동체로부터 물리적으로 격리되었으며, 지정된 구역에 거주하였고, 다른 계층의 사람들과는 결혼할 수 없었다 (Pharr, 1990: 76-80). 부라쿠민들은 다른 일본인들과 인종적으로도 구별된다는 광범위한 믿음이 있었다. 현재에도 약 6,000개로 추정되는 부라쿠민 거주 구역이 존재하는데, 결혼하려는 자녀를 둔 부모가 배우자감이 부라쿠민 혈통인지 알아내기 위해서 가족 배경을 조사하는 것이 일반적이다 (Smith, 1997: 277-283). 다수의 회사들도 신입사원을 채용할 때 유사한 방식을 택한다. 전후에 부락해방동맹(部落解放同盟)이 사회적, 경제적 억압에 저항하고, 부라쿠민의 사회적 지위를 개선하기 위한 특별 조치를 요구하였다. 다른 부라쿠민 조직들은 부락해방동맹과 다른 지향점과 목표를 가지고 있다 (Neary, 1997; Takagi, 1991). 정치적 압력에 반응하여 중앙 및 지방정부는 부라쿠민 구역을 개선하기 위해 상당한 보조금을 제공하였다. 그리고 현재에는 상당수의 부라쿠민들이 일반인과 결혼하고 있다. 그럼에도 불구하고, 정부는 부라쿠민 차별을 불법화하는 법안을 제정하는데 실패했다. 스미스는 소수집단의 존재가 일본이라는 국가의 목적에 부합한다고 주장한다. "동질성이라는 환상은 같음의 바다에 다름의 섬들이 존재할 때 강화된다" (Smith, 1997: 283).

일본 내 한국계는 56만 5,000명 정도인데, 부라쿠민과 마찬가지로 한국인들은 혼슈, 특히 간사이(関西) 지역에 집중적으로 거주하고 있다. 한국계 인구의 유입은 1910년 조선의 식민지화 이후 다수의 조선인들이 저임금 노동자로 일본에 건너온 시점으로 거슬러 올라간다 (Sugimoto, 2010: 202). 대부분의 한국계는 일본어를 제1언어로 사용하는 2, 3, 4세대들이다. 지금까지 대략 30만 명 정도가 일본으로 귀화했지만, 나머지는 여전히 투표권이 없으며 몇몇 지자체를 제외하고는 취업 기회와 승진, 연금이 제한되는 외국인으로서의 신분을 유지하고 있다. 그들은 공직자나 지방공무원이 될 수 없으며, 대부분의 현(縣)에서 상근 교원직을 포함한 다양한 직업에 취업할 수 없다. 1993년까지 모든 한국계들은 공식적인 '외국인 등록' 과정으로써 정기적 지문날인을 해야만 했고, 이전에는 일본 이름을 사용하도록 강요받았다. 공산주의 북한과 자본주의 남한으로 분단된 한반도의 정치상황은 일본 내 한국계 공동체의 분열로 이어졌다. 대략 2/3 정도는 대한민국 여권을 소지하는 반면, 나머지 1/3은 북한 정권에 충성을 다한다 (Ryang, 1997). 대중 단체들은 두 개의 한국계 공동체(민단과 조총련 – 역자 주)를 국적에 따라 동원하며, 나고야의 파친코 업체와 같은 한국계 사업체들은 수익의 상당부분을 북한에 보내기도 한다. 상당수의 한국계가 여전히 자신의 정체성을 강하게 유지하고 있지만, 80퍼센트 이상의 한국계는 일본인과 결혼하였으며, 젊은 한국계의 대다수는 지속적인 편견과 차별에도 불구하고 일본사회로 통합되고 있다. 헤스터(J. T. Hester)는 일본에 거주하는 많은 한국계가 자신의 독특한 신분에 덜 집착하고 새로운 '한국계 일본인'으로서의 정체성을 택하기 시작했다고 주장한다. 한편 한국계와 일본인과의 결혼은 1991년 거의 70만 명에 달했던 일본 내 한국인 수가 감소하고 있음을 의미한다 (Hester 2008: 139-150).

다른 소수 집단으로 아이누와 오키나와 사람들이 있다. 홋카이도에는 공식적으로 아이누로 인정받는 약 2만 5,000명이 있지만, 이 수치는 일본의 다른 지역으로 이주한 아이누를 포함하지 않는다. 또한 자신을 아이누로 인정하는 것을 꺼리는 사람들이 있다. 아이누는 토착민으로 아메리카 인디언이나 호주 원주민과 비교되기도 하는데, 일본인들과는 인종적으로나 문화적으로 구별된다. 아이누 또한 국가에 의해 차별당하고 땅을 빼앗기기도 했다 (Siddle, 1996). 섬으로 구성된 현(縣)인 오키나와는 일본의 미군기지 중 다수가 위치해 있으며 독특한 문화와 언어를 가지고 있다. 한편 오키나와인들이 일본 본토에서 유래했는가에 대한 논쟁이 있다. 오키나와 주민들은 미일안보관계의 부정적 측면으로부터 피해를 받아 왔는데, 일부 학자들은 이를 주변부와 그 사람들에 대한 조직화된 차별의 방식으로 본다 (Taira, 1997). 도쿄와 오키나와의 갈등은 1995년 미군이 일본 여학생을 집단 강간한 사건 이후에 정점에 달했으며, 이 사건은 오키나와 주둔 미군의 감축에 대한 강력한 요구를 촉발시켰다. 이러한 논쟁은 2009~2010년의 후텐마(普天間) 공군기지 이전과 관련해서 재발하였다.

 이주

1980년대 버블경제 시기의 노동력 부족은 외국인 노동자들의 이주를 촉진했다. 거의 80만 명의 외국인 노동자가 일본에서 일하고 있는데 2/3 이상은 합법적으로 고용된 반면 약 25만 명은 불법이민자이다. 대다수는 일본인이 꺼리는 건설현장이나 공장, 식당이나 (호스테스 산업을 포함) 바에서 일하는, 이른바 3D업종에 종사하고 있다. 한국인 다음으로 두 번째로 인구가 많은 외국 국적자는 중국인으로 2001년도

에 38만 1,000명 이상이었다. 일본의 중국이민자들은 오랜 역사를 가지고 있으며, 고베와 요코하마 등의 도시에는 메이지시대(明治時代)에 형성된 '차이나타운'들도 있다. 그러나 일본 내 중국인의 거의 대부분은 최근에 이주한 사람들이다. 다수는 일본에서 합법적으로 공부하고 있지만, 일부 중국인들은 표면적으로 일본어 학원에 등록한 이후 비자 기간보다 오래 체류하여 불법노동자가 되기도 한다. 또한 중국이민자가 일본으로 들어갈 수 있는 확실한 밀입국 경로가 있다 (Oka, 1994: 17-22).

도요타와 같이 잘 알려진 일본 자동차 회사들은 공장에 상당수의 일본계 브라질인들을 고용하고 있는데, 2009년에는 26만 7,000명이 넘었다. 다른 규모 있는 공장들도 일정기간의 '연수'를 위해 동남아시아의 자회사로부터 노동자들을 데려온다. 하지만 외국노동자들의 거의 대부분은 중소기업에 고용되어 있다. 태국, 중국, 한국, 말레이시아, 필리핀, 방글라데시, 이란과 파키스탄과 같은 아시아 출신의 불법이민자 수가 상당하다. 외국인 거주자들은 쉽게 범죄행위에 연루될 수 있다. 예를 들어, 1990년대에 다수의 이란 국적자들이 도쿄의 요요기 공원에서 마약과 불법적으로 만들어진 할인 전화카드를 팔다가 체포되었다. 하지만 전화카드는 일본 야쿠자에 의해 만들어졌으며, 이란인들을 판매를 위한 대리인으로 사용했다. 이러한 경향은 1992년에 '폭력단방지법'이 통과된 이후 일본의 범죄조직이 자신들의 전술이나 활동방식을 수정하고 있음을 보여준다. 경기침체의 결과로 직장을 잃은 불법 외국인 노동자들로서는 범죄에 관여할만한 동기가 있다. 그러나 정부가 범죄에 대한 비난을 외부인에게 돌리려는 의도로 외국인의 범죄 수치를 부풀린다는 증거가 있다 (Sugimoto 2010: 214f; Friman, 1996: 970-971). (주로 체류기한을 넘긴) 외국인의 국외추방은 1993년에 정점에 달했고, 이후 감소해서 2009년에는 32,661건 이었다. 일본은 매춘을 목적으로 개도국 여성을 인신매매(human trafficking)하는 주요 종착지인데, 일본정부가 이 문제를 심각하게 다루는데 계속해서 실패함에 따라 비난이 지속되고 있다. 일본 내 대부분의 인신매매는 야쿠자들이 장악하고 있다.

최근 일본 회사들은 수입 노동력에 대한 의존을 줄이려고 한다. 2009년에는 외국이민자의 수가 1961년 이래 처음으로 감소하였다. 일부 회사들은 브라질 노동자들을 정리해고하기 시작했는데, 정부가 그들의 귀국에 지원을 제공했다 (Messmer, 2010). 브로디(B. Brody)는 지금까지 일본계 브라질인들이 일본사회에 성공적으로 통합되지 못했다고 주장한다. 대다수가 소수 인종의 집단주거지(enclave)를 벗어나지 못하고 사실상 일본 내 '브라질인' 사회에서 생활하였다 (Brody, 2002: 104-113). 브로디는 일본이 이중 언어(bilingual) 학교를 장려하고 주거 차별을 금지하는 등의 정책변화를 이루고, 이주자 집단이 일본어를 더 적극적으로 배울 수 있도록 동기부여가 되는 확실한 '사회계약'을 창출 할 것을 주장한다. 하지만 그러한 계약은, 아직은 대다수 일본인들이 인정하지 않지만, 일본이 다문화사회라는 광범위한 인식이 바탕이 되어야 한다. 그럼에도 일본이 고령화됨에 따라 간병인이나 간호사 같은 특정한 직업군의 외국인 노동자에 대한 수요가 증가하고 있다. 일본정부는 2008년에 인도네시아와 필리핀에서 더 많은 간호사와 간병인을 데려올 수 있는 특별 계획을 수립했다. 그러나 이를 통해 일본에 입국하는 간호사와 간병인들이 (매우 어렵게 출제되는) 국가시험에서 통과하지 못하게 된다면 3~4년 뒤에는 일본을 떠나야만 한다 (Noguchi and Takahashi, 2010).

 종교

일본의 양대 종교는 신도(神道)와 불교다. 두 종교는 문자 그대로 공존하고 있는데 대부분의 일본인들이 두 종교를 모두 신봉한다 (Hendry, 1995: 115-132). 그러나 관념적으로 통합된 이 두 종교의 연관성은 명확하게 정의할 수 있는 종교적 믿음이나 종교 활동에 대한 개인의 책임, 그 어디에도 전형적으로 부합되지 않는다. 많은 일본인이 종교적인 믿음(religiosity)은 가지고 있지만, 진정한 종교 활동을 하는 경우는 드물어서 겨우 10퍼센트 정도의 일본인만이 '적극적'인 종교인이다. 하지만 일부 종교적 의식에 가볍게 참석하는 경우가 증가하고 있다. 예를 들어, 점점 많은 일본인들이 새해를 기념하여 절이나 신사를 방문한다. 이러한 현상을 종교가 부흥하고 있다는 증거로 볼 수 있지만, 일부 학자들은 일본의 종교가 일종의 사회관습이나 단순한 여가활동처럼 변하는 중이라고 주장한다. 반면 다른 학자들은 이것을 점점 복잡해지는 세상에서 정체성을 찾기 위한 과정으로 간주한다 (*Religion in Japan Today*, 1992: 15). 이와 대조적으로, 8월의 오봉(お盆, 양력 8월 15일로 조상을 기리는 명절 - 역자 주) 시기에 조상의 묘를 방문하는 등의 불편하고 즐겁지 않은 종교적 의식은 쇠퇴하고 있다.

신도(神道)는 '마나'에 대한 숭배를 기초로 하는데, 스기모토는 '마나'를 '인간뿐만 아니라 동물, 식물, 강이나 자연물에 내재되어 있는 초자연적이고 신비스러운 힘'이라고 묘사한다 (Sugimoto, 1997: 237). 따라서 신도는 정령 신앙적(animistic) 요소를 포함하고 있다. 일본인의 특별한 기원이나 운명에 대한 신화를 가르치는 토착종교로서, 신도는 이전에는 천황숭배와 군국주의에 결합되어있었다 (Davis, 1991: 793). 가장 유명하고 논쟁적인 신사 중 하나가 도쿄의 야스쿠니 신사

(靖国神社)로 많은 전몰 군인들을 추모하는 곳이다 (사진 4.3). 독특한 도리이(鳥居, 대체로 붉은색 문)가 있는 신사는 일본 전역에서 흔히 볼 수 있다. 불교의 절과 마찬가지로, 작은 신사들은 대체로 가업으로 아버지로부터 아들에게 물려진다.

일본에서 절은 문화의 중심으로 중요한 그림이나 고문서, 예술품들을 소장하고 있다. 대부분의 일본인들은 주로 관광이나 장례식을 목적으로 절을 방문하는데, 일본 승려의 대다수는 장례업에서 얻은 수익으로 생활을 한다. 교토 료안지(龍安寺)의 가레산스이 정원이 보여주듯이 (사진 4.4) 젠(禅)은 전 세계적으로 유명하지만, 일본의 승려 대부분은 명상을 하지 않는다. 오히려 염불(念仏)을 하거나 불경을 읽는 것이 일본 불교의 대부분의 종파에서 보편적이다. 금욕적이고, 결혼하지 않는 동남아시아의 소승불교와 달리 일본의 대승불교 승려들은 결혼할 수 있으며, 세속적인 일반인들과 거의 구분되지 않는 소비 생활을 하고 있다.

사진 4.3   야스쿠니 신사

사진 4.4   교토 료안지 정원

전후에 다양한 '신흥종교'가 나타났는데 대부분이 완전히 새로운 종교라기보다는 불교의 분파(sect)라고 할 수 있다. 릿쇼코세카이(立正佼成会)와 공명당(公明党)과 연결된 대중조직인 소카가카이(創価学会)가 그 중 잘 알려져 있다. 소카가카이는 전 세계적으로 1,200만 명의 신자가 있다고 주장하지만, 300~400만 명 정도 과장한 것으로 보인다. 소카가카이는 주로 전후 일본의 급속한 도시화와 발전 과정에서 사회적으로 소외되고 경제적으로 빈곤한 사람들에게 관심을 끌었다. 데이비스(Davis)는 소카가카이가 '아마도 근본주의적이기보다는 편의주의적(opportunistic)'이라고 말한다 (Davis, 1991: 804). 그렇지만 일부 신흥종교의 힘과 영향력은 일본정부가 종교 집단들의 의심스러운 행위에 개입하는 것을 꺼리도록 만든다.

이는 화학무기 등의 대형 저장고를 만들고, 종교적 지위를 자신들을 보호하는데 이용한 종말론적 테러집단인 옴진리교의 등장과 함께 중요한 쟁점이 되었다 (Kaplan and Marshall, 1996). 1994년 6월 마츠모토(松本) 시의 사린가스 사건으로 일곱 명의 사망자가 발생한 일이 옴진리교와 관련되었을 것이라는 상당한 증거에도 불구하고, 일본 경찰은 이 단체가 1995년 3월 도쿄 전철에 치명적인 사린가스를 살포하여 12명을 살해하고 나서야 조치를 취할 수 있었다. 옴진리교의 불법적 행위에 대한 집착에 대해 일부 평론가들은 신흥종교가 아니라 '범죄종교(criminal religion)'라고 불렀다 (Metraux, 1995). 그러나 유명 소설가인 무라카미 하루키(村上春樹)는 생존자와 옴진리교 신자들을 인터뷰한 이후, 사린 공격에 대해 앞으로 기억될 만한 이야기를 남겼다. 그는 옴진리교의 악마적 속성을 강조하는 주장을 비판하면서, 옴진리교 신도 대부분은 비정상적이고 소외되거나 괴상한 사람들이 아니라 평균적인 일본인이라고 결론 내렸다 (Murakami, 2000: 364). 무라카미에 따르면 "일본인들이 계속해서 옴진리교 '현상'을 쌍안경을 통해 멀리 해안에서 보이는 생소한 존재로, 완전히 다른 어떤 것으로 절연하고자 하는 한 아무런 진전을 볼 수 없을 것이다" (2000: 227). 그는 옴진리교의 등장을 좋은 교육을 받은 일본인들이 제2차 세계대전 이전에 만주국의 괴뢰정부에 적극적으로 가담했던 것과 비교한다. 분명한 시사점은 이러한 현상의 등장이 일본사회를 비판적으로 이해하는데 많은 교훈을 준다는 것이다. 그렇지만 옴진리교에 필적할 만한 것은 아직 나타나지 않았다.

건강과 인구변동

일본은 세계적인 장수국가이다. 2009년의 기대수명은 여성이 86.4세, 남성이 79.5세로 세계 최고를 기록했는데 (McCurry, 2010), 이는 부분적으로 일본인들의 저지방 식습관 때문이다. 일본은 국가 차원의 건강보험 제도를 통해, 저렴하게 의료서비스를 받을 수 있는 좋은 의료보험제도를 갖추고 있다. 현재 일본인들이 누리는 최장의 기대수명에도 불구하고, 앞으로의 추세는 예측하기 어렵다. 최근 수 십 년간 젊은이들의 평균 신장을 상당히 상승시킨 식생활의 변화는 심혈관 질환의 비율을 훨씬 높일 것이다. 마찬가지로 1990년대부터 시작된 여성 흡연자의 증가는 의심할 여지없이 21세기 여성건강에 많은 타격을 입힐 것이다. 전체적으로 흡연율은 조금씩 떨어지고 있지만, 남성의 37퍼센트 정도가 여전히 담배를 피우고 있다 (Hondro, 2010).

만약 일본인의 기대수명과 저출산율이 현재 수준으로 지속된다면, 일본의 인구는 아마도 21세기 말에 현재 인구수의 절반에 불과하게 될 것이다. 2006년 이래로 사망자 수가 신생아 수보다 많아지면서, 일본은 인구가 감소하는 유일한 비유럽 국가가 되었다. 일본에서는 아이를 양육하고 교육시키는 것이 고비용에 스트레스까지 받는 일이다. 여성들이 결혼을 늦게 하고 업무나 다른 관심사를 추구할 여지를 갖게 됨에 따라, 자녀 양육에 대한 열정이 줄어들었다 (Suzuki, 1995). 일본 여성들이 아이를 더 낳도록 촉구하는 공식적 권고에는 아무도 귀를 기울이지 않는다. 노동인구의 감소로 일본은 계속 늘어나는 노인 인구를 부양해야하는 '고령화 사회(aging society)' 문제에 직면하고 있다 (표 4.2 참고). 이러한 인구학적 시한폭탄은 장기적으로 일본의 경제적, 정치적 위상을 약화시킬 것으로 보인다. 이러한 추세의 결과는 여성 노동

표 4.2 전체 인구 중 65세 이상 고령자 비율 (%)

	1950	1960	1970	1980	1990	2000	2010	2020
일본	4.9	5.7	7.0	9.1	12.0	17.2	22.6	28.5
미국	8.3	9.2	9.8	11.2	12.3	12.4	13.0	16.1
독일	9.7	11.5	13.7	15.6	15.0	16.4	20.5	23.0
프랑스	11.4	11.7	12.9	14.0	14.2	16.1	17.0	20.9

출처: Populations Division, Department of Economic and Social Affairs, United Nations: *World Population Prospects*, available: http://esa.un.org/unpp/index.asp?panel=2.

과 (합법적, 비합법적) 외국인 이주노동자에 대한 의존도의 증가로 이어질 것이다. 그러나 일본의 노인 인구가 통계가 제시하는 만큼 많은 것은 아니다. 최근의 많은 사건을 통해 가족들이 연금을 계속받기 위해 친척 노인들의 죽음을 보고하지 않는 것으로 드러났다. 100세 이상 노인 수백 명이 행방불명이다 (McCurry, 2010).

 복지

복지 수요를 파악하는데 있어서 자원 봉사하는 복지사의 역할이 중요하다. 자원봉사자들은 극빈자, 장애인, 모자가정 등 소외된 집단에 직접적으로 사회복지서비스를 제공하는 핵심 역할을 한다. 대략 19만 명이 자원봉사를 하는데, 주로 평균 60세 정도의 은퇴자들인 자원봉사자들은 매년 120회 정도의 가정방문을 한다 (Goodman, 1998: 139-158). 이러한 자원봉사 체계는 확실히 비용적인 면에서는 효율적이다. 하지만 굿맨(Goodman)은 훈련이 부족하고 온정주의적인 자원봉사자가 때때로 거슬리는 행동이나 도덕주의자 같은 행동을 하고, 복지혜택

의 수혜 비율을 지극히 낮추는데 일조하고 있다고 주장한다.

일본의 실업수당은 제한적이며, 연령과 고용기간에 의해 결정되는데 유럽 국가들에 비하면 확실히 인색하다. 일본의 실업률은 다른 산업국가에 비하면 오랫동안 낮은 수준을 유지했다. 1990년대에 급격히 증가했는데, 2010년에 5.1퍼센트에 달했으며 2011년 8월에는 4.3퍼센트로 떨어졌다 (표 4.3 참고). 연금 혜택은 연금수급권을 주는 직종에 종사한 기간과 고용형태에 따라 상당히 다양하다. 기초연금은 국민연금에 의해 지원받게 되며, 보조연금(supplementary pensions)은 다양한 고용제도에 의해 제공되는데 모든 회사 연금을 포함한 후생연금(厚生年金)이 가장 큰 비중을 차지한다. 2007년의 연금제도 개혁으로 이혼녀가 전 남편의 연금의 일부를 쉽게 받을 수 있게 되었는데, 이로 인하여 이혼율이 높아졌다 (Alexy, 2007: 169). 보조연금을 받는 사람들은 은퇴 전 소득의 50퍼센트 정도를 받을 수 있지만, 전적으로 국민연금제도에만 의존하는 연금수급자는 충분히 지급받지 못한다. 그렇지만 급속한 고령화와 경기침체가 겹치면서 주요 연금제도들이 곧 현재의 의무를 다할 수 없게 될 것이다. 1990년에는 노동인력과 은퇴자의 비율이 6:1 이었는데, 2025년이 되면 거의 2:1이 될 것이다 (BBC News, 2007). 현재 일본의 젊은이들 대부분은 자신이 은퇴할 때 좋은 연금 혜택을 받을 것이라는 기대를 거의 하지 않는다.

일본에서 의료보험은 몇몇 공인된 비영리기금을 통해 제공되는데, 국민들은 의무적으로 그 중 하나에 가입해야 한다. 이들 기금은 (표준화된 요금률에 근거하여) 의료비의 70~80퍼센트를 커버하고, 환자는 최고한도까지 나머지 20~30퍼센트를 지불한다 (Argy and Stein, 1997: 299-301). 2000년 4월 노인들을 위한 보조간호(supplementary nursing care)를 지원하기 위해 새로운 개호보험(介

표 4.3 표준화된 실업률(%)

연도 국가	2001	2002	2003	2004	2005	2006	2007	2008	2009	2010	2011
일본	5.0	5.4	5.3	4.7	4.4	4.1	3.9	4.0	5.1	5.1	4.6
미국	4.7	5.8	6.0	5.5	5.1	4.6	4.6	5.8	9.3	9.6	9.0
프랑스	..	..	8.5	8.9	8.9	8.8	8.0	7.4	9.1	9.4	..
영국	5.1	5.2	5.0	4.8	4.9	5.4	5.3	5.7	7.6	7.9	8.1
독일	7.8	8.7	9.6	9.8	11.2	10.3	8.7	7.5	7.8	7.1	..
덴마크	4.6	4.6	5.4	5.5	4.8	3.9	3.8	3.4	6.0	7.5	7.6

출처: OECD (2011), *Labour Force Statistics*, http://stats.oecd.org/Index.aspx?DataSetCode=MEILABOUR (2012년 3월 26일 검색)

護保險)이 시작되었는데, 이는 대대적인 수요에 대해서 가족들에게만 전적으로 책임지울 수가 없다는 인식이 늘어나고 있다는 증거이다. 안정된 직업에 대한 기대가 줄어드는 상황에서 가족주의에 덜 의존하는 강력한 사회보장체계에 대한 요구가 있다.

계층과 불평등

사회적 계층은 논쟁적인 쟁점이다. 켈리(W. Kelly)는 신중산층(new middle class)이라는 신화가 전후 일본의 국가와 사회에 의해 파급된 '주류의식(mainstream consciousness)'의 일부를 형성하였고, 이는 경험적 사실이라기보다는 관념적 구성(construct)이라고 주장한다(Kelly, 2002). 스기모토는 일본이 점차 계급이 분열된 '격차사회(格差社會)'가 되고 있다고 주장한다 (Sugimoto, 2010b). 1990년 이후의 경기침체기에 최고의 패자였던 홈리스, 실직자와 일용직 노동자와 같은 하층계급(underclass) 문제를 무시하는 것이 더욱 어려워졌다. 오래된 중산층 평등 신화의 몰락은 자민당의 선거기반의 약화로 이어졌다.

결론

주류학자들은 상대적으로 낮은 이혼율, 장수, 비용 효율이 높은 의료와 복지체계, 대중의 높은 만족도, 광범위한 중산층 의식, 작업장에서 여성의 지위 향상, 상당한 사회적 동질성, 소수집단에 대한 고려, 국제화와 종교의 부흥, 그리고 지방 재생 등과 같이 자신들이 일본사회에 대해 긍정적 특성으로 본 것들을 강조한다. 문화주의 학자들은 이러한 성취가 아주 독특한 문화와 역사, 특히 화(和), 합의와 위계 같은 일본의 핵심적 가치를 반영하는 것으로 본다. 수정주의자들은 일본 가정의 억압적 특성, 비정상적인 남녀관계, 고령화와 저출산, 여성과 소수집단 및 외국인에 대한 차별의 지속, 신흥종교의 의심스러운 속성, 도시와 지방의 불균형, 제한된 사회적 이동성 등을 강조한다.

클래머(Clammer)는 일본사회가 전혀 새로운 어떤 것이며, 일본사회를 이해하는 '전통적' 방법은 만연하는 소비지상주의(consumerism)를 고려하여 수정되어야 하고, 여기서 상품은 주로 상징적 가치를 위해 소비되고 있다고 주장한다. 그는 수사적(rhetorical) 질문을 제기한다. "여기에는 어떤 종류의 사회조직(social organization)이 존재하는가? 일본의 소비 사회는 (개념적으로 – 역자 주) 정의할 수 있는 사회구조를 형성하는가? 이것을 새로운 용어로 재개념화 해야 하는가?"(Clammer, 1997: 47). 마찬가지의 도발적인 방식으로, 스기모토는 일본이 다른 종류의 사회라고 주장한다. 그는 일본을 '친밀한 권위주의(friendly authoritarianism)'라는 지배적인 양식에 의해 가려지고 감춰졌던 광범위한 내적 변형의 특징을 지닌 '다문화주의' 사회로 새롭게 이해할 것을 주장한다 (Sugimoto, 2010a: 290). 또 다른 분석방법은 일본의 사회 질서를 도쿄의 화이트칼라 남성 엘리트가 중심에 위치하지만 다양한 동심원 층으로 구성된 '양파'로 보는 것이다. 이와 같은 다수의 동심원 층들은 상대적 동질성을 강조하던 전통적인 설명보다 더 풍부하고 다양하게 일본을 설명할 수 있도록 한다.

제5장 **통치 구조**

선거제도 · 149

총리 · 153

내각과 장관 · 155

지방정부 · 160

사법부 · 164

관료와 관료적 지배 논쟁 · 166

정책과정 · 173

결론 · 177

1947년 헌법에 따르면 주권은 천황이 아닌 국민에게 있다. 형식적으로 천황은 '국가의 상징'으로 존재하며 일본에는 '국가 수반'이 없다. 이 모든 것은 천황에게서 모든 권력을 박탈한 전후 조치의 결과이다. 국회는 상원인 참의원과 하원인 중의원으로 구성되는 양원제이다 (사진 5.1 참조). 그러나 둘 가운데 하원이 훨씬 더 중요하다. 양원은 선출된 의원들로 구성된다. 일본 의회제도는 행정부의 권한이 내각과 수상에게 집중되어 있는 영국 모델과 유사하다. 장관 가운데 적어도 50퍼센트가 국회의원이어야 한다. 사법부는 독립되어 있으며 현과 시의 지방정부는 자율성을 누린다. 언론결사의 자유를 포함한 시민권과 사회적 권리는 헌법에 포함되어 있다. 시민들은 법 앞에 평등하며 공무원들은 자신들을 선택하고 해고할 수 있는 권리를 가진 국민에게 책임을 지도록 되어 있다. 1946년 점령군 사령부가 일본에 강제적으로 부과한 헌법이 '외국산' 수입품이라는 일부의 비판에도 불구하고 헌법을 개정하려는 공식적인 동의안이 국회에 제출된 적은 아직 없다.

 **선거제도**

1994년 개혁 직전의 중의원은 129개 선거구에서 4년 임기로 선출되는 511명의 의원으로 구성되었다. 전후 의석 수와 유권자 수는 다섯 번 변경되었다. 선거구는 2명에서 6명의 국회의원이 선거구를 대표하

사진 5.1   국회 건물, 도쿄

는 중대선거구제였다. 유권자들은 단기 비이양식 투표권(single nontransferable vote)을 갖고 있다. 즉, 한 선거구에서 한 명 이상의 국회의원이 선출됨에도 불구하고 개별 유권자들은 한 표만 행사한다. 실질적으로는 역대 정부들은 정치적으로 유리한 조건을 이용하기 위해 4년

임기가 끝나기 전에 선거를 치렀다.

참의원 국회의원 242명은 6년마다 두 가지 방식으로 선출된다. 146명은 47개 현에 해당하는 선거구에서 선출되는데 각 현은 규모에 따라 2~8명의 국회의원을 선출한다. 나머지 96명은 일종의 비례대표제처럼 전국구를 통해 선출된다. 상원(참의원) 선거는 정해진 날짜에 치러지며, 절반의 국회의원들이 3년마다 교체된다. 상원의원은 하원의원보다 더 넓은 범위의 유권자들을 대표하며, 일상적인 정쟁으로부터 어느 정도 유리되어 있다. 그러나 실제로는 상원의 구성이 하원과 매우 유사하다 (Bingham, 1989: 5). 영국과 마찬가지로 국회는 연중 대부분의 기간을 개원하기 때문에 원내 논쟁을 충분히 활용할 수 있다. 또한 미국처럼 상임위원회에 중요한 역할이 부여된다.

선거 경쟁이 정당 대 정당보다는 자민당 의원 사이에서 이루어지기 때문에 하원의 중대선거구제가 파벌주의를 조장한다는 비판이 자주 제기되었다. 1991년 선거제도를 개혁하려는 시도가 자민당 내의 반대로 좌절되었으나, 1993년 자민당 정권이 붕괴하자 선거제도를 개혁하라는 요구를 거스를 수 없게 되었다. 1994년 단명한 호소가와(細川) 정부는 1991년 개혁안과 유사한 선거개혁법안을 관철할 수 있었다 (Foreign Press Centre, 1995, 1997). 처음 개혁된 제도는 참의원에는 아무런 영향을 미치지 않은 반면, 중의원의 경우 전체 의석 500개 가운데 300석은 소선거구에 할당되었고, 200석은 11개 선거권으로 나누어진 비례대표에 할당되는 커다란 변화가 발생했다. 2000년 비례대표 의석이 180석으로 감소했고, 중의원의 전체 의석 역시 480석으로 감소했다. 이는 집권 자민당이 개혁된 선거제도의 주요 수혜자가 된 소규모 정당들의 힘을 약화시키기기 위해 의도적으로 계획한 것이었다.

유권자들은 선거에서 두 표를 행사한다. 소선거구 선거에서는 무소속 후보들이 경쟁할 수 있지만, 비례대표 선거에서는 정당의 후원을 받는 후보만이 경쟁할 수 있다. 이중 입후보도 가능한데, 정당은 소선거구에 출마한 후보를 비례대표 선거 명부에 포함시킬 수 있다. 소선거구 선거에서 실패한 후보자가 비례대표 경로를 통해 국회에 진입할 수 있는 가능성이 있기 때문에 대규모 정당의 후보들에게 이 제도는 만일의 경우에 대한 대비책이 될 수 있다. 새로운 제도 하에서 시행된 최초의 선거인 1996년 하원 선거의 경우, 비례대표 시스템에서 선출된 국회의원 가운데 84명이 소선거구 선거에서 패한, 즉 유권자들을 만족시키지 못한 후보들이었다. 초기에는 새로운 선거제도가 과거와 유사한 결과를 낳았고, 따라서 많은 비판을 받았다. 그러나 시간이 지나면서 개혁의 전면적 효과가 나타나서 하원 의석이 양대 정당인 자민당과 민주당에 집중되는 현상이 초래되었다. 로젠블러스(Frances McCall Rosenbluth)와 티이스(Michael Thies)는 1994년 개혁으로 인해 일본 정치가 21세기에 맞는 새로운 '작동 방식(modus operandi)'을 채택할 수 있게 되었다고 주장한다 (2010: 101).

도시 유권자들에 비해 농촌 유권자들의 비중이 불공평하게 커지는 의원 정족수의 불균형이 1994년 개혁 이후에도 여전히 중요한 쟁점으로 남아 있다. 2007년 더 심각한 수준의 불균형을 안고 있는 참의원에서 일부 작은 변화가 있었으나, 이 문제는 여전히 심각한 문제로 남아 있다 (Stockwin, 2008: 178). 일본에서 선거 캠페인은 다양한 제약 속에서 진행된다. 특히 과거 후보들이 유권자들에게 선물이나 현금을 지급하는 사례가 있었기 때문에 가가호호 방문을 통한 유세는 금지되어 있으며, 1994년 개혁에서 선거 자금의 공개 요건이 강화되었고, 정당의 캠페인 비용을 지불하기 위해 무려 300억 엔의 공적 자금이 투입되었다 (Stockwin, 2008: 176-177).

 **총리**

공식적으로 일본 총리는 매우 강력하다 (글상자 5.1). 일부 단기적인 예외가 있기는 하지만, 1955년 이후 총리들은 자민당 지도자로서 국회에서 지명되며 행정권을 보유한다. 그러나 실제로는 일본 총리는 자신에게 지원을 제공했던 정치적, 경제적, 관료적 이해관계자들의 영향을 크게 받거나 심지어 압도되는 경우가 많다. 총리 리더십을 약화시키는 요인으로는 '공격적' 리더십 스타일에 대한 경계, '합의 표출'의 전통, 행정부에 비해 상대적으로 강한 관료, 총리가 되기 위해 필요한 중요한 자질 가운데 하나인 (분명한 정책 노선보다는) 파벌 간 협상술 등을 들 수 있다 (Angel, 1989: 583). 그러나 일반적인 총리 스타일과는 다른, 주목할 만한 예외 인물로는 능숙한 조직 정치인(machine politician) 다나카 가쿠에이(田中角栄)와 선명한 보수 이데올로그 나카소네 야스히로(中曽根康弘)가 있다. 나카소네는 1986년 내각관방(内閣官房)과 안전보장회의를 재조직하는 데 성공함으로써 특히 위기 시 행정부에 대한 통제를 대폭 강화할 수 있었다 (Angel, 1989: 601). 그럼에도 고이즈미 준이치로(小泉純一郎)를 제외한 나카소네 이후의 일본 총리들은 전통적으로 대중의 주목을 받지 못한 경우가 대부분이었다.

2001년 이후 총리에 직접 보고하던 중앙 성청들이 관련 부처와 통합됨에 따라, 정부 시스템이 간소화되고 내각부에는 더 큰 권한이 부여되었다. 나카소네 총리와 고이즈미 총리는 일본이 직접 총리 선거를 통해 행정부 수반의 힘을 강화해야 한다고 주장했으나, 자신들의 권력이 침해될 것이기 때문에 이와 같은 과격한 제안이 자민당이나 민주당 고위층의 지지를 얻지는 못할 것으로 보인다. 2001년 행정 개혁으로 총리의 권한이 강화되기는 했지만, 권한의 상당 부분이 총리 개인의 개

글상자 5.1 전쟁 후 일본 총리

	출범일	정당
히가시쿠니노미야 나루히코(東久邇宮 稔彦)	1945년 8월	·
시데하라 기주로(幣原 喜重郎)	1945년 10월	PP
요시다 시게루(吉田 茂)	1946년 5월	JLP
가타야마 데쓰(片山 哲)	1947년 5월	JSP
아시다 히토시(芦田 均)	1948년 3월	DP
요시다 시게루(吉田 茂)	1948년 10월	DLP/LP
하토야마 이치로(鳩山 一郎)	1954년 12월	JDP/LDP
이시바시 단잔(石橋 湛山)	1956년 12월	LDP
기시 노부스케(岸 信介)	1957년 2월	LDP
이케다 하야토(池田 勇人)	1960년 7월	LDP
사토 에이사쿠(佐藤 榮作)	1964년 11월	LDP
다나카 가쿠에이(田中 角榮)	1972년 7월	LDP
미키 다케오(三木 武夫)	1974년 12월	LDP
후쿠다 다케오(福田 赳夫)	1976년 12월	LDP
오히라 마사요시(大平 正芳)	1978년 12월	LDP
스즈키 젠코(鈴木 善幸)	1980년 7월	LDP
나카소네 야스히로(中曽根 康弘)	1982년 11월	LDP
다케시타 노보루(竹下 登)	1987년 11월	LDP
우노 소스케(宇野 宗佑)	1989년 6월	LDP
가이후 도시키(海部 俊樹)	1989년 8월	LDP
미야자와 키이치(宮澤 喜一)	1991년 11월	LDP
호소카와 모리히로(細川 護熙)	1993년 8월	JNP
하타 쓰토무(羽田 孜)	1994년 4월	JRP
무라야마 도미이치(村山 富市)	1994년 6월	SDPJ
하시모토 류타로(橋本 龍太郎)	1996년 1월	LDP

계속

오부치 게이조(小渕 恵三)	1998년 7월	LDP
모리 요시로(森 喜朗)	2000년 4월	LDP
고이즈미 준이치로(小泉 純一郎)	2001년 4월	LDP
아베 신조(安倍 晋三)	2006년 9월	LDP
후쿠다 야스오(福田 康夫)	2007년 9월	LDP
아소 다로(麻生 太郎)	2008년 9월	LDP
하토야마 유키오(鳩山 由紀夫)	2009년 9월	DPJ
간 나오토(菅 直人)	2010년 6월	DPJ
노다 요시히코(野田 佳彦)	2011년 9월	DPJ

정당: DLP, 민주자유당; DP, 민주당; DPJ, 일본민주당; JDP, 일본민주당; JLP, 일본자유당; JNP, 일본신당; JRP, 일본재신당; JSP, 일본사회주의당; LDP, 자유민주당; LP, 자유당; PP, 진보당; SDPJ, 일본사회민주당.

성이나 권력 기반에 좌우되는 것은 분명하다. 개혁에도 불구하고 총리의 교체가 안정화되지 못했을 뿐만 아니라 2006년 이후 교체의 속도가 1940년대 이래 그 어느 때보다 더 빨라지게 되었다.

 내각과 장관

국회의 중요한 기능 가운데 하나는 내각을 임명하는 권한을 가진 총리를 지명하는 것이다. 내각은 국회에 대하여 책무성을 갖는다. 총리가 국회를 해산하기도 하지만 행정부 역시 불신임 투표를 통해 해산될 수 있으며, 이 경우 총선거를 치르게 된다. 2001년 개혁이 시행된 이후 내각은 17명 이내의 장관과 총리로 구성된다. 원칙적으로 14명의 장관이 임명되도록 되어 있지만, 대개의 경우 그렇듯이 필요에 따라 17명까지 늘어날 수 있다. 개각이 빈번하게 이루어지기 때문에, 내각의 평균 지속 기간은 9개월에 불과하다. 많은 경우 개각은 부분적으로 이루어진다. 그렇다고 해서 개별 장관들이 평균적으로 9개월 재임한다는 것은 아니다. 최근에는 재임 기간이 길어지는 추세이기는 하지만, 1980년대 장관 가운데 57퍼센트가 1년 미만, 77퍼센트는 2년 미만 재임하는 데 그쳤다 (Bingham, 1989: 18). 그러나 자민당과 같은 정당들은 파벌 보스와 막후 실력자에 의해 주도되기 때문에, 일본에서 막강한 영향력을 행사하는 데 반드시 장관직이 필요한 것은 아니다. 장관직은 막후 실력자와 그 추종자들이 주로 담당한다. 국무회의는 짧기로 유명한데, 때로는 15분 내에 끝나기도 한다.

수년에 걸친 논의 끝에 2001년 1월 일본 관료기구가 구조조정되어, 중앙 성청의 수가 23개에서 13개로 감소했다. 업무가 중복되거나 연관성이 높은 부처들은 하나로 통합되었다 (도표 5.1 참조). 이로 인해 장관(대신)의 수가 함께 감소되었다. 17명 내각의 전형적인 구성은 10개 부처의 대신(환경대신, 국토교통대신, 경제산업대신, 농림수산대신, 후생노동대신, 문부과학대신, 재무대신, 외무대신, 법무대신, 총무대신)과 내각관방장관, 방위대신, 국가공안위원회위원장, 총리가 추가적으로 임명하는 3명의 장관이다. 2007년 방위청이 방위성으로 격상되었다.

이 개혁은 효율성을 증진시키기 위한 것이지만, 결과적으로 거대 부처들이 만들어지게 되었다. 이로 인해 행정적으로 새로운 과제가 대두되었는데, 특히 거대 조직들에 대한 효과적인 정치적 감독이 매우 어려운 것으로 나타났다. 장관의 임무를 지원하기 위해 48개 부대신이 만들어졌다. 부대신직은 정부 부처가 입법부에 대한 책무성을 갖도록 하기 위해 설치되었다. 예전에는 최고위 관료(부처를 이끄는 공무원인 사무차관)가 부처의 업무와 관련하여 국회에 직접적인 책무성을 가졌다. 현재는 관료들이 더 이상 부처를 대신하여 국회 위원회 토론에 참여할 수 없게 되었고, 부대신이 이 역할을 맡게 되었다 (Takenaka, 2002: 929). 이와 관련하여 영국 총리의 질의 시간을 모델로 한 국가기본정책위원회(国家基本政策委員会)가 도입되었다. 매주 수요일 오후 40분간 진행되는 이 회의는 야당 지도자들이 총리에게 질의하는 장으로 활용된다. 이러한 변화들은 행정부와 정책과정에 대한 의회 조사의 질을 강화하기 위한 시도이다. 이 변화는 자민당에 대하여 상대적 권력을 제고하려는 비자민당의 개혁 요구에서 비롯되었으나 (Takenaka, 2002: 939), 그 효과를 평가하기에는 다소 시간이 걸릴 것이다. 다수의 부대신직을 만든 것은 총리가 연립 파트너의 요구에 부응하기 위해 임명권의 범위를 확대하는 결과를 초래했다. 니어리(Neary)는 사무차관이 국무회의 바로 전날 내각관방장관과 회의를 갖는 행태를 답습하는 한, 사무차관의 권한을 축소하기가 어려울 것이라고 주장한다 (Neary, 2002: 128).

입법 과정에서는 중의원이 더 큰 권한을 갖는다. 참의원에서 법안이 부결되더라도 중의원에서 2/3 이상의 찬성으로 재의결될 경우 법률로 성립된다. 그러나 대부분의 입법, 특히 중요한 입법 과정은 국회보다는 행정부에서 시작된다 (Bingham, 1989: 11-12). 예산안과 같은 주요 법안조차도 내각과 국회에서 의례적으로 통과되는 경우가 많다. 예를 들어, 1955년에서 1977년까지 국회가 예산안을 실질적으로 수정한 것은 한 차례뿐이다 (Bingham, 1989: 15).

내각과 국회의 권한과 효과성에 대한 의구심이 자주 제기되었지만, 일반적으로 대장성(大蔵省)이 일본에서 가장 중요한 기관으로 인식되

도표 5.1 일본 정부조직*

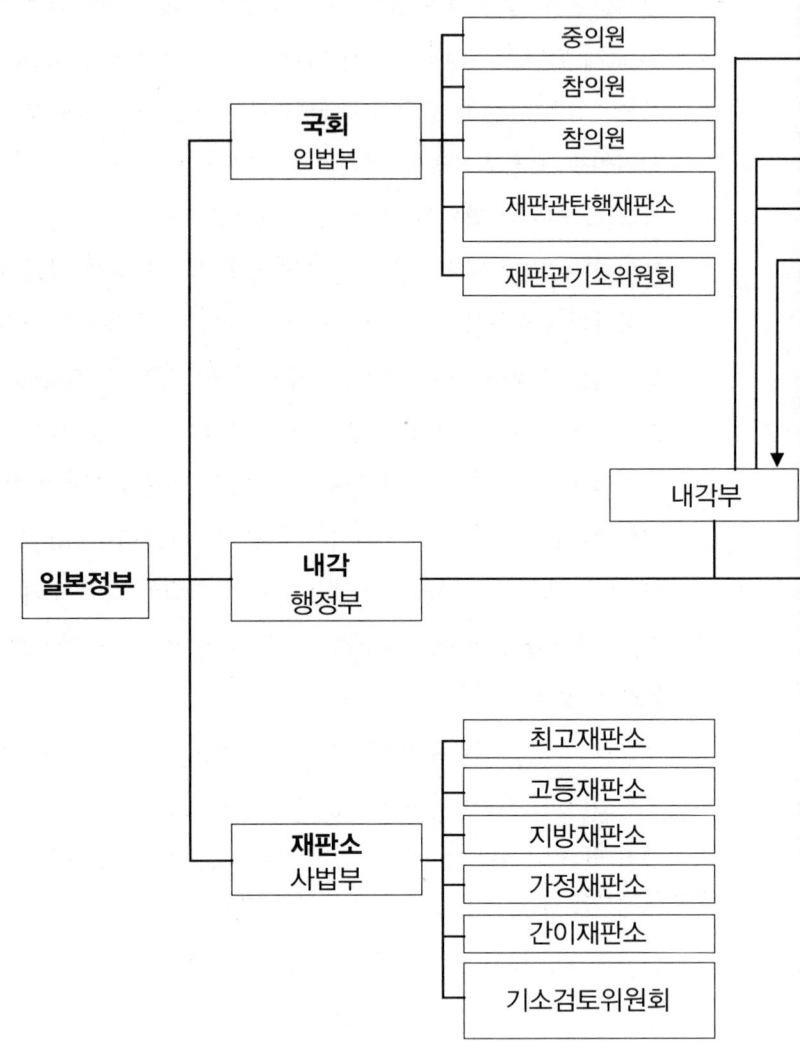

* *Japan Echo* (8, 1, February 2001: 58)와 Prime Minister of Japan and His Cabinet 웹사이트 (http://www.kantei.go.jp)를 활용하여 저자가 작성하였음.

제5장 • 통치 구조   159

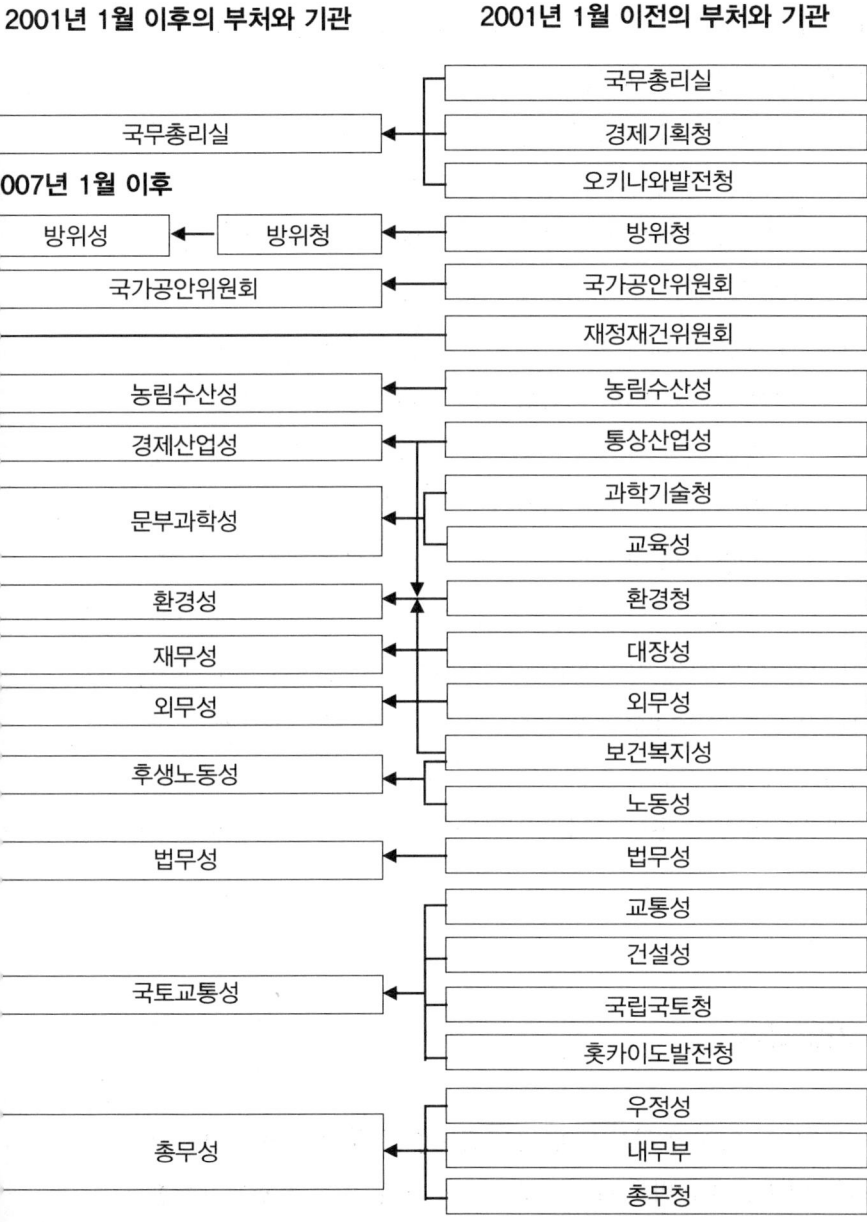

어 왔다. (실제로는 대부분 대장성의 고위 관료들이 행사하는) 대장성 권한의 범위가 매우 넓기 때문에 사실상 금융 부문과 공공 부문의 수입과 지출에 대한 막강한 통제권을 가진 '수퍼 부처'가 되었다. 예산에 대한 사실상의 통제를 통해 대장성은 다른 부처뿐 아니라 중앙 정부로부터 상당한 재정 지원을 받는 현과 시 정부의 정책과 그 우선순위에 대해 상당한 영향력을 행사해왔다. 대장성은 조세 시스템을 설계·운영하고, 금융 시스템을 계획관리하며, 일본은행에 대한 감독을 포함하여 은행 시스템을 규제한다. 대장성은 또한 관세와 운송세를 징수하고, 국제무역에서 전략적 역할을 하며, 내각과 국회의 승인을 위한 예산안을 준비하는 것을 포함하여 예산 시스템을 계획·실행한다. 대장성 대신 직은 모두가 선망하는 직위이지만, 대장성의 활동과 업무 범위가 매우 넓기 때문에 대장성을 확실히 장악하기는커녕 그 업무를 완전히 이해할 수 있는 능력을 보유한 정치인은 소수에 지나지 않는다. 2001년 1월 대장성이 재무성으로 명칭이 변경되었다. 대장성이라는 명칭이 천 년에 달하는 역사를 가진 것으로 알려져 있기 때문에, 이 변화는 매우 상징적 의미를 가지며 관료들의 분노를 자아냈다 (Neary, 2002: 123). 예산권 가운데 일부가 총리 관저로 이관되면서 재무성의 기능은 축소되었다.

 지방정부

제2차 세계대전 이전 일본은 매우 중앙집권화된 정치 질서를 가지고 있었으나, 미군정의 개혁은 중앙정부의 과도한 우위를 견제할 지방정부체제를 도입하기 위해 현 정부와 시 정부체제를 수립했다. 그럼에도

불구하고 중앙 입법은 지방 입법보다 우위에 있다. 실제로 도쿄의 관료들은 지방정부의 활동에 대해 상당한 영향력을 행사하는 경우가 많다. 빙햄(Bingham)은 1947년 지방자치법은 도지사와 시장이 광범위한 영역의 공공 서비스에 대해 책임을 지는 반면, 선출직 관리들은 그들이 법적으로 행해야 하는 서비스에 대한 비교적 적은 권한을 갖도록 했다고 지적한다 (Bingham, 1989: 53-54). 지방정부들이 준비한 세부적인 정책과 예산 프로그램은 도쿄 중앙정부의 승인을 받아야 한다. 장관들은 실제로 선출직 도지사와 시장들이 지시를 이행하지 않을 경우 해고할 수 있다. 지방자치법은 정치의 핵심인 자치권이 지방정부에 부여된 정도가 매우 중요하다고 강조한다. 지방행정은 대체로 중앙정부가 주도하지만, 지방정부들은 도쿄로부터 더 큰 자치를 얻어내기 위해 지

사진 5.2 도쿄도청사

속적으로 노력하는데, 이로 인해 중앙 정치인 및 관료들과 생산적인 긴장 관계가 초래된다.

일본에는 47개 현이 있다. 이 가운데 4개는 일반적 의미의 현이 아니지만 현에 상응하는 법적 지위를 부여받은 3개 광역자치단체(도쿄도, 오사카부, 교토부)와 홋카이도(北海道)이다. 개별 현에는 선출직으로 구성되는 현 의회가 있다. 선출직인 지사(知事)는 현의 행정 수반으로 매우 광범위한 권력을 보유하고 있다. 이들은 지방 법원과 경찰을 포함한 공공의 법과 질서, 보건과 복지(병원, 사회 서비스, 환경보호 등)에서 인프라(도로, 운수, 토지개발, 공익사업과 공원 등)와 교육과 문화(학교, 도서관, 미술관 등)에 이르기까지 상당수의 공공 프로그램을 주도한다. 이 프로그램 가운데 다수는 중앙 부처의 관할이기 때문에 도지사들은 예산과 규제 등 다양한 분야에서 관계 부처와 긴밀하게 협력해야 한다. 약 60퍼센트의 지방정부 수입이 이런 저런 형태의 중앙정부 기금에서 나온다 (Abe *et al*., 1994: 66). 다수의 현과 대도시들은 도쿄에 사무소를 운영하고 있다. 외국 대사관처럼 이 사무소들은 관련 중앙 부처와 긴밀한 접촉을 유지하고 예산 또는 정책 이슈에 관한 최근 현황들을 추적하는 임무를 갖고 있다 (Steiner, 1965: 321-323). 2001년 이후 개편·확대된 총무성 관리들은 지방정부와 현 정부에 대해 예산과 기타 문제에 대하여 상당한 영향력을 행사한다.

지방자치단체에는 인구 50만 명 이상의 대도시, 시, 도, 읍, 도쿄의 23개 특별구 등 다양한 형태가 있다. 시장은 선거를 통해 선출된다. 도지사와 마찬가지로 시장은 강력한 행정권을 행사하며 상대적으로 취약한 의회에 명목적이나마 책무성을 갖는다. 그러나 현과 시의 정치를 오랜 기간 동안 지배해 온 전현직 관료들 사이의 네트워크를 와해시키기 위해 지역 공동체와 시민운동이 정치의 장에 참여함에 따라 1960년대와 1970년대 개방적이고 효과적인 지방정부로 변화하는 추세가 강화됐다. 대부분의 지방 정치인들은 긴밀한 관계를 갖고 있기는 하지만 전국 수준 정당의 공식 당원은 아니다.

일본 지방정부에 대해 긍정적인 평가를 하는 사람들은 현과 시가 성공적으로 정책을 주도하고 더 큰 자율성을 획득했다는 점을 강조하는 경향이 있다. 지방정부는 복지 정책과 환경 정책과 같은 분야에서 상당한 역할을 하지만, 지방정부에 대한 부정적인 평가는 지방정치가 중앙의 통제에 부속된다고 강조한다. 리드(Reed)는 지방자치와 중앙집권화는 가치가 개입된 용어이기 때문에 사회과학자들이 지방을 이상화하고 중앙을 깎아내리는 것을 경계한다 (Reed, 1986: 3-4). 그는 중앙과 지방정부는 하나의 의미를 갖고 있는 것이 아니라 둘 이상의 복합적인 정체성을 갖고 있다고 지적한다. 리드는 중앙과 현 정부 간 관계에 대한 매우 상세한 연구에 근거하여 일본의 정부 간 체제가 매우 훌륭한 것은 아니지만, 일반적으로 상당히 효과적이라고 결론짓는다. 그는 또한

> 대부분의 지방 정치의 수준이 낮지만, 시장과 지사 선거는 일본 정치체제가 이러한 악조건에도 불구하고 유연성과 반응성을 가질 수 있도록 하는 주요 근원이 된다고 본다. (Reed, 1986: 170)

대체로 별 볼일 없는 성과에도 불구하고, 지방 정부는 과단성 있는 조치를 취할 수 있는 잠재력을 갖고 있으며, 1970년대 오염 문제가 일본의 경제 기적을 위협했던 당시처럼 때로는 커다란 효과를 발휘하기도 한다.

1980년대와 1990년대 지방 선거에서 새로운 경향이 다수 나타났다. 1980년대 지방 선거 가운데 상당수는 대체로 지역 정당의 지도자

들 사이의 협상을 통해 결과를 정했기 때문에 사실상 경쟁이 없었고 (Neary, 2002: 153-158), 이로 인해 유권자들의 무관심이 증가했으며 때로는 역풍을 초래하기도 했다. 1994년 이후 자민당이 기이한 야당 연합의 도전을 받았을 때, 유권자들은 반자민당 집단이 승인한 선두 후보를 지지하지 않았다. 1995년 도쿄와 오사카 지사 선거에서는 유명 연예인이 승리했는데, 1999년 선거에서는 주류 정당의 후보가 아닌 무소속 후보가 이들에게 승리했다. 그럼에도 불구하고 활발하고 역동적인 지사는 의미있는 결과를 만들어내기도 한다. 가나가와(神奈川)현, 오이타(大分)현, 오키나와(沖繩)현 등에서 효과적인 리더십은 상당한 결과를 초래했다.

지방정부의 개혁은 매우 오랫동안 지연되었다. 2011년 동일본대지진의 여파로 인해 일본의 당면 사회경제적 문제에 대응하기 위해서는 지방이 중요 결정을 중앙관료와 정치인들에게 의지하지 않고 신속한 조치를 취할 수 있도록 지방정부의 권한을 강화할 필요가 있다는 점이 분명해졌다. 민주당은 지방분권의 필요성을 오랫동안 강조해왔지만, 2009년 집권 이후 별다른 성과를 내지 못했다. 후나바시 요이치(船橋洋一)는 지방분권에 대한 의지의 상징적 조치 일환으로 황궁의 자리를 교토로 다시 이전하고, 중앙정부의 전체 기능을 지방으로 이양해야 한다는 도발적인 주장을 했다 (Funabashi, 2011: 13). 그러나 이처럼 과격한 제안은 아직까지 미온적인 반응을 얻어냈을 뿐이다.

 **사법부**

일본 헌법은 사법부가 독립되어야 한다고 명시하고 있다. 이론적으로

사법부는 법안을 해석하는 데 있어서 중요한 역할을 하며 논쟁적인 문제들에 대해 결정적인 개입을 할 수 있다. 그럼에도 일반적으로 일본의 대법원의 역할이 두드러지지는 않는다. 1960년대 주요 기업들이 유해한 오염을 초래한 데 유죄 판결을 한 법원의 결정이 새로운 입법과 환경청의 창설을 촉진했던 사례처럼 일부 중요한 사법적 결정들은 정부 정책에 영향을 미치기도 했다. 그러나 업햄(Upham)은 중요한 판결이 내려지면 관료 기구가 개입해서 이후 상황을 통제하며 사회적 변화를 초래하는 데 있어서 사법부의 제도적 역할을 부정하는 현상이 발생하기도 한다고 주장한다 (Upham, 1987: 27).

사법부는 종종 정부 입장에 우호적인 결정을 내리기도 하는데, 대법원은 하위 법원보다 더 보수적이다. 대법원은 총리가 지명하는 15명의 대법관으로 구성된다. 이론적으로 대법관들은 정기적으로 재선의 절차를 거치기는 하지만 현직 대법관이 재선에 실패한 경우는 없다 (Ramseyer and Nakazato, 1999: 17). 모든 대법관들은 일정 기간 검사로 근무하는데, 이러한 경험은 사건을 국가의 관점에서 볼 수 있도록 사회화하는 기능을 한다. 일부 학자들에 따르면, 장기 집권하는 자민당의 보수 정치인들이 직접적으로 사법 과정에 개입하는 것보다는 오히려 고위 법관들이 자민당의 정책적 입장을 공유하는 것이 문제이다. 좌파적 성향의 법률조직에 참여해서 정부에 반하는 판결을 내리는 법관들은 보수적 성향의 법관들보다 승진의 가능성이 낮다 (Ramseyer and Nakazato, 1999: 18-20). 일본 사법부에 대한 긍정적인 견해는 헤일리(John Haley)의 연구에서 찾을 수 있다 (Haley, 2006: 90-122). 오브라이언(David O'Brien)과 오코시(大越康夫)는 중도적 입장을 취하면서 이 문제에 대한 매우 미묘하면서도 정통한 견해가 필요함을 보여준다 (O'Brien and Ohkoshi, 2001: 37-61). 일본 법관들은 신중하고 보수적인 결정을 내리는 경향이 있는데, 포인트 시스템에 근거하여 승진이 결정되는 것도 하나의 원인이 된다. 예를 들어, 그들의 판결이 상급 법원에서 기각되면 법관들은 포인트를 잃게 된다.

길고 긴 법률절차 역시 법관이 신속하고 효과적으로 대처할 수 있는 능력을 제한한다. 형사사건의 경우, 재판에 회부되는 거의 모든 사건이 유죄판결을 받는다. 높은 유죄판결률에 대한 국내외의 비판에 대응하여, 2009년 일종의 유사 배심원단인 '재판원' 제도를 도입했다(Johnson, 2009). 배심 재판은 판사가 판결을 폭넓게 준비하고 신속하게 판결문을 작성하게 하는 효과가 있다. 이론적으로 사실상의 배심원인 재판원들은 발언하고 평결을 결정하는 데 있어서 중요한 역할을 하도록 되어 있지만, 실제로는 판사들의 견해를 존중하는 경우가 많다. 재판원 제도는 불가피한 현실적 타협의 산물이며 앞으로 더 제도화되어야 하지만, 이미 사법부의 책무성을 증대시키는 효과를 낳고 있다.

관료와 관료적 지배 논쟁

강력한 권한과 높은 명성에도 불구하고 일본 관료체제는 비교적 소규모이고 저비용 구조이다. 2011년 공무원의 수가 100만 명 이상이었는데, 여기에는 우정 공무원와 자위대원이 포함된다. 일반적으로 '공직'의 핵심 집단은 정부 부처의 관리직과 사무직 공무원을 포함하는 '행정직 1'로서 그 수는 100만 공무원 가운데 4분의 1도 안 된다. 경쟁률이 높은 시험을 통과해 진입한 이들은 거대한 공무원 조직 안에서 소수 엘리트집단을 구성한다. 도쿄대와 교토대 등 최상위 대학 졸업생들으로 충원되는 고속 승진 트랙의 관료들은 전통적으로 상당한 존경을 받는다. 과거에 이들은 매우 헌신적이고 유능하며 선출된 정치인보다 훨씬 더 신뢰할 수 있는 엘리트로 인식되었다. 동시에, 이 관료들은 다소 고압적이고, 규칙에 얽매여서 유연하지 못하다고 인식되기도 한다. 후생노동성에서 HIV에 감염된 혈액의 유통을 은폐하려고 한 스캔들이 일어났는데, 부처 감사팀에게 호화스러운 접대를 했다는 수치스러운 증거까지 속속 드러나면서 관료에 대한 대중의 불신이 1990년대 크게 증가했다 (Neary, 2002: 119-121). 1990년대 초부터 시작된 일본의 경제적 어려움으로 인해 일본이 전지전능한 관료의 지도하에 계속 번영할 것이라는 신화가 깨지게 되었고, 이 또한 관료의 지위를 손상하는 데 기여했다. 고위 관료들의 명망에도 불구하고, 일본 정부청사는 대개 비좁고 심지어 지저분하기까지 하다. 복도에는 오래된 문서들이 담긴 종이상자들이 가득 쌓여있기도 하다.

핵심 질문은 일본에서 누가 권력을 갖고 있는가 또는 권력은 어디에 속해 있는가, 즉 누가 일본을 지배하는가가 될 것이다. 일반적으로 대부분의 사람들은 권력이 그 시점에 통치하는 사람들의 수중에 있다고 보지만, 다수의 학자들은 정치인들이 국정을 실질적으로 통제한다는 데 대해 반론을 제기한다. 밴 올퍼렌에 따르면,

일본 총리는 리더십이 크게 발휘될 것으로 기대되지 않는다. 노조는 점심시간에 파업을 한다. 입법부는 사실상 입법을 하지 않는다. 주주는 결코 배당을 요구하지 않는다. 소비자 이익집단은 보호주의를 옹호한다. 법률은 권력을 가진 자들의 이익을 크게 침해하지 않을 때 집행된다. 보수적이고 권위주의적인 집권 자민당은 진정한 정당이 아니기 때문에 사실상 지배하지 않는다. (van Wolferen, 1989: 25)

밴 울퍼렌은 대부분의 외부자들이 일본의 겉모습에 현혹되었다고 주장하기까지 한다. 일본이 자유민주주의국가의 외양을 하고 있지만, 1947년 헌법의 규정이 무엇이든 주권은 국민에게 있지 않다. 일본에서 권력은 정치, 관료, 기업 엘리트에게 귀속되지만, 권력의 정확한 위치를 파악하기는 어렵다. 밴 울퍼렌이 '규정하기 어려운 국가(elusive state)'라고 부른 것과 같이 권력이 상당히 분산되어 있는 것이다.

물론 이에 대한 대안적 관점도 있다. 로타체르(Albrecht Rothacher)는 대통령제 국가(미국, 프랑스)나 정부가 하나의 정당으로 구성되는 국가(영국)처럼 권력이 일본에서는 집중되어 있지 않다고 주장한다. 한편, 일본은 복잡한 연합정부를 형성하는 국가나 대여섯 명의 핵심 인물들이 중요한 권력 브로커 역할을 하는 국가들(이탈리아, 벨기에, 네덜란드, 이스라엘)과는 비견할 만하다 (1993: xi). 본질적으로 로타체르는 자민당 파벌 지도자들을 다른 정치체제의 당 지도자와 같은 것으로 간주한다.

그는 일본의 권력 구조를 피라미드형으로 본다 (Rothacher, 1993: 2-4). 즉, 가장 상위에 자민당 파벌 지도자들이 있고, 그 아래 자민당, 주요 정부 부처의 고위 관료, 게이레츠 대기업의 수장들이 위치한다. 이들을 모두 합하면 대략 350명 정도 된다. 세 번째 층위에는 약 1,600명 정도에 달하는 '대체적인 엘리트(elite at large)'이다. 여기에는 저널리스트, 유명 야쿠자, 학자, 이익집단의 대표 등 관계, 재계, 정계 등으로 구분되기 어려운 약 250명의 포함된다. 네 번째 층위에는 재계의 경영인, 지방 정치인, 중급 공무원 등 약 1만 명 '엘리트 지망자(elite aspirant)'로 구성된다.

로타체르의 중심 주장은 일본에서 밴 울퍼렌이 주장하는 것처럼 그렇게 권력이 분산되어 있는 것은 아니며 파워 엘리트로 구분되는 집단이 분명 존재한다는 것이다. 그러나 로타체르는 정책결정과정 자체에 초점을 맞추지는 않는다. 즉, 누가 권력을 행사하는가보다는 누가 권력을 보유하고 있는가에 더 관심이 있는 것이다. 대부분의 입법은 정치인이 아니라 관료들이 초안을 작성한다. 자민당 출신 장관들은 평균 일 년마다 순환하며, 그럴 의지가 있더라도 정부 부처에 자신의 정책 아이디어를 각인시킬 수 있을 정도로 장관직을 유지하는 경우가 드물다. 밴 울퍼렌은 국무회의가 대개 10~15분 정도밖에 지속되지 않으며, 정부 부처의 고위 공무원들이 내린 결정을 단순 추인하는 경우가 대부분이라고 지적한다 (van Wolferen, 1989: 32). 즉, 로타체르의 피라미드론을 인정하더라도, 자민당 파벌 보스는 명목상 정상에 있을 뿐이라는 것이다. 외면적 구조가 어떻든 실제 권력은 의회에 책무성을 갖는 선출직 정치인들이 행사하는 것이 아니라는 것이다.

문제의 핵심은 비록 일본이 다당제를 택하고 있지만, 1955년부터 1993년까지 한 정당이 권력을 장악했고 다시 1994년 중반부터 2009년까지 정부의 핵심을 구성했다는 단순한 사실에 있다. 자민당은 두 보수정당의 합당으로 탄생했고, 이 합당은 대기업의 지지와 후원을 받았다. 단기간의 사회주의 정당의 지배를 제외하면, 일본정부는 1947년 헌법이 제정되던 때부터 1993년까지 보수 진영의 수중에 있었다. 일본에 대해 긍정적인 견해를 갖는 학자들은 이러한 정치적 안정을 원만한 정치운영, 비교적 갈등이 적은 정치질서, 협력에 대한 국민적 재능을 나타내는 증거라고 본다. 자민당과 그 이전의 선구자들이 제공한 정치적 안정이 없었더라면 전후 경제 재건기의 경이적인 성공은 성취될 수 없었을 것이라는 주장이 자주 제기되어 왔다.

이 문제에 접근하는 데 있어서 하나의 문제는 많은 자민당 정치인과 관료의 교육 및 기타 배경이 매유 유사하다는 점이다. 1990년대 자민

당 의원의 약 25퍼센트는 전직 관료였으며, 전후 총리의 약 절반이 이러한 경로를 밟았다. 고위 관료는 일상적으로 (대개 조기에) 공직을 떠날 때 재계, 정계 또는 다른 공공기관의 근사한 자리에 재취업한다. 이는 아마쿠다리(天下り), 즉 '하늘로부터의 하강'으로 알려져 있다. 일부 평론가들은 노쇠한 관료들이 공무원 재직시 보수를 훨씬 초과하는 연봉과 혜택을 받기 때문에 '하늘로의 상승'이 더 적합한 표현이라는 견해를 제시한다.

공무원은 매년 대학 졸업생들을 직접 고용하는 형태로 충원되기 때문에 졸업 연도별로 동기집단을 형성하게 된다. 동기 내에서 한 명이 최고위 차관직에 오르게 되면, 조직 내에서 다른 동기들은 즉각 은퇴해서 새 차관이 명실상부한 상급자가 될 수 있도록 한다. 신임 차관은 동료들이 부처 밖의 재취업 자리를 찾는 데 도움을 베푼다 (Johnson, 1995: 149-150).

공무원의 고위 직책은 도쿄대와 교토대 그리고 일부 명문 국립대 및 사립대 졸업생들이 장악한다. 고위 관료는 거의 예외 없이 정책과 법안을 작성하는 과정에서 긴밀하게 협조하는 자민당 정치인과 튼튼한 개인적 유대를 갖는다. 고위 관료의 약 60퍼센트는 법대 출신이고, 대부분이 도쿄대 법대 출신이다. 고위 공무원을 양성하는 도쿄의 몇몇 고등학교에 다닌 엘리트 관료들은 주로 중산층 출신으로 구성되며, 이러한 현상이 세대를 이어 나타나는 경향이 있다. 자민당은 법안을 준비하는 데 있어서 하나 이상의 정부 부처와 긴밀하게 협력하는 다수의 '정책연구위원회(정무조사회) 분과'를 갖고 있다. 초안이 만들어지는 과정은 매우 복잡하며, 이 때문에 상반된 해석이 가능하다.

비판적인 측에서는 법안 형성 과정이 '관료적 지배'의 특징을 띤다고 주장한다. 공무원이 사실상 법안형성 과정을 통제한다는 것이다. 미군정이 기존 관료 시스템을 활용해서 일본을 통치하기로 결정함에 따라 전전 관료의 권력이 유지됐다. 정치인에 대한 불신과 정치인의 정통성 결여로 인해 일본 국민들은 '중립적인' 관료에 대한 존중을 갖게 되었다. 최근에도 통과된 법안의 약 80퍼센트는 정치인이 아니라 관료가 초안을 작성한 것이었다. 더욱이 관료는 사실상 새로운 법률인 시행령을 통과시킬 수 있는 광범위한 권한을 법률에 의해 부여받는다. 시행령의 수는 약 9 대 1의 비율로 실제 법률의 수보다 많다. 관료가 유사-입법권(quasi-legislative powers)을 갖는 것이다. 존슨(Chalmers Johnson)은 '일본을 지배하는 자는 엘리트 국가 관료'라고 직설적인 주장을 했다 (1995: 13; 상세한 설명을 위해서는 Johnson의 책 115-140를 볼 것). 존슨은 관료의 영향력이 법안을 주도하는 데 국한되지 않고, 자민당의 심의 과정에 직접적으로 관여하는 데까지 미친다고 주장한다 (Johnson, 1995: 124).

대안적 시각은 자민당이 권력 관계에 있어서 우위에 있다고 주장하는 정당지배론이다. 이 견해는 1970년대 후반부터 널리 지지를 얻었는데, 이는 작은 차이이기는 하지만 고위 관료들이 장관이 관료보다 더 많은 권력을 갖고 있다고 믿는 설문조사 결과에서 비롯되었다. 전반적으로는 하나의 시각이 명확한 우위를 차지하기보다는 두 시각 사이의 균형이 잘 맞추어져 있다고 보는 것이 일반적이다. 고(Koh)는 존슨(Chalmers Johnson)에 따르면, 최근 관료기구 내에 '부서할거주의(sectionalism)'와 '내부 갈등'이 증가했다고 주장한다. 다시 말해, 관료들이 전통적으로 정치인들이 겪었던 것과 유사한 문제를 겪고 있다는 것이다.

고(Koh, 1989)는 자민당과 관료가 상대를 압도하지 못할 정도로 팽팽하게 균형을 이루고 있는 경쟁 세력이라는 제3의 견해를 제시한다.

정당 정치인 쪽으로 권력의 중심이 이동하고 있는 것은 분명하지만, 전체를 압도하는 집단이 없다는 것이다. 키인(E. B. Keehn)도 이와 유사하게 대체로 강력한 관료집단이 자민당의 이익을 위해 봉사하면서 둘 사이에는 '공생적 관계'가 존재한다고 주장한다 (Keehn, 1990: 1037). 헤일리(J. O. Haley)는 정치인, 관료, 재계 지도자의 '삼두 지배체제(ruling triumvirate)'의 이미지가 민간 부문 통제에 대한 일본 정부의 제한적 능력을 잘 이해하지 못한 '오도된 모델'이라고 주장한다 (Haley, 1987: 357). 그는 일본의 정책결정과정의 특징을 '협상에 의한 협치(governance by negotiation)'로 규정한다.

그러나 관료가 일본을 진정 지배했는지 여부와 관계없이, 1993년 자민당이 정치적 권위의 독점을 상실하면서 정치인과 공무원 사이의 친밀한 관계가 예전과 같지 않게 되었다고 할 수 있다. 로젠블루스와 티이스(Rosenbluth and Thies)는 과거에는 일상적인 정책결정을 관료에게 위임하는 것이 자민당의 이익에 부합했지만, 1994년 선거개혁 이후 불확실성이 높아진 정치 환경에서 모든 정당의 정치인들이 정책 쟁점에 훨씬 더 긴밀하게 관여하게 되었다고 주장한다 (Rosenbluth and Thies, 2010: 115-116). 그 결과 자민당과 민주당은 공공 부문 개혁에 강력한 이해관계를 갖게 되었다. 자민당은 2001년 주요 행정개혁을 추진한 데 이어, 2008년 국가공무원개혁기본법을 국회에서 통과시켰다. 2009년 자민당이 중의원을 해산하자 개혁을 실행하는 데 필요한 세부 법안은 상실되었다. 그러나 민주당이 관료의 권력을 더욱 제한해야 한다는 시대적 임무를 갖고 새로 집권하게 되었다. 민주당 정부는 고위 관료를 정치적으로 중립적인 기술관료가 아닌 자민당의 동맹군으로 인식하면서 의혹이 가득 찬 눈으로 바라보게 되었다. 그러나 논란의 여지가 있기는 하지만 민주당이 관료를 우회하는 데에 주력함에 따라 후쿠시마 원자력 위기와 같은 대형 참사에 직면했을 때 경험 많은 엘리트 관료를 적절하게 활용하는 데 실패했다.

 **정책과정**

위에서 인용한 분석들은 일본의 고위 정책결정에서 재계, 특히 대기업의 역할을 상대적으로 경시했다는 데 취약점이 있다. 일부 학자들은 정치인, 관료, 재계 인사의 '철의 삼각(iron triangle)'이 일본을 사실상 지배한다고 주장한다. 크라우스와 무라마츠(Krauss and Muramatsu, 1988: 208-210)에 따르면, 일본은 '정형화된 다원주의' 체제를 작동시키고 있다. 정형화된 다원주의는 국가와 사회 사이의 불분명한 경계, 정부로 통합된 사회 집단, 정부와 이익집단을 중재하는 정당, 정당과 같은 중개 조직이 깊숙이 침투한 정부, 정당 및 관료 기구와 동맹을 형성한 이익집단 등의 특징을 갖는다.

간단히 말해, 1955년 체제 하 일본 통치거버넌스의 주요 특징은 놀라울 정도로 정부, 여당, 관료, 이익집단의 기능과 목적이 융합되어 있다는 점이다. 중요한 것은 일본 엘리트가 상당히 동질적이라는 것이다. 대부분이 도쿄대, 교토대, 와세다대, 게이오대 등 소수의 유명 대학 졸업생들이다. 이 대학들의 특정 학부, 특히 도쿄대 법학부는 상당한 비율의 국가 지도자들을 양산했다. 예를 들어, 1986년 22명의 사무차관 가운데 16명이 도쿄대 법학부 동문이었고, 도쿄대와 교토대 졸업생은 각각 3명과 2명이었다. 이 대학 출신이 아닌 사람은 1명뿐이었다(Koh, 1989: 141).

정책형성 과정은 어떻게 작동하는가? 나가노(Nakano[中野], 1997)

는 일본이 정책결정과정이 매우 복잡한데, 특히 '관료적 지배' 및 '정당 지배'와 같은 용어들은 주요 행위자들 사이의 매우 정교한 상호작용을 정확하게 파악하는 데 혼란을 야기한다고 본다. 각자의 이익을 충족시키기 위해 만들어진 지배질서의 다양한 요소를 반영하여, 개별 사안이 처한 환경에 따라 다양한 방식의 의사결정과정이 활용된다. 나가노는 관료가 주도한 정책 어젠다가 입법을 필요로 할 경우, 이것이 정부 및 비정부 부문의 다양한 이익집단들을 활성화하는 효과를 낳는다는 의미에서 "정책이 정치를 초래한다"고 주장한다 (Nakano, 1997: 14-16). 다수 정부 부처와의 협의 등 입법 과정의 각 단계는 상당한 파급 효과를 발생시킨다. 정치인과 정당 사이뿐 아니라 협의회와 심의위원회 등 다양한 차원에서 회의가 개최된다. 국회의 절차는 위원회 단계부터 시작되며, 수정안을 위한 야당과의 협상이 이루어진다. 이후 법안은 전체 회의에서 승인된다.

중요한 결정에는 관료와 정치인뿐 아니라 재계 지도자들이 관여하는 경우가 많기 때문에, 입법과정이 모든 정책결정의 핵심은 아니다. 나가노는 두 가지 주요 거버넌스 방식을 제시하는데, 재계가 주요 행위자인 엘리트 수용형 정치(elite accommodation politics)와 중소기업과 이익집단이 이익을 나누어 갖는 고객지향형 정치(client-oriented politics)로 구분된다 (Nakano, 1997: 65).

엘리트 수용형 정치는 '철의 삼각'의 세 요소인 주요 정치인, 게이단렌(경제단체연합회) 지도자, 경제 부처의 고위 관료를 융합하는 것이다. 게이단렌은 철강, 금융, 전기 등 전후 일본경제를 재건하기 위한 국가 주도 사업으로 인해 혜택을 받은 핵심 산업들을 주로 대표한다. 1960년 안보조약 이후 발생한 폭동이 정치 위기를 초래하자 산업계 지도자들은 관료 및 정치인들과 힘을 합쳐 자본주의 질서에 도전하는 좌파 세력과 대치하는 공동 전선을 형성했다 (Nakano, 1997: 90). 이케다(池田) 총리가 '소득배증계획'을 통해 대중의 불만을 잠재우려고 하자, 일본의 대기업은 고속 경제성장 전략을 지원하는 동시에 집권당 정치 및 관료 엘리트와 강력한 연대를 형성했다 (사진 5.3). 기업은 정책 형성에 대한 참여의 대가로 정부 규제의 증가를 수용했다. 고속 경제성장 전략은 사실상 서로를 보호하기 위해 형성된 엘리트 협약이었다. 이들이 정치적·경제적 과제를 공유한 결과, 현재와 같은 정형화된 다원주의가 점진적으로 대두되었다.

삼각 동맹의 세 구성 요소 사이에는 다수의 연결고리가 있다. 과거에는 자민당 정치인들이 임용을 통제하거나 전직 관료를 자민당 국회의원으로 충원함으로써 관료에게 영향력을 행사했다. 관료는 '행정 지도' 권한과 규제적 성격이 강한 후속 입법을 할 수 있는 권한을 통해 재

사진 5.3 국회 앞에서 큰 소음을 내며 시위하는 우파 시위자들

계에 영향을 미칠 수 있었다. 재계는 자민당의 정치조직이 의존하는 자금의 대부분을 제공했다. 그러나 1970년대 경기침체로 인해 세 요소들 사이에 보다 유연하고 다양한 관계가 형성되었다. 게이단렌의 영향력이 상당히 감소함에 따라, 개별 산업과 기업들이 선거자금과 족의원(族議員)을 매개로 과거보다 자유롭게 정치인들과 직접적인 유대를 형성하게 되었다. 나가노(Nakano, 1997: 91)는 철의 삼각이 과거보다 유연해지고 축소되어 정치와 정책결정에 대한 영향력이 약화되었다고 주장한다.

나가노가 기술한 거버넌스 형태는 보통 정책결정에 대한 일반 대중의 참여를 배제하거나 제한한다. 정치인, 행정가, 이익집단으로 구성된 폐쇄적 집단이 중요한 결정과 관련한 유일한 당사자이며, 대중의 이익에 대한 고려는 별로 없다. 자민당은 협조와 혜택을 교환함으로써 환경운동가와 같은 반대 집단을 충성스러운 지지자로 전환시키는 데 인상적인 실적을 올렸다. 마찬가지로 콜더(Calder, 1993: 246)는 산업 부문과 관료의 관계가 규제자와 피규제자를 포괄하는 '보상의 서클(circles of compensation)'에 기반하고 있다고 서술했다. 국가가 제공하는 혜택의 후원을 받는 이 서클의 구성원들은 그 대가로 관료들을 다양한 방식으로 지원했다. 신참자와 외부인이 이 매력적인 서클에 침투하는 것은 어렵다. 이러한 면에서 일본 엘리트 거버넌스는 역설적이게도 포괄적이기도 하도 배타적이기도 하다. 정책결정과정에서 가능한 한 다양한 목소리를 포함시키려는 노력이 이루어졌지만, 이 전략은 반정부 및 소수 견해를 배제하여 대중의 이익에 대한 고려를 경시하는 결과를 초래했다. 21세기 초 새로운 방식의 정책과정의 흥미로운 사례는 2005년 고이즈미 총리가 우정 민영화 입법을 성공적으로 통과시킨 것이다. 기득권 이해관계자와 집권 자민당 내 강력한 정치적 연계를 갖고 있는 로비집단의 반대에도 불구하고 고이즈미 총리는 총선을 치르고 이를 근거로 이 정책에 대한 대중의 위임을 받았다고 주장했다 (Maclachlan, 2006).

2009년 자민당 정권의 종식은 하시모토 개혁으로 이미 극복된 정책과정과 '철의 삼각' 요소들 사이의 관계에 대한 기존 연구가 구시대의 것이 되었음을 의미한다. 이 주제에 대한 새로운 연구가 시급한 실정이다. 로젠블러스와 티이스와 같은 주류 시각은 정치인들이 이제 정책결정의 주도권을 굳건하게 장악하고 있고, 민간과 공공 부문 사이의 공모 관계가 과거와 같이 기능하지 않게 되면서 '제도적 상호보완성(institutional complementarities)이 해체'되고 있다고 주장한다 (2010: 124-126). 마틴(Sherry Martin)은 엘리트가 지배하던 권력정치에서 풀뿌리 민주주의와 종종 여성이 주도하는 민주적 행동주의로의 변동이 이루어져 왔다고 주장한다 (2011: 6-7). 그러나 후쿠시마 원전 위기를 둘러싼 대혼란을 목격한 사람들은 원전 소유자인 도쿄전력(TEPCO)이나 규제 당국인 관료들이 신용을 상실함에 따라 과거와의 근본적인 단절이 실제로 이루어졌는지에 대해 더 회의적이 되었다.

 **결론**

공식적인 구조상으로는 일본의 정치 질서는 서양 자유민주주의와 매우 유사하다. 이와 관련한 학술적 논쟁은 공식 질서보다는 권력이 실제로 어떻게 유지되고 행사되는지에 중점을 둔다. 주류 학자들은 전후 국회의 권력이 점진적으로 강화되고, 정당 정치인들이 관료에 비해 지배적인 위치를 갖게 되었다고 본다. 수정주의자의 관점에서 볼 때, 일본은

선출직 정치인이 대체로 관료와 재계 이익의 포로가 되는 '표면상의 민주주의'에 불과하다. 문화주의적 접근을 하는 학자들은 일본이 매우 특이한 형태의 정치 제도와 과정을 갖고 있다고 본다. 이는 전통적인 사회과학 분류나 기준으로 쉽게 이해하기 어려운, 서양 모델을 토착적으로 변용시킨 것으로 보아야 할 것이다.

제6장 정당정치

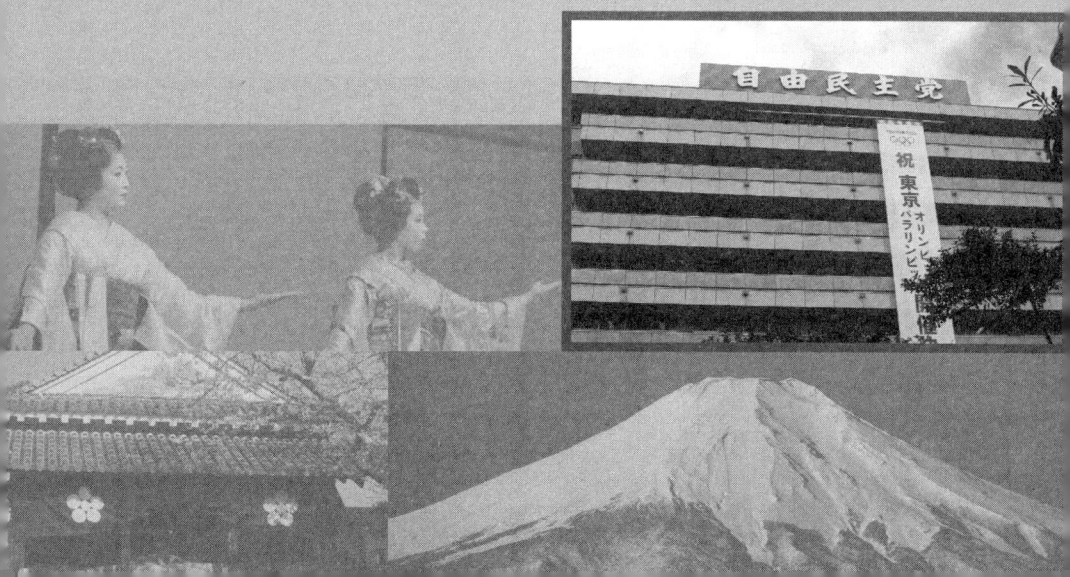

민주당의 등장 · 182
민주당 승리의 의미 · 185
민주당의 특성 · 187
장기적 변화의 신호? · 191
민주당의 혼란 · 193
자민당 · 196
정치자금 개혁 · 199
야당 정치 · 200
노동운동 · 201
1993년 자민당 지배의 종식 · 203
1993년 이후의 일본정치 · 207
새로운 일본정치? · 211
결론 · 218

현대 일본에서 정당 질서만큼 논란을 일으키는 것은 거의 없다. 주류 학자들에게 일본은 서유럽이나 미국과 비슷한 자유민주주의가 작동하는 나라다. 수정주의자들에게는 일본의 선거정치가 민중과는 무관하고 구조적 부패와 이익집단들과 관련된 (자유민주주의의 - 역자 주) 졸렬한 모방에 불과하다. 문화주의 학자들에게 일본정치는 일본의 역사와 문화적 특수성을 반영하는 것으로, 다른 나라와의 비교는 부적절하다. 일본 정치체제에 대한 수정주의의 비판은 부분적으로 자유민주당(自民党)이 1955년부터 2009년까지 거의 연속적으로 집권했다는 사실에 근거하고 있다. 비록 1993년부터 1994년 사이의 짧은 시기에 정권을 잃은 적이 있지만, 곧 최대 다수 정당으로서 연립정부를 구성하였다. 그러나 2009년에 자민당이 민주당에 의해 크게 패배함에 따라, 정권이 교체될 수 있다는 점을 보여줌으로써 일본정치가 '정상화'되는 효과가 있었다.

그럼에도 불구하고, 몇 가지 흥미롭고 답변이 어려운 질문이 남아있다. 일본 정당의 정책이나 조직 구조, 지지 동원방식이 서구 자유민주주의 국가들과 얼마나 비슷한 지가 이러한 질문들 중 핵심이다. 많은 학자들이 특히 파벌주의와 후견주의를 일본 정당의 두드러진 특징으로 강조한다. 자민당과 민주당(民主党)은 실질적인 차이가 있는가? 아니면 운영방식과 정책에 있어서 두 정당이 거의 구별되지 않는가? 정당 지도자들의 권력은 점차 강력해지고 있으며, 선거에서 중요해지고 있는가? 또 다른 핵심 질문은 정당체제 자체의 속성에 관한 것이다. 일본은 수 십 년간 운용되어 온 다당제에서 양당제의 채택으로 이행 중에 있는가?

  1950년대와 1960년대 초반에는 많은 정치 평론가들이 사회당(社会党)이 결국은 자민당을 대체하여 권력을 획득할 것이라고 예측했었다. 1990년대 초반에는 7개 정당의 연립정권이 자민당을 몰아내기도 하였고(비자민 연립정권은 1993년 8월부터 1994년 6월까지 지속되었다 - 역자 주), 그 이후 1998년에 반자민(反自民) 제2 정당인 민주당으로 통합되었다. 일본의 정당체제에 대해 잠재되어 있던 논쟁은 선거제도 개혁(1994년 법제화), 정치자금법 개정, 파벌정치에 대한 개혁, 영미식의 양당제를 목표로 한 개혁 등에 대한 요구로 이어졌다. 이러한 개혁 의제들은 대체로 성공적이었다. 수정주의자들은 1993년 이후의 선거 정치 개혁이 일본의 정치질서에 대한 자신들의 비판을 강화하는 증거로 전반적으로 실패한 것으로 인식한다. 주류 학자들은 일본이 점차 전형적인 서구 자유민주주의 모델과 행태를 수렴하면서 개혁에 성공하고 있다는 더 많은 증거를 확인하는 경향이 있다. 문화주의 학자들은 일본 정치가 다른 국가들의 정치와는 구별되며 문화적으로 독특한 방식으로만 이해될 수 있다고 주장한다.

 민주당의 등장

  자민당은 수 십 년간 선거정치 차원에서 이례적인 정당이었다. 일본의 정치체제가 공개적이고 경쟁적이었음에도 자민당은 1955년 이래 거의 모든 기간을 집권한 일당 우위체제의 전형적인 정당이었다. 자민당이 권력을 잃은 것은 아주 짧은 기간(1993~1994년)에 불과했다. 하지만 야당인 민주당은 2009년 8월 30일의 중의원 선거에서 4년 전과 정반대의 승리를 거두었다 (2005년 9월의 중의원 선거에서 113석을 얻어 참패한 민주당은 2009년 선거에서 308석을 획득하여 집권당이 되었다 – 역자 주). 어떻게 이런 결과가 가능했으며, 무엇을 의미하는가?

자민당은 1955년에 보수정당으로 친기업적이고, 친미적인 자유당과 민주당의 합당을 통해 성립되었다. 이후 40여 년간 최대 야당은 사회당(후에 사회민주당으로 당명 변경)이었다. 1993년 단지 자민당 지배에 대한 반대를 목적으로 통합된, 통제가 어려운 7개 정당의 연립에 의해 자민당의 권력 유지가 좌절되었다. 자민당이 정권을 상실하게 된 것은 실제로는 막후 실력자(shadow shogun)인 오자와 이치로(小沢一郎)의 주도로 '개혁주의 정당(新生党 – 역자 주)'을 결성한 탈당파 의원들 때문이었다. 하지만 자민당은 1994년에 사회주의 세력과 실용적이지만 믿기 어려운 연합을 결성함으로써 권좌에 복귀할 수 있었다. 그렇지만 사회당은 2003년도에 사실상 붕괴하게 되었으며(사회당은 1996년 사회민주당으로 당명을 변경하였으며 2003년 중의원 선거에서 6석을 획득하는데 그쳤다 – 역자 주), 반(反)자민당 노선의 주요 정치인 대부분은 포괄정당인 민주당으로 합류하였다. 더욱 통합된 민주당의 저항은 전후 자민당 역사에서 가장 대중적이고 예지력 있는 총리 중 하나인 고이즈미 준이치로(小泉純一郎)로부터의 강력한 도전에 직면했다. 고이즈미가 이끈 자민당은 2005년 중의원 선거에서 304석을 획득하여 1986년 이래 최대 승리를 거둔 반면 민주당은 113석을 획득하는데 그쳤다. 그러나 4년만에 상황은 뒤바뀌었다. 민주당이 308석을 얻은 반면 자민당은 119석만을 얻었다.

2005년과 2009년의 선거 결과는 일본 유권자들의 근본적인 유동성(volatility)을 증명한다. 즉 자민당이나 민주당 모두 특별히 견고한 핵심 지지층이 없으며, 두 선거 모두 대규모의 부동층(swing voters)에 의해 결과가 결정되었다. 중의원 의석은 300석의 지역구와 180석의 정당명부 비례구로 구분된다. 민주당은 221개 지역구에서 승리하였지만 비례구에서는 단지 87석만을 획득한 반면, 자민당은 64개 지역구에서만 승리했음에도 55개 비례구를 확보할 수 있었다. 즉 정당명부식 비례구가 없었다면, 자민당은 완전히 붕괴했을 것이다. 나머지 비례구 의석은 지역구를 전혀 획득하지 못한 군소정당들이 차지하였다.

알바레스-리베라(Manuel Alvarez-Rivera)는 단순다수제(first-past-the-post system)가 민주당의 승리를 과장한 효과가 있다고 주장한다 (Alvarez-Rivera, 2009). 민주당은 소선거구에서 47.4퍼센트의 득표율로 전체 소선거구의 73.7퍼센트를 차지한 반면, 자민당은 소선거구에서 38.7퍼센트를 획득했음에도 단지 21.3퍼센트의 의석만을 차지하였다 (세부 내용은 McCargo, 2010). 많은 소선거구에서 자민당과 민주당 후보 간의 경쟁이 치열했다. 자민당은 연립정권 파트너인 공명당(公明党)이 대부분의 지역구에 입후보자를 내지 않음으로써 도움을 받았다 (공명당이 후보자를 공천한 8개 선거구에서는 패배했다). 그럼에도 불구하고, 민주당은 11개의 비례대표구에서 전체적으로 48.3퍼센트를 득표했는데, 주고쿠(中国, 혼슈 남서부의 돗토리현, 시마네현 등 5개 현이 포함된 지역 - 역자 주)와 규슈(九州, 규슈섬의 후쿠오카현, 나가사키현 등 7개 현이 포함된 지역 - 역자 주) 지방을 제외한 모든 선거구에서 40퍼센트 이상의 지지를 받았다. 이와 대조적으로 자민당은 주고쿠와 규슈 두 지역에서만 30퍼센트 정도의 최고 득표를 하였다. 정당명부식인 비례대표구에서 자민당의 성과는 한탄할 만한데, 투표율이 거의 20년 만에 가장 높은 69퍼센트 이상이었음에도 불구하고, 역사적으로 낮은 득표율인 26.7퍼센트의 지지를 받았다. 비례대표구에서 민주당은 2005년 선거보다 900만 표 이상 증가된 29,844,799

표를 획득한 반면, 자민당은 700만 표 이상 감소된 18,810,217표를 얻었다. 소선거구에서는 민주당이 2005년보다 거의 8,700만 표가 증가된 33,475,334표를 얻었고, 자민당은 500만 표 이상 줄어든 27,301,982표를 획득했다.

민주당은 480석 중 308석을 얻어 확실한 절대 다수를 확보하였다. 하지만 굉장히 낙관적이었던 일부 여론조사에도 불구하고, 민주당이 과반수를 차지하지 못하고 있는 참의원(參議院)에서의 거부권을 기각하는데 필요한 320석에는 못 미쳤다. 이러한 문제점을 피하기 위해 민주당은 군소정당인 사회민주당(社會民主党), 국민신당(国民新党)과 연립정부를 구성해야만 했다. 이러한 점에서 민주당의 선거승리가 처음 모습보다는 덜 극적으로 되었다. 비록 작지만 연립한 군소 정당들은 연립정부를 볼모로 삼으려 했기 때문에, 민주당은 오키나와 미군기지 문제와 같은 민감한 쟁점들을 다루는데 제한적 자유만을 누릴 수 있었다.

민주당 승리의 의미

대체로 2009년의 중의원 선거는 장기적인 우위를 점해온 자민당의 성과에 대한 일종의 국민투표였고, 그러한 점에서 민주당의 주된 매력은 자민당이 아니라는 단순한 사실에 기초하고 있었다. 다수의 유권자들은 현역 의원들의 안일함, 관료나 재계 지도자들과의 장기적이고 은밀한 결탁 관계, 증가하는 빈부격차에 대한 불만, 장래가 불확실한 경제에 대한 인식, 중국의 부상에 따라 일본의 지역적, 세계적 위상이 축소하는 데 대한 두려움과 같은 좌절감을 표시하기 위해 표를 던졌다. 자민당의 2005년 압승과 2009년의 참패는 자민당의 미래에 극적인 반전을 보여주는 것 같지만 이는 오해의 소지가 있다. 고이즈미는 자민당을 '부수고', '성역'을 파괴하겠다는 자신의 강한 의지를 계속해서 선언한 독불장군 같은 지도자였다. 비록 자민당 내의 주요 정치인은 그를 불신하고 반감을 가졌지만, 고이즈미는 주간 TV 프로그램과 같은 미디어를 통해 고도로 개인화된 형식의 리더십을 발휘하여, 자민당 조직의 수장들을(파벌 지도자들 - 역자 주) 넘어 유권자들에게 호소할 수 있었다 (McCargo, 2003: 69~76). 즉 자민당은 2005년 선거에서 좋은 성적을 거두었는데, 이는 고이즈미가 자신을 '반(反) 자민당' 후보로 내세울 수 있었기 때문이다. 그러나 고이즈미는 2005년의 선거 승리를 이끈 후 자민당에서 물러나게 되었다 (고이즈미는 2006년 9월 자민당 총재 임기 만료로 총리직에서 사임하게 되었다 - 역자 주). 이후 자민당은 선거에서 고이즈미가 했던 것처럼 당의 문제를 제어하는 최고의 방법은 자민당에 투표하는 것이라는 점을 대중들에게 다시 설득시키는 마술을 되풀이 할 수 없게 되었다.

고이즈미 이후 세 명의 불운한 총리가 - 아베 신조(安倍晋三, 2006 ~2007), 후쿠다 야스오(福田康夫, 2007~2008), 아소 다로(麻生太郎, 2008~2009) - 1년씩 재임하였다. 이들은 일본의 정치 명문가 출신 세습정치인으로 각각 전직 총리의 손자와 아들, 손자이다. 전후 일본이 장기적인 경제성장을 하는 동안, 자민당에서는 지역구가 아버지로부터 아들로 승계되는 선출직 귀족층이 비교적 눈에 띄지 않게 등장하였다. 그러나 1990년대의 10년간의 경기침체 이후, 종신고용이 붕괴되고 다른 혜택들도 사라지는 것을 목도한 일본 유권자들은 세습정치인들의 부와 특권에 대해 의문을 가지기 시작했다. 이제는 과거와 같은 이념적 대립이 거의 부각되지 않는 반면 (55년 정당체제의 특징으로 보·혁 대립 구도를 꼽을 수 있다 - 역자 주), 야당 정치인들은 개념이 불분명한

(실제로는 자민당만 아니면 되는) '개혁' 노선을 중심으로 민주당을 형성하였다. 간단히 말하면 문제는 다음과 같다. 자민당의 결함으로 소외를 느끼는 유권자들은 자민당의 장기적이고 안정적인 지배기에 성장한 사람들로서, 자민당 우위를 편안하게 느끼고 일본의 운영을 다른 누군가에게 맡기는 것에 대해 두려움이 있는 유권자들과 동일하다는 것이다. 이런 이유로 반(反)자민(자민당 지지 성향을 가지고 있지만 자민당의 전통적인 정치방식과 정책을 싫어하는 – 역자 주) 자민당 지지자들에게는 고이즈미가 딱 들어맞는 지도자였다. 고이즈미가 사라지자, 반(反)자민 유권자들은 마침내 루비콘 강을 건너서 자민당에 반대표를 던졌다.

민주당의 특성

민주당은 1996년 설립된 구 민주당과 3개 정당(民政党·新党友愛·民主改革連合 – 역자 주)이 1998년 통합하여 새롭게 구성한 혼합정당(hybrid party)이다. 2003년에는 자유당(自由党)을 합병함으로서 세력을 더욱 확장하게 되었다. 민주당은 5개의 다소 모호한 원칙을 담은 '민주중도(民主中道)' 노선을 표방한다. 이러한 원칙들 중 가장 중요한 것은 '철의 삼각(iron triangle)'과 자민당과 관료의 유착에 대한 비판을 담은 세 번째 원칙인 '분권화와 참여사회'이다. 민주당은 자신들의 정치적 관점을 "우리는 기득권 이익구조로부터 배제된 사람들의 입장에 서있다"라고 고상하게 주장한다 (DPJ, 2011).

민주당은 포괄정당으로 자민당에서 탈당한 상당수의 유력 정치인들과 사회당 및 기타 군소정당에서 경력을 쌓은 정치인들이 속해 있다.

민주당 설립 초기에는 자민당에 뿌리를 둔 정치 명문가 출신의 보수 정치인인 하토야마 유키오(鳩山由紀夫)와 1970년대의 시민운동을 통해 정치 경력을 시작한 중도 좌파인 간 나오토(菅直人)가 번갈아서 리더십을 행사했다 (Stockwin, 2008: 195-197). 하지만 2003년 오자와 이치로가 합류하게 되면서 당내 정치가 더욱 복잡하게 되었다. 오자와는 짧은 기간이지만 1993~1994년의 자민당 지배 종식을 배후에서 조종한 정계 유력자로 자민당(1969~1993), 신생당과 신진당(1993~1998), 자유당(1998~2003)을 거쳐 민주당에 합류한 후 2006년 당 대표를 맡게 되었다. 그러나 오자와의 정치 경력은 그가 다수의 유권자들이 일본정치의 중요한 문제점으로 인식하고 있는 돈과 정치의 깊은 결탁에 밀접하게 관련되어 있는 기회주의적 '해결사(fixer)'라는 오명 때문에 손상되었다. 오자와는 2004년에는 연금 추문 때문에 당 대표 후보직을 사퇴했고, 2009년 5월에는 정치자금 문제로 민주당 대표직을 사임할 수밖에 없었다.

2009년 민주당의 압도적 승리는 대중적 지지가 민주당으로 선회한 것으로 판단하는 것이 논리적인 것으로 보이도록 한다. 하지만 그러한 해석은 순진한 것이며, 심지어 2009년에도 민주당이 특별히 좋은 상태였던 것은 아니었다. 오자와 후임으로 임명된 하토야마는 단 4개월 동안 당 대표를 지내다 총리로 지명되었다. 하지만 실제로 2009년 8월의 선거운동을 주도한 사람은 오자와였다. 오자와를 둘러싼 논란이 민주당의 신뢰성을 심각하게 약화시켰다. 하토야마 직전의 세 명의 자민당 총리들과 마찬가지로, 그는 정치 명문가의 자손이었다. 하토야마의 할아버지인 하토야마 이치로(鳩山一郎)는 1954년부터 1956년까지 총리였으며, 동생인 하토야마 구니오(鳩山邦夫)는 아소 내각에서 2009년 중반까지 장관직을 역임했다. 하토야마 가문은 농담처럼 '일본의 케네디가'라는 별명이 붙어있다. 하토야마 시기의 민주당 리더십은 정치자금 문제, 만연한 엘리트 의식 등 자민당을 끈질기게 따라다녔던 것과 똑같은 곤란한 문제에 깊게 결부되어 있었다. 다양한 측면에서 자민당과 민주당은 유사점이 더 많았다.

이러한 결점에도 불구하고 민주당은 유권자들, 특히 부동층 유권자들에게 긍정적 이미지를 심어줌으로써 2009년의 선거운동 기간에 큰 성공을 거두었다. 이 성공의 핵심은 인쇄본과 전자파일로 널리 배포되고 호평을 받은 23쪽 분량의 매니페스토(manifesto)이다. 이는 일본에서 선거 매니페스토가 주목을 받은 첫 사례이다. 매니페스토는 아이들과 노인, 사회적 약자를 배려하는 하토야마의 이미지를 두드러지게 하였다. 반면 아소 총리는 이에 무심하고 냉담한 사람으로 대중들에게 인식되도록 이끌었다. 매니페스토는 또한 다수의 특별한 공약을 포함하고 있었는데, 모든 가족에게 자녀 1인당 2만 6,000엔의 보조금을 매월 지급하기로 약속하였다 (자녀수당을 중학교 졸업시까지 지급하기로 공약하였다 – 역자 주). 경제적으로 궁핍하고 재정적으로 불확실한 시기에, 이러한 약속은 민주당에 투표하는 강력한 동기가 되었다. 민주당은 또한 노년의 남성이 다수를 이루는 자민당 후보자들에 비해, 젊은 유권자들에게 더욱 호소력 있는 ('미녀군단'으로 불린) 여성 후보자들을 포함해서 상당수의 우수한 '정치신인'들을 충원하는데 성공했다. 2009년 선거에서는 54명의 여성이 당선되는 기록을 세웠다.

민주당의 모든 메시지가 긍정적이었던 것은 아니다. 하토야마가 총리로서 첫 기자회견에서 강조했던 주제는 자민당에 대한 불만이었다.

우리는 이번 선거에서 국민 여러분들의 다양한 분노, 불만, 슬픔의 목소리를 전국에서 들었습니다. 왜 이런 일본이 된 것인지, 내 고향이 왜 이렇게 되었는지, 이러한 생각을 우리는 제대로 받아들여야만 합니다. 우리는 그러한 질문에 제대로 답하는 막중한 역할을 담당해야만 합니다. (Hatoyama, 2009)

선거 결과는 민주당의 강점 뿐 아니라 자민당에 대한 대중들의 짜증을 반영한다. 야마하나 이쿠오(山花郁夫) 민주당 의원은 민주당이 고이즈미 이후의 총리들을 포함, 자민당의 리더십 실패에 대한 대중들의 인식을 성공적으로 이용했다고 주장한다 (인터뷰, 2009/12/07). 야마하나는 만일 자민당이 자신의 이미지와 주장을 좀 더 잘 다듬었더라면, 패배의 강도가 훨씬 낮았을 것이라고 주장한다. 민주당은 '정권교체'라는 하나의, 기억하기 쉬운 구호로 선거운동을 확실하게 할 수 있었다. 이 구호의 핵심은 관료의 힘이 너무 강하고 일반 국민들의 관심사로부터 멀리 떨어져 있다는 것이었다. 선거기간 동안의 민주당의 미디어 전략에 대한 평가는 다양하지만, 전자미디어와 여러 주요 신문사들이 민주당에 대해 다양한 우호적 보도를 한 것은 분명하다. 일본에도 블로거나 정치적 블로그들이 많지만 아직 유권자들에게 영향을 줄만큼 주류가 되지 못해서, 새로운 미디어가 유권자들을 동원하는 데에는 큰 역할을 하지는 못했다 (McCargo and Lee, 2010).

전직 특명담당대신(特命担当大臣)으로 선거에서 패배한 자민당의 이토 타쯔야(伊藤達也)는 2009년 선거가 민주당에 대한 진정한 지지보다는 자민당에 대해 널리 퍼진 혐오감을 증명하는 것이라는 주장에 동의했다 (인터뷰, 2009/12/04). 이토는 또한 자민당의 선거실패가 아소 총리의 무례하고 거슬리는 태도가 특히 여성 유권자들에게 불쾌감을 준 결과로 보았다. 아소 총리는 취임 초기에 그가 인스턴트 라면의 가격에 대해 전혀 감이 없다는 점이 드러나면서 대중들의 신뢰를 잃었다. 역설적으로 2009년 민주당의 선거방식은 신임을 잃은 구세대 정치인들은 배제하고, 유권자들에게 직접적으로 호소했던 2005년 자민당 고이즈미 총리의 성공적인 방식과 닮았다 (하쿠 신쿤[白眞勳] 인터뷰, 2011/12/11). 선거 결과는 자민당의 특권적인 세습정치인들에 대한 국민적 분노를 반영한 것이었다. 2005~2009년 자민당 중의원 의원 중 37.8퍼센트인 112명이 전·현직 정치인들의 혈족이었다. 아소 내각의 17명의 대신(大臣, 장관 - 역자 주) 중 11명이 이들(세습정치인)로 구성되었다 (Nagata, 2009). 민주당도 이러한 문제에서 자유롭지는 않았지만, 같은 기간의 중의원에서 단지 20명만이 정치 명문가 출신이었으므로 훨씬 나은 상황이었다. 그럼에도 불구하고 당 대표인 하토야마와 킹메이커인 오자와를 포함한 세습정치인들의 영향력이 불균형적으로 존재했다. 2009년 중의원 선거에서 세습정치인의 비율은 이전의 25퍼센트에서 대략 15퍼센트로 낮아졌다 (ABC Radio, 2009). 이러한 변화는 부분적으로 세습 관행에 대한 반발을 반영하고 있으며, 또 다른 관점에서는 어느 때보다 높은 비율의 세습정치인이 활동하던 집권 자민당의 전체적인 성과가 부족했음을 반영한다.

 장기적 변화의 신호?

수년간 일본의 선거 관련 문헌에서는 '전통적인' 가치와 조직형태가 어느 정도까지 '현대적인' 현상들로 대체될 것인가에 대한 논쟁이 계속되었다. 커티스(Gerald Curtis)는 1971년의 고전적인 연구에서 도시지역에서 성공한 후보자들은 자신의 개인 후원회(後援会) 조직을 만들어서 당선되었다고 주장했다 (Curtis, 1971). 이러한 후원회 조직은 정당보다는 후보자에게 충성하며, 서구식의 지역구 조직보다 후견주의적 관계(patron-client relationships)의 특성이 강하다. 그럼에도 불구하고, 커티스는 그의 책 말미에서 후원회가 이미 직접적인 인적 관계에 기초하지 않은, 현대적인 선거운동 방식으로 대체되는 중이라고 주장했다 (1971: 252). 실제로 후원회는 커티스가 예상했던 것보다 유통기한이 더 길었고, 1955년 이래로 자민당의 선거 승리의 핵심적인 요인으로 드러났다. 플레너건(Scott Flanagan)과 동료 학자들은 이 분야의 고전인 *Political Change in Britain* (Butler and Stokes, 1974)과 *The American Voter* (Campbell et al., 1960)에 견줄만한 연구 성과를 내려는 시도로 1991년에 *The Japanese Voter* (Flanagan et al., 1991)를 출간했다. *The Japanese Voter*는 야당에게 호의적이 될 수 있는 '현대적 가치'의 성장을 통해 장기적으로 자민당에 대한 지지가 감소할 것으로 인식하였다. 2009년 민주당의 승리로부터 거의 20년 전에, 플레너건은 이미 유권자들은 자신들이 싫어하는 집권당과 수권 능력을 신뢰할 수 없는 야당 사이에서 '공허한 선택(empty choice)'에 직면하고 있다고 주장했었다 (1991: 446). 정치인들과 정치체제에 대한 대중들의 장기적이고 높은 수준의 불신에도 불구하고, 일본의 보수적(쉽게 변하지 않는다는 의미에서 – 역자 주) 유권자들이 집권 자민당을 쫓아내기로 굳게 마음먹는 데에는 그로부터 거의 20년이 더 걸렸다.

이러한 관점은 아시아 바로미터(Asian Barometer) 프로젝트의 일부로 수행된 2007년의 서베이 조사에서도 나타나는데, 정치적 태도에 있어서 세대 간의 상당한 차이가 확인되었다.

연령이 70대 또는 그 이상인 사람들은 권위주의와 집단주의를 가치 있게 생각하고 동시에 현재의 일본 민주주의를 높이 평가한다. 젊은 시절 학생운동을 경험한 단카이세대(團塊世代, 전후 베이비 붐 세대)는 정치에 대해서 가장 활동적이고 자율적인 관점을 가지고 있다. 30대는 정치에 대해 비관적이다. 20대는 정부의 권력행사를 존중하지만, 이를 제외하고는 부정적인 태도를 지닌 것 같다. 젊은 세대는 민주주의에 대한 명확한 인식을 가지고 있지 않은 것 같다. (Ikeda et al., 2007: 12)

이러한 서베이 결과는 대체로 일본의 젊은이들이 정치에 대해 더욱 회의적이고 비판적인 태도를 가지고 있음을 뜻한다. 일반적으로 '현대적인' 정치적 가치들은 새로운 견해나 야당에 대한 더 큰 개방성을 의미하지만, 일본에서는 그러한 가치가 환멸과 불만의 느낌과 부합한다. 이러한 유권자들은 작은 이슈와 네거티브 선거운동에 쉽게 흔들리고, 또한 매우 무관심해지거나 소원해질 잠재력을 가지고 있다. 이러한 정치적 태도의 맥락이 2009년 자민당의 권력 상실과 민주당으로의 지지 선회를 설명하는 데 도움을 주지만, 미래를 위해 좋은 징조는 아니다. 이와 같이 유동적이고 환멸을 느끼는 젊은 유권자들은 민주당의 부작위와 작위의 죄(sins of omission and commission, 해야 할 것을 하지 않거나 하지 말아야 하는 것을 하는 죄 - 역자 주)를 벌하기 위해 쉽게 자민당 지지로 돌아설 수 있다.

민주당의 혼란

2009년 선거 직후 몇 달 만에 민주당에 대한 지지가 급격하게 줄었다. 민주당은 국민들의 지지를 유지하기 위해 행정쇄신회의(行政刷新会議)를 설치하고, 도쿄 체육관에 관료들을 소집하여 예산을 재심의 하는 과정을 온라인으로 생중계 하는 등 다양한 시도를 했다 (이 과정을 사업재분류[事業仕分け]라고 부른다 - 역자 주). 관료들은 건설업과 자민당의 어두운 결탁을 빗댄 '콘크리트에서 사람으로'라는 슬로건 아래, 나눠먹기식(pork-barrel) 사업에 대한 설명을 요구받았고 불필요한 공공사업을 대폭 줄이도록 강요받았다 (読売新聞[요미우리신문], 2009/11/13). 세 명의 전·현직 비서들이 체포된 이후인 2010년 1월, 민주당 간사장(幹事長)인 오자와에 대해 검찰로부터 의혹이 제기되었다. 이처럼 오자와를 계속해서 괴롭히는 정치자금 문제에 대한 대중들의 우려가 반영되면서, 사업재분류와 같은 포퓰리스트적인 보여주기로는 추락하는 민주당 지지율을 저지하는데 실패하게 되었다. 2009년의 자민당 집권 말기에 가장 높았던 기대는 오래가지 못했다. 하토야마의 약한 리더십은 점차 민주당의 선거에 있어서 잠재적인 부담이 되었다. 그는 유권자를 분열시키는 감정적인 쟁점인 오키나와의 후텐마(普天間) 미군기지의 미래에 대한 자신의 태도 변화 때문에 시달리게 되었다. 하토야마는 고작 9개월간 재임한 후, 2010년 6월에 사임하였다. 민주당 간사장으로 권력 실세인 오자와도 함께 사임하였다. 그러나 하토야마의 정치적 중요성은 낮아진 반면, 오자와는 여전히 150여명의 의원으로 구성된 파벌을 통제하는, 무시하기 어려운 불편한 세력으로 남았다. 오자와는 당 대표나 총리가 되기에는 대중들의 신뢰가 부족했지만, 어떤 민주당 총리든 힘들게 할 수 있는 능력을 보유하고 있었다.

민주당은 신속하게 재무대신(財務大臣)인 간 나오토(菅直人)를 당 대표이자 총리로 선출하였다. 사회운동가 출신으로, 14년 만의 비(非)정치 명문가 출신인 간 총리는 2010년 7월 11일의 참의원(参議院) 선거를 통해 초기부터 어려움을 겪었다. 민주당은 전체 의석 (116석에서 감소한) 106석으로 참의원 최대 정당 자리를 유지했고, 자민당은 (71

석에서 증가한) 84석이 되었다. 하지만 이 선거로 민주당은 이전의 확실한 다수당 지위를 상실했다 (연립여당인 국민신당은 3석을 획득했다. 참의원 전체 의석수는 242석이다 – 역자 주). 2010년 선거에서 가장 흥미로운 결과는 11석을 획득하고 정당명부식 비례대표구에서 13.6퍼센트를 득표한 신생 정당인 민나노당(みんなの党)의 등장이다. 현대화된(modernizing) 보수 정당인 민나노당은 여피족(yuppie, 도시의 젊은 고소득 전문직 종사자 – 역자 주) 유권자들에게 강력하게 호소하였고, 민주당과 자민당을 지지했으나 환멸을 느끼게 된 유권자들의 지지를 얻는데 잠재력을 가지고 있었다.

그러나 민주당의 운명이 반전된 가장 큰 이유는 집권당으로서의 성과에 대한 유권자들의 실망감이다. 민주당은 화려한 2009년 매니페스토의 약속에 부응하는데 실패하였고, 정부는 재정균형을 맞추는데 있어서 명백한 능력 부족을 드러냈으며, 미일안보관계에 대한 명확한 입장을 취하는 데에 계속 주저하였다. 2009년 8월의 기록적인 승리로부터 2년 뒤, 간 나오토 또한 2011년 3월의 동일본대지진과 쓰나미, 이후의 후쿠시마 원전사태에 서투르게 대응했다는 비판을 받은 후 물러났다. 간은 사실상 그의 오랜 정적인 오자와가 민주당 내에서 반대파를 동원하여 간이 당 대표로서 지지받을 수 없도록 함에 따라 권력에서 축출되었다. 그러나 이는 위험한 게임이었다. 민주당의 권력기반은 매우 취약해 보였고 대중들로부터의 지지를 거의 받지 못했다. 2011년 9월 노다 요시히코(野田佳彦)가 2006년 이후 여섯 번째 총리가 되었을 때, 일본의 정치적 미래는 매우 불확실했다. 간과 마찬가지로 노다는 정치 명문가 출신이 아니다. 다소 오만한 간과 달리, 노다는 겸손하고 자조적인 것 같은데, 자신을 겁많고, 장어처럼 강기슭의 바닥에서 먹이를 먹는 청소부 물고기인 '미꾸라지'라고 노골적으로 비유했다 (노다가 민주당 대표 선거 연설에서 사용한 표현으로, 외적으로 화려한 정치인은 아니지만 궂은 일을 담당할 수 있다는 의미를 내포한 것으로 보인다 - 역자 주).

 **자민당**

수 십 년간 일본정치를 공부한다는 것은 지배정당인 자민당을 공부한 다는 것을 의미했다. 좋든 싫든 파벌(派閥)은 1955년부터 1993년까지 38년간 자민당이 집권하는 데 핵심적인 역할을 했다. 최근 수 십 년간 자민당에는 대체로 5개의 파벌이 존재했다. 각 파벌의 지도자는 선거 후 장관직의 배분을 결정하는 교섭 과정에서, 지지해주는 대가로 소속 의원들에게 수 억 엔에 이르는 재정적 후원을 제공한다. 장관직은 담배연기 가득한, 그 유명한 밀실에서 정해진다. 레베나와 나카무라가 설명했듯이, "파벌체제는 자민당 정부의 내각 구성원들이 정치인들의 개인적 능력과 직접 관련이 없는 '불합리한' 기준으로 선택된다는 것을 의미한다"(Hrebenar and Nakamura, 2000: 125). 이는 능력을 고려하기보다는 파벌 지도자들과 정치경력이 오래된 의원들이 총리직을 포함한 고위직을 차지한다는 것을 의미한다. 1998년에 활기 없는 오부치 게이조(小渕恵三)가 다수의 젊은 의원들의 저항에도 불구하고, 당시 인기 있던 하시모토 류타로(橋本龍太郎) 총리를 대체하게 되었는데, 이는 단지 오부치가 최대 파벌을 통제하고 있었기 때문이다 (Hrebenar et al., 2000: 110). 2000년에 오부치가 갑자기 사망했을 때, 누구나 다 부적합하다고 생각했던 모리 요시로(森喜朗)가 총리가 된 것도 마찬가지 이유 때문이다. 이러한 체제는 커티스가 명명한 '안

일함의 정치(politics of complacency)' (1999: 28) 에서 비롯된 것으로, 정당지도자들은 선거에서 지지를 확보하는 능력과 관계없이 순전히 내부적인 이유로 선택되었다.

2001년에 모리의 뒤를 이어 총리가 된 고이즈미 준이치로는 (자신도 파벌의 산물이지만) 자민당 파벌체제에 대해 거침없이 말하는 비판자였고, 자신의 첫 내각도 파벌 간 배분을 고려하지 않고 구성하였다. 고이즈미는 2002년 9월 내각을 개편하였는데, 새 각료들을 선택하기 위해 파벌 지도자들과 의논하는 것을 또 다시 거부하였으며, 전통을 깨고 내각의 연속성을 고려하여 상당수의 (17명 중 11명) 대신(大臣)들을 연임시켰다. 어떤 정치비평가는 "이처럼 새로운 방식의 개각은 파벌 지도자들이 위기에 처해있고 무력하다고 느끼도록 함으로써 자민당 내의 분위기를 어둡게 한다"고 말했다 (Suzuki, 2002: 33). 만약 미래의 자민당 지도자들이 고이즈미의 예를 따랐다면, 파벌체제는 사라질 것이었다. 막상 고이즈미가 2006년에 떠나고 나니 파벌은 다시 영향력을 발휘했으며, 파벌이 사라진다는 것에 회의적인 수정주의자들이 옳다는 것을 입증했다.

1955년부터 1993년까지 자민당의 우월한 지위는 부분적으로 공직선거법(公職選挙法)에서 비롯되었다. 개정된 선거제도가 1995년에 실제로 적용되기 전까지 (1994년에 선거제도 개혁이 있었다 – 역자 주) 사용되었던 중대선거구제는 단일 선거구의 여러 후보자들에게 지원을 제공할 재원(財源)을 가진 유일한 정당인 자민당에게 유리한 측면이 있었다. 그 결과는 낮은 수준의 선거경쟁이었다. 의석의 80퍼센트 정도는 '안전한' 것으로 간주되었는데, 예를 들어 1989년 중의원 선거에서 전체 512개 의석에 단지 838명의 후보만이 출마하였는데, 이는 한 개 의석 당 1.64명의 후보가 경쟁하였다는 것을 뜻한다. 자민당이 선거에서 막강한 또 다른 이유는 중의원 선거에서 도시유권자들이 과소대표(under-representation)되기 때문이다. 그 결과는 의원정수의 불균형(malapportionment)으로 의원 1인당 유권자 수의 범위가 최소 10만 6,000명에서 최대 33만 6,000명이었다. 자민당은 끈기있게 관계를 구축한 작지만 영향력이 큰 농업 이익집단들이 (농협[農協] - 역자 주) 있는 보수적인 농촌지역(rural areas)에서 강세를 보였다. 그 결과 도시 유권자들은 - 농민들을 위한 높은 쌀 생산 보조금이나 외국 쇠고기의 수입을 제한하는 보호주의 정책 등을 감수하며 - 손해를 보았다. 군소 야당들은 농촌지역에서 의석을 획득할 가능성이 거의 없었기 때문에, 전국에서 자민당과 대등한 수준에서 경쟁하기보다는 제한된 도시지역 선거구에서 서로 경쟁해야만 했다. 동시에 일부 학자들은 (Curtis, 1988: 49-52 등) 자민당의 선거 승리가 농촌표 만으로는 완전하게 설명되지 않음을 강조했다. 1980년대 말에 일본 유권자 중 단지 1/4이 마찌(町)와 무라(村) 같은 시골에 거주한 반면, 10만 명 이상 도시에 사는 유권자는 인구의 46퍼센트에 달했다. 그럼에도 불구하고 선거구의 농촌 편향성은 (과대대표 - 역자 주) 자민당이 세력을 형성하는데 역사적인 중요성을 가진다.

서구의 정치학자들은 유권자들을 사회경제적 지위를 통해 분석하는 경향이 있지만, 일부 저술가들은 일본의 정당정치가 사회·문화적 균열과는 크게 연관되어 있지 않다고 주장한다. 직접적으로 미국의 유태인표나 히스패닉표에 필적할만한 것은 없지만, 일본 유권자에 대한 스콧 플레너건 등의 주요 연구에서는 '가치균열(value cleavages)'과 '사회적 관계망(social networks)'이 유권자의 선택에 결정적 역할을 한다고 주장한다. 플레너건은 다음과 같이 지적한다.

> 지방 사업을 위한 정부 예산의 대가로 제공하는 공동체표(community votes)와 개인적인 의무표(obligated votes)의 결집에 기초한 공동체의 블록투표(bloc voting)는 집권당인 자민당에 더욱 유리한데, 이는 자민당이 30년 이상 계속해서 의회에서 다수를 유지하는 것을 설명하는데 도움을 준다. (Flanagan, 1991a: 196-197)

분명한 것은 후보자들이 개인적인 선택보다는 일괄적으로 한꺼번에 표를 얻도록 하는 사회적 관계망이 도쿄나 오사카, 나고야 지역보다는 농촌지역에서 훨씬 효율적으로 작동한다는 것이다. 자민당은 시골에서는 쉽게 좋은 성과를 거둘 수 있었지만, 더욱 복잡한 사회구조를 가진 대도시 지역에서는 어려움에 직면하였다. 이론적으로, 사회구조의 변화와 함께 일어난 일본인들의 점진적인 가치변화는 궁극적으로 자민당의 미래에 해가 되었어야 한다. 그러나 자민당은 1993년까지 광범위한 사회적 풍파 속에서 대단한 회복력을 가지고 있음을 보여주었다. 커티스는 유권자의 가치 변화에 대한 논쟁에 결함이 있다고 주장한다.

> 경제가 발전함에 따라, 일본인들은 '전통적' 가치와 '현대적' 가치가 상반된 것이 아니며 다수가 생각했던 것보다 훨씬 양립 가능한 개념이라는 것을 보여주었다. … 일본은 일본인들의 방식대로 성공적으로 현대화되었다. (Curtis, 1999: 32-33)

 정치자금 개혁

일본에서 1990년대에 제기된 정치개혁에 대한 두 가지 핵심 요구는 (5장에서 논의된) 선거제도와 정치자금제도의 개혁이다. 정치자금 조달에 대한 우려에 대응하여, 1994년에 정치인과 기업의 부적절한 관계를 일소하기 위한 목적으로 정당 국고보조금 제도를 도입하는 법안이 통과되었다. 국고보조금은 매우 넉넉했지만, 사용 방식에 대한 심각한 우려가 있었는데, 특히 이 제도가 설립되었을 때 기업의 기부금이 불법화되지 않았기 때문이었다 (Foreign Press Center, 1995: 86-88). 모든 정당들은 정당 의석수와 최근 선거에서 얻은 득표수에 따라 공식(formula)을 이용하여 계산된 정부 보조금을 받을 자격이 주어졌다 (Hrebenar et al., 2000: 79-80). 그러나 의회에서 최소 5석을 확보하고 있거나 2퍼센트 이상을 득표한 정당만이 자격이 있었다. 이 제도가 시행된 첫 해에 일본의 정당들은 2억 7,200만 달러에 상당하는 금액을 받았다. 동시에 기부금 신고 규정이 개정되었다. 개정 전에는 100만 엔 이하의 기부금에 대해서 신고할 필요가 없었지만, 개정 후에는 최대 금액이 하향 조정되어 5만 엔이 되었다. 기업과 개인기부금도 한도액이 제한되었지만, 오래된 허점이라고 할 수 있는 '후원파티 티켓(party tickets)'을 판매하는 것은 계속 허용되었다. 이는 '개혁적인' 민주당에게도 상당한 수입원이었는데, 파티 티켓판매로 1997년에 26억 엔을 벌어들였다 (Hrebenar et al., 2000: 80). 일본 공산당은 국고보조금 수령을 거부하기로 원칙을 정한 유일한 정당이다. 불법 정치자금이나 선거 위법행위에 대한 처벌이 상당히 강화되었으며, 기업의 기부는 궁극적으로 완전히 폐지하기로 했다.

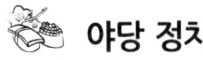 야당 정치

1955년 체제의 일본 정당정치는 대립 국면이 없는 정체된 것으로 바라보는 것이 일반적이다. 그러나 이러한 관점은 지나치게 단순화된 것이다. 일본 유권자들의 50퍼센트 이상이 1967년 이후의 중의원 선거에서 비(非)자민당 후보자들에게 투표하였다. 사람들이 인식하는 것보다는 야당에 대한 지지가 더 많이 존재했다. 그러나 자민당은 1955년부터 1993년까지 최대 야당인 (나중에 사회민주당으로 당명을 변경한) 사회당에 의해 여당 지위를 잃은 적이 없다. 1993년에 마침내 자민당 지배가 끝났을 때 사회민주당(社会民主党)은 연립정부를 구성한 7개 정당 중 최대 정당이었다. 그러나 사민당은 1993년 중의원 선거의 최대 패자 중 하나로 1990년에 얻은 136석의 절반에 불과한 70석만을 획득했다. 패배의 흔적은 두 번의 연속적인 반(反)자민당 연립정권이 1994년 7월에 붕괴되었을 때 더욱 짙어졌다. 연립의 붕괴는 사민당 지도자인 무라야마 도미이치(村山富市)를 총리로 하는 사회주의 정당과 자민당의 특이하고, 생각하기 어려운 연립으로 이어졌다. 양대 정당에 의한 보·혁 이념대립 대신에 오랜 적들 간의 동맹 (자민당과 사민당 연립정부를 말한다 – 역자 주)에 의한 통치가 1998년까지 지속되었다. 2000년의 중의원 선거에서 사민당은 19석을 획득하는데 그쳤다. 사회당은 자민당과의 분별없는 연립으로 몰락하게 되었다.

노동운동

대부분의 일본 노조는 세력이 약하지만, 노조원 신분과 투표행태는 밀접한 관련이 있다. 실제로 노조원 신분은 화이트칼라와 블루칼라를 구분하는 것보다 더욱 유용한 변수로, 노조원들은 비노조원들에 비해 좌파 정당을 지지하는 경향이 훨씬 강하다 (Watanuki, 1991: 70). 미국은 점령기 동안, 비록 총파업을 불법화하고 공무원들의 파업을 금지시켰지만, 일본에서 다양한 정치세력들을 만들어 내기 위해 노조의 힘을 키웠다 (일본의 민주화는 점령군의 가장 중요한 목표였다 - 역자 주). 전후 일본에서는 많은 심각한 노동쟁의가 있었다. 도요타는 1950년대에 일시적으로 거의 모든 기능이 마비된 적이 있으며, 일본국유철도(日本国有鉄道)는 극심한 정기적 파업으로 악명이 높았다. 그러나 야당들과 마찬가지로 일본의 노동조합들은 지배적인 보수질서에 대한 효과적인 도전 과정에서 분열과 실패의 역사가 있었다. 1995년에는 노동자의 약 24퍼센트가 노조에 가입하고 있었는데 (労働政策研究·研修機構, 1997: 48), 이는 1970년의 35퍼센트와 1980년의 31퍼센트에서 감소된 수치다. 예전에는 사기업 노조 중심의 도메이(同盟[동맹], 全日本労働総同盟)는 민주사회당(民主社会党)과 공공부문 노조 중심의 소효(總評[총평], 日本勞動組合總評議會)는 사회민주당과 연계하는 등 각각 다른 정당과 연결되어 있었지만, 1987년에 주요 노조들이 랭고(連合[연합])라고 하는 단일한 노조연맹을 결성했으며 노조원 수가 770만 명이었다. 랭고의 결성은 전통적으로 소효(總評)의 핵심이던 공공기업들의 민영화로 이미 세력이 약화된 사회민주당의 전통적인 지지기반을 약화시켰다.

일본은 노동조합의 94퍼센트가 동일 산업의 노동자가 함께 가입하는 산별 노조가 아니고, 소위 '기업별 노조(enterprise union)'이다. 이러한 특징은 노조 지도자들과 회사 관리자들 간의 친밀한 관계로 이어져서, 점심시간에 파업하는 경우처럼 유연한 노사관계를 형성하게 된다. 기업별 노조는 많은 경제학자들과 경영 컨설턴트들로부터 전후 일본의 성공의 비밀 중 하나로 칭송을 받았다. 이러한 방식은 혁신과 개혁을 장려하였고 일본의 근로자들이 높은 임금 수준을 달성할 수 있도록 도움을 주었다. 더하여 때때로 근로자들에게 자신들의 업무와 근무 조건에 관한 발언권을 키우는 제도로 인식되기도 하였다. 비판적 관점에 따르면, 이러한 노조의 대부분은 단지 고용자 이익의 앞잡이에 불과하다.

1987년 민영화 이전의 일본국유철도노조나 일본교직원노조(日敎組)와 같은 공공부문 노조들은 기업별 노조보다 훨씬 급진적이었다. 공공부문 노조들은 오랫동안 자민당에 저항하였다. 하지만 공공부문 노조의 특정한 불만은 이들의 사회민주당에 대한 전통적 지지를 절반의 축복으로 만들었다. 사회주의 정당과 공공부분 노조의 밀접한 관계는 사회민주당이 대중적 지지를 얻는 것을 제한하였다. 그렇지만 선거에서 노조는 사민당 후보들에게 상당한 지지를 보냈고, 또한 재정적으로도 당에 기여하였다. 더욱이 다수의 사민당 의원들은 전직 노조 간부 출신으로 그 수가 소속 의원의 절반에 달한 적도 있다. 노조원의 감소와 1980년대 민영화의 결과로 다수의 진보적 공공부문 노조가 쇠퇴함에 따라, 좌파 정당의 전통적 지지기반 중 하나가 무너져 내렸다. 이러한 현상이 1990년대에 사민당이 약화된 하나의 이유다. 랭고(連合)는 현재 민주당과 밀접하게 연계되어 있으며, 선거에서 많은 민주당 후보들을 직접적으로 지원한다.

1993년 자민당 지배의 종식

1955년 이래 38년간 연속으로 집권한 자민당은 1993년 7월 총선거 이후 잠시 권력에서 물러나게 되었다. 구질서는 붕괴되었는가? 또는 새로운 형태로 변화하였는가? 1993년 자민당 우위의 몰락을 이해하

기 위해서는, 먼저 1980년대 말부터 1990년대 초, 그리고 1992년 5월에 자민당을 괴롭힌 일련의 스캔들을 살펴봐야 한다. 정치 명문가 출신으로 전직 자민당 의원이자 구마모토현 지사(知事)였던 호소가와 모리히로(細川護熙)는 1992년 5월 정치개혁이라는 다소 모호한 정강을 제시하면서 일본신당(日本新党)을 결성했다. 호소가와는 자민당이 장기간 거머쥔 권력을 깨뜨리고 현재의 정치 질서를 재편하려는 일에 본격적으로 착수했다. 1993년 6월 18일 미야자와 기이치(宮沢喜一) 총리가 자당 의원들에 의해 불신임(不信任) 당했을 때, 50명 이상의 의원이 자민당을 떠났다. 몇 달 동안의 정치적 이합집산의 결과로 탈당 의원들에 의해 신생당(新生党)과 신당사키가케(新党さきがけ)라는 두 정당이 결성되었다. 36명의 현역의원으로 출발한 신생당이 더 중요했는데, 핵심인 하타 쓰토무(羽田孜)와 오자와 이치로(小沢一郎)는 1992년에 자기 파벌을 조직할 만큼 자민당 젊은 세대 의원들 중 두드러진 인물들이었다 (글상자 6.1). 신당사키가케는 자민당 출신 초·재선의 젊은 의원들로 구성되었다. 이들 정당은 일본신당과 마찬가지로 개혁에 대한 지지를 외쳤으며 일본정치의 구조적 부패의 일소와 깨끗한 정치를 주장했다.

1993년 7월 18일 총선거가 실시되었는데, 세 정당이(일본신당, 신생당, 신당사키가케 - 역자 주) 중의원 총 512석 중 100석 이상 획득하였다. 자민당은 220석 이상 확보하면서 최대 정당의 지위는 유지했지만, 세 정당은 사회주의 정당들 및 공명당을 포함한 네 개의 정당들과 7개 정당 연립을 형성하여 자민당이 소수 정부(minority government)를 구성하는 것을 저지했다. 새로운 정치질서에서 두드러진 몇 가지 특징이 있다. 첫째는 자민당은 선거 결과 자체로는 거의 약화되지 않았다는 점이다. 자민당은 선거 결과로 인해 약화된 것이 아

글상자 6.1 오자와 이치로(小沢一郎, 1942년생)

오자와는 이와테현(岩手県) 출신이다. 그의 아버지는 자민당 정치인 이었으며 건설대신·우정대신 등을 역임했다. 오자와는 게이오 대학에 다니며 변호사 시험을 준비하던 중, 1969년에 아버지의 사망으로 지역구를 물려받았다. 다나카파(田中派)의 핵심 인물로 1989년에는 자민당 간사장이 되었다. 1993년 오자와는 자민당을 이탈하여 신생당을 결성하였고, 이는 자민당 38년 지배의 종식을 촉진시켰다.

호소가와 정부와 하타 정부의 핵심 인물이던 오자와는 한동안 미국의 언론이 좋아하는 인물이었다. 1993년에 쓴 베스트셀러인 『일본개조계획(日本改造計画)』에서 그는 일본의 더욱 적극적인 국제 활동을 주장했다. 하지만 그는 인기가 없었고, 논란이 되는 평판을 가지고 있었기 때문에 1994년에 반(反)자민 연립정부가 붕괴하는 데 일조했다. 이후 신생당은 신진당(新進党)으로 통합되었고, 나중에 당명을 변경하여 자유당(自由党)이 되었다. 오자와는 1997년에 자유당 대표가 되었다. 1998년 말부터 2000년까지 자민당과 잠시 연립정부를 구성한 이후, 오자와의 자유당은 다시 야당이 되었다. 그는 2006년부터 2009년 5월 정치자금 문제로 사임할 때까지 민주당 대표직을 맡았다. 2009년부터 2010년까지 민주당의 간사장이었는데 또 다시 정치자금 문제로 사임하였다. 오자와는 2010년 당 대표 선거에 다시 한번 출마하였지만 간 나오토에게 패배했다. 그럼에도 불구하고 그는 여전히 민주당의 가장 영향력 있는 정치인 중 하나다 (오자와는 2012년 7월 민주당에서 제적당했다 - 역자 주).

니고, 주로 새로운 보수 정당으로의 탈당에 의해 약화되었다. 자민당 의원들은 자신의 사적 후원회 또는 지역구 조직을 가지고 있었기 때문에, 탈당한 의원들이 새로운 정당에 합류했을 때 대다수의 기존 지지자들이 함께 하였다. 반면 134석이던 구 사회당은 참패하여 70석에 그쳤다. 자민당에 불만을 표시하기를 원하던 다수의 유권자들은 자신들의 충성의 대상을 새로운 보수정당으로 바꿈으로서 매우 만족했던 것 같다. 새로운 정당에 경험 많은 자민당 출신 정치인들이 다수 참여했기 때문에 유권자들은 자신의 지지 대상을 쉽게 바꿀 수 있었다. 즉 정부에서 많은 경험을 쌓았고, 계속해서 유서 깊은 전후 방식으로 국가를 운영할 수 있는 정치인들을 선택하였다고 안심하였다.

개혁가들이 요구하는 또 다른 요소는 효율적인 양당제의 등장에 대한 바람이다. 커티스(Curtis)가 언급했듯이 양당제는 오랫동안 다수의 일본정치 분석가들과 정치인들에게 일종의 성배(聖杯)였다. 그들은 만약 일본이 영국식의 소선거구제를 채택한다면 '정책 지향, 정당 중심, 저비용 선거운동과 양당제'가 자동적으로 실현될 것이라고 믿은 것 같았다 (Curtis, 1999: 162). 하지만 실제 선거개혁의 지지자들은 1994년에 최소한의 공통분모에 합의했는데, 소선거구제와 비례대표제의 혼합제로 아무도 만족시키지 못하는 결론이 나왔다. 또 다른 선거개혁을 요구하는 지속적 흐름이 있지만, 어떻게 할 것인가에 대해 합의된 것이 거의 없다.

1993년 선거에서 등장한 신세대 보수 정치인들의 특징은, 일본이 국제사회에서 정치적으로 더욱 두드러진 역할을 하고 외교정책 목표에 대해서 분명한 목소리를 내기를 바란다는 점이었다. 즉 신생 정당들은 부패를 일소하고자 하는 점에서는 자민당에 비해 덜 보수적이었지만, 정당 재편성(realignment)은 실제로는 미일관계를 이전보다 더욱 대등하게 만들고 일본이 국제무대에서 더욱 적극적 역할을 할 수 있도록, 일본을 되살리고 부활시키자는 신보수주의적 계획의 일부였다.

1993년 이후의 일본정치

레베나 등의 연구자들은 (Hrebenar et al., 2000: 4-7) 1993년 이후에 일본이 자민당 우위의 '1.5 정당제'와는 근본적으로 다른 새로운 정당체제를 채택했다고 주장했다. 그는 1955년 체제는 사르토리 (Giovanni Sartori)가 명명한 '일당 우위체제'로 가장 잘 묘사된다고 주장한다 (Hrebenar et al., 2000: 9). 이와 대조적으로 1993년 이후 등장한 새로운 정당체제는 일종의 다당제이다. 여전히 자민당이 최대 정당으로 남아있지만, 중·참의원 양원 모두에서 다수당 지위를 계속해서 유지하고 있는 것은 아니다. 따라서 자민당은 다른 정당과 공식적 연립을 구성하거나 긴밀한 협조 관계를 유지해야만 했다. 1955년 체제에서는 사회주의 정당들이 최대 야당이었지만, 새로운 정당체제에서는 자민당을 모방하기도 하고 자민당에 도전하기도 하는 보수 야당들이 등장하였다. 이들 정당은 1993년 이후 제대로 파악하기 어려울 만큼 이합집산을 계속했다. 주요 정치인들에 의해 주도되는 다양한 '개혁주의' 파벌들이 조금씩 다른 모습으로 재탄생을 거듭했다. 이러한 파벌과 정당들 대부분은 주로 자민당 출신 정치인들에 의해 이끌어지고, 구성되었다. 이러한 정당들이 내포한 문제점은 커티스에 의해 잘 정리되어 있다. "만약 신생 정당이 자민당처럼 말하고 자민당처럼 걷는다면, 유권자들이 자민당에 대한 지지를 계속하지 않을 이유가 없을 것 같았다"(Curtis, 1999: 36). 신생 정당들은 자신의 업적을 유권자들에게 설명하지 않고도, 위기의 시기에 자민당의 점수를 빼앗아 올 수 있었고, 일부 의원들을 야당으로 전향하도록 유혹할 수 있었으며, 개혁에 대한 자신들의 헌신을 대담하게 주장할 수 있었다. 지속적으로 자민당을 반대하는 짜증나는 존재로 기능했지만, 이러한 정당들은 자민당의 광범위한 지지 기반을 모방하지 못한다면, 최대 정당을 대체할 수 있을 만큼 유리한 위치에 있는 것은 아니었다.

1994년 4월 호소가와는 총리직에서 물러나게 되었는데, 부분적으로는 자신의 과거 부패 추문 때문이었고, 일부는 연립 파트너 정당들에게 정치개혁 패키지를 설득시키는 데 곤란을 겪을 만큼 그의 입지가 불안정했기 때문이다. 또한 그에게 적대적인 재무성 관료들이 압력을 행사했기 때문이다. 호소가와의 사임 이후 하타가 총리가 되었지만, 사회민주당이 연립을 이탈하면서 소수파 연립정부가 되었다. 사민당의 이탈은 오자와가 사회주의 정당들을 배제한 반(反)자민 동맹을 형성하여 새로운 의회 내 조직을 구성하려 했기 때문이다. 오자와는 새로운 '포괄정당'의 결성에 마음을 두고 있었고, 사회민주당은 그러한 그룹 내에 수용될 수 없을 것이라고 믿었다 (Curtis, 1999: 173-183). 그렇지만 이 경우에는 오히려 오자와가 정치적 경쟁자들에 의해 지나치게 압도되었다. 대다수의 분석가들에게 충격적인 사건은 1994년 6월 말, 놀랍게도 사회민주당이 자민당 및 소수 정당인 사키가케와 새로운 연립정부를 구성했다는 것이다. 이 연립은 1940년대 이후 첫 사회주의 정당 출신 총리인 무라야마 도미이치(村山富市)가 이끌었다. 무라야마는 자위대의 존재에 대한 부정과 일장기에 대한 거부와 같은 사회민주당의 핵심적인 강령 대부분에 대한 포기를 선언했다. 무라야마 개인적으로는 인기 있는 총리가 되었지만, 사회민주당은 그 이후의 선거에서 신뢰할 만한 모습을 보여줄 수 없었다.

1994년 말에 일본신당, 신생당, 민주사회당이 신진당(新進党)으로 통합되었다. 후에 (1998년 - 역자 주) 자유당(自由党)으로 당명을 변경하였는데, 일부 공명당 출신 의원들도 참여하였다. 오자와 이치로(小沢一郎)는 공명당 대표인 이치가와 유이치(市川雄一)와 친밀한 관계를 유지하고 있었는데, 이치-이치 라인으로 널리 알려졌다 (Curtis, 1999: 122). 이들의 관계는 공명당에 대한 광범위한 대중적 불신 때문에 절반의 축복이었다. 신진당은 오자와 야망의 정점을 보여주는 것으로, 늘 사회주의 정당을 불신한 오자와는 이들을 보수적이고 개혁지향적인 '포괄정당'형 야당으로 교체하려고 시도했다.

자민당은 사회민주당과 사키가케에 여전히 의존하긴 했지만, 1996년 초에 총리직을 되찾았다. 잠시 동안 일란성 쌍둥이인 자민당과 신진당, 양당이 지배하는 새로운 질서가 등장하는 듯이 보였다. 자민당은 1996년 10월 중의원 선거에서 과반수 가까운 의석을 차지함으로서 입지를 굳힐 수 있었다. 그러나 신진당은 점차 인기를 잃어가던 오자와의 리더십 하에서 제한적 지지만을 얻으며, 새로운 개혁정당인 민주당(民主党)에게 길을 열어주었다. 민주당은 1998년 참의원(参議院) 선거에서 인상적인 성과를 거두었다. 사키가케 출신으로 민주당 대표인 간 나오토(菅直人)는 에이즈(HIV) 바이러스에 오염된 혈액을 사용하는데 후생성이 연루되어 있다는 것을 밝힘으로써 대중적 영웅이 된, 전직 후생대신(厚生大臣)이었다. 한때 일본의 가장 인기 있는 정치인이던 간의 평판은 성 추문 뉴스와 함께 나빠졌다. 한편 사회주의 정당들은 쇠퇴의 끝에 이르렀고, 공명당(公明党)은 자민당과 협력하면서 힘있는 새로운 공명당으로 재등장하였다. 공산당(共産党)은 자신을 경쟁적인 보수정당들에 대한 유일한 대안으로 내세움으로써 한동안 많은 지지를 받았지만, 성공은 일시적이었다.

1998년 말, 그 동안의 변화가 원점으로 돌아왔다. 오자와의 자유당은 활기 없는 파벌 정치인인 오부치 게이조(小渕恵三)가 이끄는 자민당과 연립을 구성했다. 보수파와 '개혁파'가 다시 합세하면서, 다수가 오랫동안 의심했던 것을 확인해 주었다. 자민당과 자민당의 반대파들 사이에는 실질적인 차이가 없었다. 1993년의 희망과 약속은 명백하게 수포로 돌아갔다. 스톡윈(Stockwin)이 지적하듯이, 1993년 이후 전개된 사건은 '일본 정당정치가 파편화된 상태'임을 분명하게 보여주고 있다 (Stockwin, 1996: 274-275). 일본의 정당정치는 일본 대중들과 마찬가지로 길을 잃어버렸다. 이처럼 유동적인 상황에서 모든 것이 불확실했다. 비록 자민당은 더 이상 지배적인 위치를 점할 수 없었지만, 새로운 세력들도 결정적으로 자민당의 우세를 꺾는 데는 실패했다. 커티스(Curtis)는 자신이 1998년 도쿄를 방문했을 때 다수의 의원들이 자신의 명함에 더 이상 정당명을 표기하지 않는 것을 보고 놀랐으며, 일부는 이전 5년 동안 다섯 번이나 정당을 바꿨다고 웃으며 말했다 (1999: 25-26).

일본정치에 있어서 전통의 거대 정당인 자민당을 파괴하려 함으로서, 신세대 보수파 정치인들이 관료에 대한 정치인들의 상대적 지위를 약화시켰을지도 모른다. 관료들은 연립 파트너들이 서로 경쟁하게 함으로서 어부지리를 얻을 수 있었다. 밴 울퍼렌(van Wolferen)은 다음과 같이 추측했다.

> 기존의 자민당의 분파(splitters), 새로운 분파, 자민당 잔류파와 오래된 군소정당들로 구성되는 앞으로의 연립정권이, 지금까지 일본정부에서 소극적이고 이차적인 행위자였던 자민당과 거의 구별할 수 없게 될 수 있다는 점을 생각해 볼 수 있다 (이러한 시각은 일본의 정책결정과정에서 관료 집단이 자민당 정치인들보다 강한 영향력을 가지고 있다는 관료우위론을 반영한다 - 역자 주). (van Wolferen, 1993: 60)

즉 '기존 체제'의 회복력과 (내부에서건 아니건) 도전을 무력화할 수 있는 능력을 고려해 볼 때에, 이전의 자민당 탈당파들의 야망이나 오만함은 그들이 옹호하고 지지했던 개혁주의의 대의(reformist causes)를 오히려 약화시킬 수 있었다. 수 년 간 전개된 진전은 1993년 이후의 대변동이 드러난 것보다 훨씬 기대에 못 미치는 것이었다는 수정주의자들의 관점에 신빙성을 더해준다.

새로운 일본정치?

2000년대 초반, 근본적인 정당 재편성(realignment)이 일어나고 있다는 시각이 널리 퍼졌다. 이러한 관점은 고이즈미(小泉純一郎) 시기 자민당의 부활과 자민당 우위에 대한 강력한 도전자로서 민주당의 등장이라는 두 가지 국면을 강조했다 (1958년부터 2009년까지 선거결과 요약은 도표 6.1 참조).

고이즈미 준이치로는 2001년 4월에 자민당 대표이자 총리가 되었다. 따분한 성격과 행동 때문에 '식은 피자'라는 별명을 가졌던 오부치 게이조 총리가 재임 중 사망하고, 그 뒤를 이은 서투른 보수 정치인인 모리 요시로(森喜朗) 이후에 권력을 잡게 되었기 때문에 고이즈미가 가장 하기 쉬운 두 가지가 있었다. 고이즈미는 자신이 '성역 없는' 구조개혁에 착수할 것이라고 주장하면서 정적(政敵)들의 개혁주의적 수사의 대부분을 성공적으로 도용했다. 고이즈미는 또한 인상적인 헤어스타일과 TV에 잘 맞는 말솜씨로 취임 직후 80퍼센트가 넘은 놀라운 지지율을 기록하면서, 일반 유권자들 특히 여성들에게 상당한 인기가 있음을 입증했다. 자민당 내에 강력한 지지기반이 없었기 때문에, 고이즈미는 매주 발행하는 이메일 뉴스레터나 주간(daytime) TV 프로그램에 자주 출연하는 등 미디어를 이용하여 자신의 메시지를 대중들에게 직

도표 6.1 자민당과 사회당(사회민주당)의 중의원 선거 결과, 1958~2009년

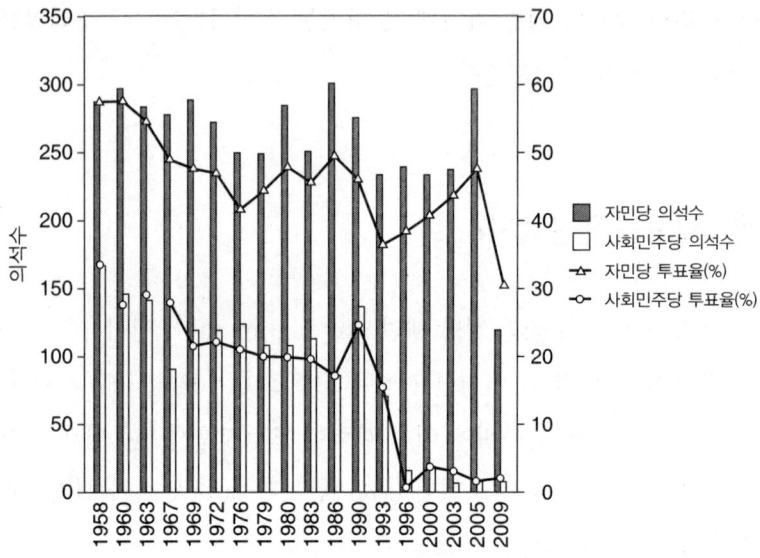

참조: 사회당(1955~1996); 사회민주당(1996~). 1996년부터 소선거구 득표율.
출처: 일본통계연감(日本統計年鑑) 2000, 2002, 2003. 일본 총무성(総務省) 선거자료, http://www.soumu.go.jp/senkyo/senkyo_s/data/index.html.

접 전달해야만 했다 (McCargo, 2003: 69-74).

고이즈미의 인기는 — 특히 2003년 3월 미국의 이라크 침공에 대해 강력한 지지를 표명한 이후에 — 점차 하락했지만, 그는 성공적으로 일본정치에 새로운 장을 개척하였다. 이는 사회균열이나 일관된 정책처럼 '주류' 정치학자들이 결정적이라고 강조하던 요인들에 의문을 제기하는 것이었다. 영국의 블레어(Tony Blair)처럼, 고이즈미는 매력적인 지도자가 전통적인 지지층을 잃어버린 정치 브랜드(자민당 - 역자 주)를 재포장할 수 있음을 보여주었다. 일부 분석가들은 고이즈미의 등장으로 위기의 끝자락에 있던 자민당에 대한 지지가 강화됨으로써, 실질

적으로는 정치개혁의 걸림돌이 되었다고 주장한다. 자민당 내에서의 약한 입지를 고려했을 때, 고이즈미가 주요한 구조개혁을 수행하기 어려울 것이라는 생각이 지배적이었지만, 그는 광범위한 개혁을 수행하겠다는 공약으로 민주당의 존재 이유를 약화시켰다. 2003년 11월 초의 선거는 양당제 경향이 상당히 명확해졌음을 보여주었다. 하지만 고이즈미는 2005년 선거에서 다시금 자민당의 승리를 이끈 1년 뒤 퇴임하였다. 그는 내용보다는 형식적인 측면에서 더욱 논란이 된 총리였다(구체적인 정책과 같은 내용보다 리더십 스타일 등 형식적인 면에서 더 많은 논란을 일으켰다는 의미 – 역자 주).

이전의 여러 신당 출신 유명 정치인들 대다수가 2003년에 민주당에 합류하였다. 사민당의 몰락과 민주당의 부상은 많은 비평가들로 하여금 1994년의 정치개혁이 양당제의 등장에 기여하였다고 주장하도록 만들었다. 리드(Steven Reed)와 시미즈(Kay Shimizu)는 프랑스 정치학자인 듀베르제(Maurice Duverger)의 주장처럼 소선거구제의 도입이 결국 양당제로 이끌었다고 주장했다 (Reed and Shimizu 2009: 29). 로젠블러스(Frances McCall Rosenbluth)와 티이스(Michael Thies)는 변화된 선거규칙이 '새로운 일본정치'가 등장하는 환경을 조성하는데 일조했다고 한 걸음 더 나아간 주장을 한다 (Rosenbluth and Thies 2010: 95-122). 이처럼 새로운 정치의 특징은 '전성기의 자민당과 같이 개인중심적이고 파편화되기보다는 더욱 실용적이고 중앙집권화된 정당'으로 (2010: 96), '명확한 선거공약, 정당 지도자의 개성과 능력, 전국적 범위의 선거 운동'에 대한 강조로 이어진다 (2010: 97). 동시에 '선거구 수준에서의 개인주의'는 현저하게 쇠퇴하였고, 특수 이익집단보다는 일반 유권자들이 힘을 얻게 되었다.

로젠블러스와 티이스는 비록 순수한 양당제가 형성될 것 같지는 않지만, 공명당과 공산당 같은 몇몇 군소정당만이 정당명부식 비례제도에 의해 명맥을 유지하고 있다고 주장했다. 소선거구제는 군소정당의 번성을 방해하는 '승자독식'의 논리를 가지고 있다. "우리는 권력의 교체가 일본정치의 일반적 특성이 될 것으로 예상한다"(Rosenbluth and Thies, 2010: 104). 그들은 또한 1993년 이후의 모든 정부가 연립정권이었다는 점에 주목한다. 최대 정당이 독자적으로 정부를 수립할 수 있을 때에도, 그들은 그렇게 하지 않았다. 로젠블러스와 티스에 따르면, 자민당의 파벌이 여전히 작동하긴 하지만 이전만큼 강력하지 않으며, 다수의 소규모 파벌들이 1960년대부터 1980년대 까지 지배적이던 '5대 파벌'(후쿠다파, 다나카파, 오히라파, 나카소네파, 미키파 - 역자 주)을 대체했다 (2010: 110-111). 파벌의 쇠퇴는 자민당 내부 권력의 집중화로 이어졌으며, 당 대표와 총리의 권위 또한 강화되었다. 강력한 리더십은 당을 관리하고, 경쟁적인 선거 환경에서 유권자들에게 긍정적이고 역동적인 이미지를 제시해야 하기 때문에 대내외적으로 더욱 중요해졌다.

로젠블러스와 티스에 따르면 (Rosenbluth and Thies, 2010: 122) 2010년대의 일본정치를 1990년대의 정치 분위기와 극적으로 다르게 만들 '새로운 논리'가 있다 (2000년대 첫 10년간의 정당들의 세력은 표 6.1 참조). 이 논리에 따르면 "새로운 단순다수제가 정치인들로 하여금 정치적 중도층 유권자들을 목표로 하는 두 개의 거대 정당에 참여하도록 하는 동기를 부여한다" (2010: 186). 이러한 논리는 구시대적인 후원회가 약화된 도시 지역에서 높은 수준의 변환(turnover)을 보여준 2009년 선거 결과에서 명백하게 나타났다. 로젠블러스와 티스는 자민당과 민주당 양당 모두 '중도층'에 가까워질 필요가 있지만, 민주당은 자민당에 대한 이념적 대안을 제시하는 중도좌파 정당으로

표 6.1 정당별 중의원 의석수

	의석수					
	2002.12.	%	2003.1.	%	2010.10.	%
자민당	240	50.00	243	50.63	116	24.16
사회민주당	18	3.75	18	3.75	6	1.25
공명당	31	6.46	31	6.46	21	4.37
공산당	20	4.17	20	4.17	9	1.87
보수신당	7	1.46	10	2.08	–	–
민주당	125	26.04	118	24.58	307	63.95
자유당	22	4.58	22	4.58	–	–
자유연합					–	–
민나노당					5	1.04
국민신당					4	0.83
일어나라일본당					3	0.62
국익과 국민생활을 지키는 모임					2	0.41
무소속회					–	–
무소속	15	3.13	15	3.13	5	1.04
공석	2	0.42	3	0.63	2	0.41
총계	480	100	480	100	480	100

출처: 중의원. *Strength of Political Groups in the House of Representatives*. http://www.shugiin.go.jp/itdb_main.nsf/html/index_e.htm; 총무성. 일본통계연감 2003. Japan Information Network. http://jin.jcic.or.jp/stat/index.html; 중의원. *Strength of Political Groups in the House of Representative* (검색일: 2010년 10월 6일) http://www.shugiin.go.jp/index.nsf/html/index_e_strength.htm.

부상했다고 설명했다 (2010: 192).

리드와 시미즈, 로젠블러스와 티이스의 주장은 주로 고이즈미 시대에 대한 이해를 바탕으로 한 것 같다. 2006년 이래로 일본은 대담한 대중적 이미지와 정책 주도권으로 국가의 정치 아젠다를 형성하는 강력한 총리를 갖지 못했다. 이후 자민당과 민주당 집권시기의 총리들은 1년 단위로 취임과 사임을 반복했다. 대부분의 총리들이 대중과의 교감이 부족하고 소통이 서투르다는 것이 입증됐다. 그들은 또한 자신이 속한 정당 내부의 오래된 파벌 간 다툼으로 기반이 약화되었다. 따라서 일부 비평가들은 현재의 정치질서에 대해 훨씬 비판적이다. 스톡윈(Stockwin)은 민주당은 사실상 '제2의 보수당'이고 일부 경제문제들에 있어서는 자민당과 마찬가지라고 주장한다 (2008: 196). 사무엘스(Richard Samuels)는 민주당을 깊고 다루기 힘든 분열이 있는 정당으로 본다.

> 사람들은 종종 이념적 스펙트럼에서 하나의 위치로 '중도-좌파(centre-left)'라고 말하지만, 민주당에게 그 하이픈(-)은 플러스(+) 표시로 봐야한다. 민주당을 중도라고 보는 사람들이나 좌파적으로 보는 사람들은 많은 중요한 쟁점들에 있어서 실질적인 공통점은 결코 발견하지 못한다. 그렇기 때문에 사람들은 민주당이 언제나 '잡종견(mutt)'이라고 말하지만, 나는 개와 고양이가 함께 있는 '동물원(menagerie)'이 더 적절하다고 생각한다. 내부의 리더십 투쟁은 모든 경쟁적 민주주의의 정당정치에서 보편적이지만, 민주당은 전 세계에서 가장 말썽 많은 정당 중 하나임에 틀림없다. (Samuels, 2011)

이러한 관점은 주류에서 바라보듯이, 일본정치가 강력한 지도자들과 정책 매니페스토에 기초한 선거경쟁을 특징으로 하는 영국식의 양당제로 수렴된다는 장밋빛 전망에 대해 의문을 던진다. 사무엘스는 자민당이나 민주당 모두 다수의 핵심 지지층을 가지고 있지 않기 때문에 유권자들의 변덕이나 작은 쟁점들에 훨씬 취약하게 된다고 주장한다. 민주당이 의회에서 안정적으로 법안을 통과시키기 위해 자민당과 타협하면 할수록, 민주당은 선거에서 자신만의 독특한 정체성을 잃어버릴 위험성이 높아진다. 민주당의 실력자인 오자와 이치로는 하토야마를 총리가 될 수 있도록 만들고, 간 나오토 총리를 사임하게 만들었으며 노다 총리에 의한 공직임명 과정에 후견주의적 힘(patronage power)을 발휘할 수 있었다. 하지만 분열적인 자민당 스타일의 파벌주의가 계속됨에 따라 민주당에 대한 신뢰성이 약화되었다. 로젠블러스와 티스 같은 주류 관점에서는 일본정치의 미래가 안정적이고 긍정적으로 펼쳐질 것으로 보지만, 사무엘스 등의 수정주의 비판자들은 일본정치의 붕괴 가능성을 제시한다. 주류파 학자로 일본정치에 대해 긍정적 평가를 하는, 커티스는 일본정치가 현재 '창조적 파괴(creative destruction)' — 명백히 창조보다는 파괴적인 — 의 과정에 있다고 주장한다. 커티스는 만약 일본 정치인들이 후쿠시마 원전 사태 직후에 리더십을 보여주지 않는다면, "대중들은 제2차 세계대전 이후의 그 어떤 시기보다도 심각하게 정치체제로부터 소외될 것이고, 일본의 쇠퇴가 계속될 것임"을 시사했다 (Curtis, 2011a: 182).

 2012년 7월 2일, 오자와 이치로가 새로운 정당을 결성하기 위해 50여명의 의원들과 함께 민주당을 떠났다. 비록 수적으로는 노다(野田) 정부에 큰 손실이었지만, 마침내 오자와의 과도한 영향력과 튀는 행동에서 벗어나게 되어서 집권당에게 더 좋은 기회를 제공했다. 오자와의 탈당으로 단번에 민주당의 주요 불안정 요인이 제거되었고 노다의 입지는 강화되었다.

 **결론**

주류 분석가들에게는, 1993년 이후 전개된 일본정치가 그들의 핵심적 주장을 입증하고 있다. 일본은 다원주의 체제이며, 권력은 순환되고 파벌은 약해지고 있다. 민주당은 자민당을 패배시킬 수 있음을 증명하였고, 고이즈미 시기의 자민당은 파벌주의의 부정적 모습들을 던져 버리고 대중매체를 통하여 직접적으로 유권자들에게 다가갔다. 수정주의자들은 최근의 분열상을 다원주의라기보다는 일본 정치질서의 혼란과 붕괴의 증거로 바라보면서 훨씬 회의적이다. 그들에게 일본의 정당이란 진정한 대중적 지지가 없는 분파적 이익집단과 마찬가지이며, 유권자들은 정치에 적극적으로 관여하지 못하고 점차 유리되었다. 일본의 정당정치를 정치경제 관점에서 바라보는 사람들은 일본의 정치 질서를 구조적 부패로 인해 치명적으로 손상되고, 특수 이익에 의해 절망적으로 비뚤어진 것으로 본다. 문화주의자들은 일본정치를 서구 정치학의 원리에 맞지 않는 매우 독특한 것이지만, 그럼에도 불구하고 자체적인 논리에 따라 성공적으로 기능하고 있는 것으로 본다.

제7장 **사회화와 시민사회**

사회화와 사회적 통제 · 221
치안과 형사사법 제도 · 231
사회 조직과 참여의 형식 · 243
일본 시민사회에 대한 대조적 관점들 · 252

일본인들은 현재의 정치질서 속에서 어떻게 사회화되는가? 일본 사회의 다양한 요소들은 국가권력과 지배 엘리트에 대한 견제와 균형을 어느 정도까지 행하는가? 이 장은 (교육이나 규율과 같은) 사회화의 요인과 미디어나 공동체 조직, 저항운동에서 나타나는 시민사회의 속성이라는 일본사회의 두 가지 측면을 분석한다. 대부분의 주류 학자들은 일본의 제도가 모범적 시민을 양성하는데 아주 성공적이었고, 일본시민들 대다수가 정치 및 시민질서에 건설적 역할을 했다고 주장할 것이다. 수정주의자들은 대체로 훨씬 회의적인데, 이는 일본에서는 국가가 어떤 식으로든 시민들의 복종이나 순응을 강요하고 강제한다고 믿기 때문이다. 문화주의적 접근을 하는 분석가들은 일본사회가 국가 주도의 사회적 힘과 제도보다는 주로 문화적 규범과 전통에 의해 형성되었다고 본다.

사회화와 사회적 통제

교육제도

일본 교육의 역사는 복잡한 주제이다. 역사적으로 가장 중요한 시기는 메이지(明治)시대와 전후 점령기이다. 19세기 중반 이후인 메이지시대 동안, 일본은 급격한 산업화와 근대화 과정을 통해 서양 '따라잡기(catching-up)'에 집착하고 있었다. 교육제도의 수립은 근대화의 일부였으며, 프랑스, 독일, 영국과 미국식 제도로부터 자극을 받았다. 이는 엄격하게 규율된 국립학교와 소수의 엘리트 공립 대학을 기반으로 하는 매우 중앙집권화된 제도였다 (Goodman, 1989: 32-33). 1905년에는 95퍼센트의 아이들이 초등교육을 받았다. 소학교(小学校, 초등학교) 제도는 1890년 천황이 지시한 교육칙어(教育勅語)에 담겨 있는 애국주의적 신념들을 주입하기 위해 고안되었다 (Passin, 1982: 151-152). 이 공식적 문서는 일본 교육의 애국주의적 목적을 강조하고 있는데, 위기 시 국가를 위해 무기를 들어야 한다는 군국주의적 훈시를 포함, 천황에 대한 충효(忠孝)사상을 강조하고 있다.

제2차 세계대전 이전의 교육체계는 미국의 점령기 동안 일본에서 군국주의가 발흥하게 된 주요한 원인 중 하나로 지목되었다. 점령 당국은 교사들과 교육 관료들을 추방하였고, '군국주의적' 교과서를 개정하였으며, 학교에 대한 중앙 정부의 통제를 제한하였다. 학교와 교사들에게 교과과정과 교과서를 선정할 수 있는 권한이 주어졌고, 선출된 지역 학교의 교육위원회가 미국식 모델을 따라 만들어졌다. 1947년의 교육기본법은 헌법과 마찬가지로 기회의 평등을 강조하였다. 이 법은 평등주의와 민주주의 사상을 반영하고 있으며 "교육은 부당한 통제에 영향을 받지 않아야 하며 전체 시민들에게 직접적인 책임을 져야한다"는 조항을 포함하였다 (Schoppa, 1991: 32-34). 전후에 교육이 무엇인가에 대한 두 가지 대안적 관점이 경쟁적으로 존재했다. 하나는 교육이 국가적 목적을 위해 국가에 의해 총괄되는 중앙집권화된 체제여야 한다는 것이고, 다른 하나는 민주주의 방식에 따라 분권화된 체제로 운영되어야 한다는 것이다.

점령이 끝난 이후에 보수주의자들은 교육체제의 변화를 시도했는데, 교과서와 교과과정에 대한 교육부의 권한에 관한 것이었다. 일본교직원조합(日本教職員組合)의 강력한 저항에도 불구하고, 보수주의자들은 점령기가 끝나자마자 몇 가지 핵심적 성공을 거두었다. 1956년에 선출직 지역 학교 교육위원회 제도가 폐지되었다. 1958년에는 교육부가 교과과정을 만드는 것이 의무화되었다. 1963년에는 교사가 아니라 지방자치단체가 교과서를 선정하도록 결정하였다. 1970년대가 되어서는 특화되지 않고 일원화된 입학시험에 기초한 제도에서 비롯된 획일성이 문제로 인식되었고, 입시제도의 다양화에 대한 압력이 증가하였다 (Schoppa, 1991: 34-48).

현재의 교육제도

일본 학교들이 핵심적 분야를 가르치는 데서 이룬 성공이 널리 칭송되고 있는데, 일본 학생들은 대체로 문해율, 수학, 과학 지식의 수준이 전 세계 상위권이다. 이러한 인상적인 학업 수준은 입시준비에 중점을 두고 만들어진, 많은 것을 요구하는 학사제도를 반영하고 있다. 중학교는 물론 유치원과 국민학교를 위한 입학시험이 존재하는데, 무엇보다 가장 중요한 것은 고등학교와 대학교 입시이다. 전부는 아니지만 대다수의 입학시험은 표준화된 객관식 문항을 사용하고 있는데, 대개 창의성이나 비판적 사고력보다는 기계적 학습과 암기력을 측정한다.

아이 인생의 상당 부분을 입시에 성공하느냐 실패하느냐가 결정하기 때문에, 입시에서 성공해야 한다는 압력이 엄청나다 (많은 회사나 기관들이 거의 직접적으로 특정한 직업학교나 대학에서만 충원하고 있으며, 일본에는 '평생학습'의 개념이나 '늦게 발전하는 사람[late developers]'을 위한 기회가 거의 없다). 교육부가 교사들에게 공인된 교과서를 사용하도록 강제하기 때문에 교과 내용은 치열한 논쟁의 산물이다. 특히 역사와 사회 분야의 공인 과정은 상당히 정치적이다. 비판적 학자들과 교사들이, 특히 제2차 세계대전을 전후로 한 일본의 침략행위를 소홀히 취급한데 대해 '교과서용 도서 검정조사심의회'를 고소하기도 하였다 (Herzog, 1993: 196-217). 하지만 일부는 널리 알려진 1982년의 교과서 논쟁(고등학교 역사 교과서의 한국·중국 관련 기술이 문부성의 검정으로 수정된 사건 - 역자 주)이 좌파 단체들과 중국정부에 의해 지나치게 정치적으로 비화되었다고 주장한다 (Ijiri, 1996: 64-65). 그러나 요네야마(Yoneyama)는 교과서 검정이 정치적으로 민감한 주제에만 국한된 것이 아니라고 주장한다. 그녀는 노벨상 수상자인 일본 물리학자가 쓴 책이 학생들에게 명확한 답변보다는 비판적 사고를 촉진하고 있다는 이유로 문부성 검정에서 통과하지 못한 사례를 인용한다 (Yoneyama, 1999: 148-149).

교육제도 내에서의 성공에 대한 압력은 주로 부모로부터 온다. 다른 많은 아시아 국가들과 마찬가지로, 일본에는 자식들의 교육적 성공을 위해 어떤 일도 서슴지 않는 어머니들을 농담처럼 부르는 '교이쿠 마마(교육[教育] 엄마)'로 알려진 특별한 유형의 어머니들이 있다. '교육 엄마'들은 대개 정기적으로 자식들의 학교를 방문하고, 사친회(PTA: parent-teacher association)에서 활발하게 활동하며, 교장과 선생님들에게 잘 보이려고 한다. 또한 아이들이 주중의 저녁시간과 주말에 다니기 위한 최고의 사설 학원을 찾아낸다. 학원은 거대 산업으로 입시 준비를 위해 가장 중요한 것으로 간주된다. 고등학교 교사들의 가장 큰 불평은 학생들이 너무 지쳐있어서 제대로 공부할 수 없다는 것인데, 그 이유는 방과 후에 학생들이 학원에서 장시간을 보내기 때문이다.

많은 나라에서 중학생들은 수업을 듣기 위해 교실을 옮겨 다니는데, 일본에서는 같은 반 학생들이 사실상 (과학 실험실과 체육시간을 제외하고) 모든 수업을 하루 종일 자기 '학급(home-room)'에서 한다. 그들은 다른 주제의 수업을 위해 조를 나누거나 반을 나누는 경우가 거의 없다. 교실에서 학생들의 참여는 주로 칠판에서 받아쓰거나 때때로 숙제와 관련된 질문에 대답하는 것으로 한정되어 있다. 대체로 한 학급은 48명 내지 50명의 학생으로 구성된다. 학생들이 수업시간에 자진해서 대답하는 경우가 드물기 때문에, 중학교 선생님들은 모든 학생들이 차례로 돌아가며 질문에 대답했는지를 확인하기 위해 (학생들의 번호를 부르거나 열에 따라 이름을 부르는 등) 다양한 수법을 사용한다. 각 학급에는, 방과 후를 포함해서, 소속 학생들의 전반적 생활에 대해 상당한 수준의 책임을 맡은 담임교사가 있다. 많은 학생들이 숙제와 사설 학원의 압박에도 불구하고 클럽활동, 특히 일본의 전통인 유도를 포함 야구, 수영, 배구 등의 스포츠 활동에 상당한 시간과 열정을 쏟는다. 일부 클럽은 매일 아침 수업시작 전인 오전 7시부터 한 시간 반 정도 연습을 하며, 계속해서 두 시간 정도 더 하는 경우도 있다.

  대부분의 일본 학교가 엄격한 규율을 갖고 있다. 학생들은 선생님이 교실에 들어설 때 기립 자세를 취하고, 앉기 전에 반장의 구호에 따라 인사를 한다. 각 수업이 끝났을 때 비슷한 의례가 반복된다. 학생들은 수업 후에 칠판을 지워야하는 의무가 있으며, (대부분의 지방 공립학교에서는 남학생들이 괴상하게도 19세기 프러시아 스타일을 모방한) 교복을 입고 있는 학생들은 교복에 관한 학칙을 위반했는지 면밀하게 확인받는다. (공공장소를 포함한) 학교 청소는 방과 후에 학생들이 담당한다. 다수의 일본 학교들이 티 하나 없이 깨끗하지만, 좀 더 자유로운 (liberal) 체제를 갖춘 학교에서는 덜 깔끔하다. 학교가 깨끗할수록 학교의 규율이 더 엄격하다. 일본 교육의 어두운 면으로 왕따(이지메), 등교 거부, 불법적인 체벌과 같은 문제들이 만연하다 (Okano and Tsuchiya, 1999: 195-210; Yoneyama, 1999: 147-241). 일부 학생들은 학교로부터 소외되면서 침묵하거나 저항하는 쪽으로 마음을 달는다.

초기 점령기에는 일본교직원조합(日敎組)이 강력한 세력 중 하나였는데, 다수의 교사가 가입하고 있었고, 그들을 위한 임금 및 근무조건 개선운동에서 성공적인 실적을 거둔 이력이 있다 (Thurston, 1973: 40-79). 일교조는 사회당과 밀접하게 연계되어 있었고, 냉전기 일본의 양극화된 국내 정치가 실제로 전국의 학교에도 투영되었다. 좌파 성향의 조합원 교사들은 보수적인 교장 및 교육위원회와 세력 다툼을 하였다. 그러나 샤퍼(Schoppa)가 지적하듯이 이러한 이념적 교착은 점차 공허한 일이 되었고, 교육 제도의 현실적 문제들과도 점점 관련성이 낮아졌다. "수 년 간의 격렬한 이념 투쟁에도 그들은 주제의 변화를 알리는 전조를 거의 보여주지 않았다"(Schoppa, 1991: 22). 이론적으로 조합 소속 교사들은 더욱 자유로운 규율 체제와 비검정 교과서를 사용할 수 있는 자유를 가진 개방적 교육제도를 선호하지만, 실제로는 그들이 질서 있는 학교 체제와 기계적인 교수법의 주요 수혜자였다. 장시간의 근무와 과도한 행정업무에도 불구하고, 대부분의 일본 학교에서 교사직은 상대적으로 복잡하지 않은 업무였다. 수업준비는 무시해도 될 정도였고, 같은 교과서를 수년간 사용할 수 있었으며, 학생들은 질문을 거의 하지 않지만, 교사들에게 상당한 월급과 긴 방학이 제공된다. 실제로는 좌파적 교사들과 우파적 교육 당국들이 은밀하면서도 유착된 합의, 즉 잠정적인 협정(*modus vivendi*)을 맺었다.

교육계의 현상유지를 위한 공유된 기득권에도 불구하고, 기존 학제가 창의력을 높이는데 실패하고 있다는 인식이 증가했다. 나카소네 총리(1982~1987)는 학교 폭력과 왕따 현상은 더 나은 교수법과 교육의 국제화, 입시제도의 개혁이 필요함을 보여준다고 주장하면서 교육개혁을 강경하게 주장했다 (Schoppa, 1991: 211-250). 비슷한 주장이 후임 정부에서도 되풀이 되었다. 일본이 산업사회로부터 후기산업사회로의 힘든 이행에 착수했을 때, 노동인력들은 새로운 글로벌 정보경제(information economy)에 적응할 준비가 잘 안되어 있었다. 일본은 컴퓨터와 같은 하드웨어는 생산할 수 있었지만 소프트웨어는 미국이나 유럽과 같이 좀 더 유연한 서구 국가들에 더욱 의존하게 되었다. 과도하게 집중화된 교육 관료들이나 노조 운동의 쇠퇴 속에 (Thurston, 1989: 186-205) 자신들의 업무량을 늘리거나 교수법을 발전시키려는 의욕이 없는 교사들 모두가 그러한 도전에 전혀 대응할 수 없다는 것이 드러났다. 개략적으로 관료, 교사, 학부모 모두 광범위한 교육개혁을 선호하지만, 실제로는 모든 것들이 입시경쟁에 중점을 둔 현 제도에 갇혀있다. 굿맨은 다음과 같이 설명한다.

> 학부모들은 좀 더 자유로운 제도를 원하지만 자녀들의 기회에 어떤 영향을 미칠 것인지 우려한다. 고용주들은 생산에 있어서 더 높은 수준의 창의성을 원하지만, 생산으로 연결되는, 교육에 의해 주입된 순응(conformity)이 사라지는 것도 원하지 않는다. 정치인들은 표를 얻기 위해서 공개적으로 교육제도의 자유화를 지지하지만, 암묵적으로는 대체로 일본의 '경제 기적'을 직접적으로 이끈 것 같은 체제를 지지한다. 관료들은 그저 '국민들의 하인'이지만, 문부성은 집중된 권력을 조금이라도 잃지 않기 위해 싸울 것이다. (Goodman, 1989: 34)

1998년에 문부성(2001년 문부과학성으로 개편 - 역자 주)은 중요한 정책 전환을 공표했는데, 일반적으로 유토리(裕り, 여유) 개혁으로 알려졌다. 이러한 개혁은 일본교직원조합의 지지를 받았는데, 암기식 학습을 지양하는 국제적 추세에 따라 수업 시간 감축, 학생 중심, 학제적 학습과 문제 중심 학습을 도입하였다. 개혁의 핵심은 학생들에게 '살아가는 힘'을 육성하는 것이었다. 하지만 OECD가 실시하는 PISA 국제 학업성취도 평가의 2003년도 결과에서 수학 6위, 읽기 14위, 과학 2위, 문제해결 능력 4위를 차지하자 일본은 상당한 충격을 받았다. 대부분의 국가들은 이러한 결과에 기뻐했겠지만, 수학에서 1위를 차지했던 2000년의 순위에 비하면 상당히 떨어진 것이었고 1980년대 초 이래의 여러 국제적 평가들 중에서 일본의 성취도가 하락하는 추세를 나타내는 지표 중 하나였다 (Takayama, 2008: 395). 2003년 PISA 순위에 대한 미디어와 국민들의 다소 흥분된 반응 때문에, 아직 제대로 수행되지도 않았고 논란이 많은 유토리(裕り) 개혁은 비판자들의 손에 놓이게 되었다. 보수주의자들은 그 개혁이 일본의 국제경쟁력을 약화시키는, 잘못 계획된 하향평준화라고 주장했다. 그 결과 보수주의 교육전문가들은 2007년에 표준화된 국가시험의 도입을 포함한 유토리 정책의 변화를 이끌어낼 수 있었다. 민주당은 새로운 개혁을 약속하면서 2009년에 정권을 잡았다. 2011년과 2012년에도 새로운 변화가 있었는데 국어와 수학 학습을 강조하는 것이었다.

고등교육

고등교육 분야는 초·중등 분야에 비해 덜 인상적이다. 대학교와 전문대학 학생들은 대체로 대학 재학 시기를 자신들이 고등학교 때 힘들게 공부한 것에 대한 보상이자, 직장을 갖기 전에 휴식하고 휴양하는 시기로 간주한다. 강의 중에 자주 졸거나 시험을 제대로 치르지 않는 학생들도 거의 모두 졸업한다. 대표적 수정주의자인 맥베이(McVeigh)는 일본의 고등교육 기관에서는 교육이 실제로 거의 이루어지지 않는다고 주장한다. "학생들은 교육 내용이 부족한 일종의 의례화된 연극같은(rhetorical) 현실에서 학생 역을 연기하고 있다"(McVeigh, 1997:

219). 다른 저서에서 그는 일본의 고등교육이 기본적으로 실패했으며, 많은 학생들이 학위를 따기 위해 진정으로 공부하지는 않는다고 주장한다 (McVeigh, 2002: 14, 39). 일본의 고등교육에 대해 매우 비판적인 맥베이의 견해는 일본의 3차 산업이 상대적으로 잘 작동하고 있으며 확실히 향상되고 있다고 주장하는 다른 학자들과 상충하고 있다. 맥베이는 자신의 시각이, 학문적 관심을 더 일으키는 명문 국립대학들은 아니지만, '전형적인' 사립학교에서 가르친 자신의 경험을 반영하는 것이라고 말한다. 맥베이의 주장은 자연과학이나 응용과학 보다는 사회과학이나 인문학에 잘 적용된다.

일본에는 대학교와 전문대학에 대해서 대단히 위계적인 순위배치표가 있는데, 많은 대학생들이 더 좋은 학교에 입학하지 못한 것에 대해 '콤플렉스'를 가지고 있다. 와세다(早稻田大学)나 게이오(慶應義塾大学)와 같이 몇몇 높게 평가받는 일류 사립대도 있지만, 후순위 사립대학의 재학생들은 대체로 더 유명한 국립대학에 입학하기를 희망했다. 심지어 나고야대학이나 오사카대학처럼 주요 국립대학 학생들도 자신들이 더 명문인 도쿄대학에 입학하지 못한 것에 대해 자주 씁쓸함을 느낀다. 일본의 고등교육 체제에는 많은 대학 졸업자들이 자신을 실패자로 여기는 학벌주의가 만연하다. 일본의 고등교육을 개혁하려는 근본적인 시도가 없는 것을 보면, 대학에서 교육보다 사회화를 강조하는 것이 공공부문이나 민간부문의 엘리트 정책 결정자들이 지지하는 의도된 정책임을 추측할 수 있다 (McVeigh, 1997: 219).

출산율 하락의 결과인 18세 이상 인구의 감소로 500개가 넘는 일본의 사립대학 가운데 상당수가 - 특히 덜 알려진 대학들 - 앞으로 몇 년 후면 파산 위기에 처할 것이다. 고등교육체제의 국제화에 대하여 많은 논의가 있었지만 해외유학을 선택한 일본 학생의 수는 급감하고 있다. 영국 대학에 등록한 일본 학생수가 2003년부터 2008년 사이에 1/3로 줄었다 (Fitzpatrick, 2011). 정부는 더 많은 외국 학생들을 일본의 대학으로 유치하길 바라지만, 낮은 수업평가 기준과 언어 및 문화적 장벽으로 인해 일본은 주로 서구 국가에서는 고등교육에 접근할 수 없는 외국 학생들을 끌어 모은다.

교육과 정치

이론적으로는 일본의 교육체계는 굉장히 능력중심이다. 정상적인 입학시험을 통과하는데 성공한 학생들은 최고의 소학교, 중학교, 고등학교를 거쳐 최상위권 대학에 입학할 것이다. 사립 고등학교에 대한 선호가 최근 증가하고는 있지만, 다수의 명문학교는 사립이 아니라 국·공립학교다. 그런데 실제로 일본의 사회적 이동성(social mobility)의 수준은 영국이나 미국과 아주 비슷하다 (Ishida, 1993). 도쿄대학(東京大学)과 같은 명문 대학들은 대다수의 입학생을 대부분 수도권인 간토(関東) 지역에 위치한 소수의 명문 고등학교(feeder high school)에서 '공급' 받는다. 이 고등학교들은 또한 입학생 대부분을 공급하는 몇몇 중학교와 밀접한 관계를 가지고 있으며, 이러한 중학교들 또한 제한된 범위의 소학교(小学校)들로부터 학생들을 모집하는 경향이 있다. 심지어는 일부 유치원에도 입학시험이 있다. 성공한 도쿄대학 입학생들 중 다수는 입시를 위해 동일한 유명 주쿠(塾, 학원)에 몰려가서 함께 공부했었을 것이다. 일부 가정에서는 좋은 학군에 들어가기 위해 자녀를 친척에게 맡기거나 심지어 이사를 가기도 한다. 따라서 최상위권 고등학교와 대학에 접근할 수 있는 것은 대개 중산층, 특히 부모(일반적으로 아버지)가 높은 보수를 받는 상층부 가족의 특권이다.

롤런(Rohlen)에 따르면 일본의 고등학교는,

엄격하고, 위계적이며, 정교하게 조정된 조직 환경 속에서 믿을 만하게 과업을 수행할 수 있는, 가장 사회화된 개인을 필요로 하는 기술능력 중심의(technomeritocratic) 사회를 위해 훈련받은 노동자들을 만드는 곳으로 이해할 수 있다. (Rohlen, 1983: 209)

교육에 대한 이러한 시각은 정치적 관점에서 보면 잠재적으로 불안정한 영향을 미친다. 맥베이는 일본의 교육제도가 경제성장과 사회질서를 위하여 유순한 인력을 창출해야 함을 강조하는 지배층의 이익에 이바지하도록 계획되었다고 주장한다. 즉 교육체제가 '엘리트들의 목표나 경제적 성취에 도움이 되는, 질서 있고 예측가능하며 통제 가능한 환경을 유지하도록' 반대자들을 억누르고 정치참여의 수단을 제한하는 데 도움이 된다 (McVeigh, 1998: 179). 맥베이는 일본의 교육제도가 민주주의, 개인의 권리, 풀뿌리 발의(grassroots initiative)처럼 서구 국가에서 보편적으로 받아들여지는 가치들을 가르치지 않는다고 주장한다. 일본의 교육은 영미식 모델을 '수렴'하지 않고 있으며, 국가·사회·개인의 관계에 대해 완전히 다른 가정들로부터 유래한다.

치안과 형사사법 제도

이 책에서는 일본이 집단에 기초하고 조화와 합의의 원칙에 의해 지배된다는 시각과 일본이 사회통제라는 원칙과 다양한 방식을 통해 대중들에게 질서를 부과하는 국가에 기초하고 있다는 관점을 포함하여, 일본사회에 대한 대안적 해석들을 논의한다. 집단을 강조하는 일본사회의 특성은 일본정치를 어떻게 만드는가? 일본의 정치질서는 그 자체로 집단규범에 대한 순응을 어느 수준까지 만들어내는가? 이 모든 문제는 대안적인 두 가지 관점을 통해 검토될 수 있다.

일본사회를 형성하는 하나의 중요한 요인은 일본에 존재하고 있는 사회통제의 방식이다. 특히 일본의 지극히 낮은 범죄율과 이와는 대조적인 '일탈 행위'를 우리는 어떻게 설명할 수 있는가? 인상적인 문해율과 높은 산술 능력과 같은 통계적 증거를 보면 일본식 교육이 모델이 되어야 할 것 같다. 이것이 일본의 국가적 특징을 보여주는 것인가, 아니면 개인적 자유를 제한하는 효과를 가진 억압적인 정부정책들을 반영하는 것인가?

무어와 스기모토(Mouer and Sugimoto)는 이 문제를 그들이 두 개의 '예시적 유추(illustrative analogies)'라고 부르는 가마우지 낚시와 매 사냥을 이용하여 생각해 볼 수 있다고 주장한다 (1989: 234-271). 일본의 가마우지 낚시 기술에서는, 가마우지들이 긴 줄에 묶여있고 지시에 따르도록 훈련받고서 그들이 잡은 모든 것은 주인에게 넘겨주어야 한다. 서양의 매 사냥 기술에서는 매가 먹이를 찾아 자유롭게 날아다니지만 마찬가지로 사육사의 손으로 되돌아오도록 훈련받는다. 그들은 이를 위에서 부과된 엄격한 규율을 가진 조직화된 사회(organized society)와 전반적인 응집력은 가지고 있지만 더욱 유동적인 구조라는 특징을 가진 결합된 사회(associative society)라는 일본사회에 대한 두 개의 대안적 이미지와 비교한다. 이러한 비교는 정확한 묘사가 아니라 비유적 표현이지만, 무어와 스기모토는 전자가 대체로 일본사회와 일치하고 후자는 서구 사회에 해당된다고 주장한다. 하지만 두 이미지 모두 일본인 개인들이(가마우지나 매) 국가라는 형식의 주인으로부터 전체적인 지도와 통제를 받고 있다는 것을 암시한다고 주장할 수 있다. 집단모델(group model)은 집합적 행동의 조정을 내재되어 있고 거의 본능적인 현상으로 인식하면서, 그러한 권위체의 존재를 부인할 것이다.

일본사회를 지탱하는 통제 메커니즘의 특징이 무엇이든지, 범죄통계 면에서의 결과는 인상적이다. 일본 경찰을 직접 연구한 엘에이(LA) 경찰관 베일리(David Bayley)는 자신의 책 제1장에 '경찰의 천국'이라는 제목을 붙였다 (Bayley, 1991: 1-10). 1998~2001년 UNODC(유엔 마약범죄사무소) 자료에 따르면 살인사건 수가 일본에 비해 미국은 9배, 영국은 3배가 더 많았다 (UNODC, 2001). 덜 심각한 범죄의 비율도 마찬가지로 비례적으로 낮았다. 일본에서 총기는 엄격하게 규제되어 있고, 범죄 현장에서 사용되는 경우도 극소수다. 어떻게 이런 낮은 범죄율을 달성했는가? 설명은 치안활동(policing practices)과 전반적인 사회적 행동(social behaviour)이라는 두 가지 부문에 집중된다. 일본에서 채택하고 있는 종류의 치안활동은 서구사회에서 쉽게 받아들여지지 않을 것이기 때문에, 실제로 그 특별함이 고정불변의 것은 아니다.

이러한 활동에는 모든 구역에서 경찰이 공동체의 일에 매우 가깝게 붙어 있도록 하는 소규모의 '파출소'(코방, 交番)를 이용하는 것을 포함한다 (사진 7.1 참조). 싱가포르 경찰이 이 방식을 성공적으로 모방했다. 다소 교활하긴 하지만, 경찰관이 각 가정을 1년에 두 번 방문하는 '주민조사(住民調査)'도 있다. 경찰관은 집에 누가 사는지, 어떤 관계인지, 나이는 몇 살인지, 일을 하고 있는지, 그렇다면 어디서 일하며 어떤 차량을 소유하고 있는지 등을 포함한 많은 질문들을 한다 (Bayley, 1991: 79-82). 이 모든 자료가, 각 가정이 소유한 귀중품 목록, 이웃에서 벌어지는 일들에 대한 일반적인 정보, 주변에 의심스러운 사람이 사는지 등의 질문들과 함께, 특별한 양식에 기록된다. 그들은 또한 상업지역을 방문해서 유사한 종류의 정보를 수집한다. 도쿄에서 일반적인 순찰 담당 경찰은 매년 450회 정도 방문한다. 이 정보는 중앙컴퓨

사진 7.1   교토역 파출소

터나 중앙기록물시스템으로 전송되지는 않지만, 지역 관할 경찰이 사용할 수 있도록 코방(交番)에 보관된다. 이 자료는 수사관이나 반정부 인사를 감시하는 특수경찰이 사용할 수는 있지만, 다른 정부기관들에 의해 이용되지는 않는다.

그러한 방문은 젊은 경찰들보다는 상당히 경험 있고 잘 발달된 사교 능력을 가진 중년의 경찰들이 주로 한다. 대부분은 협조적이지만 모두가 그런 것은 아니다. 주민들과의 좋은 화젯거리 목록이 각 파출소(코방)에 붙어있고 자주 업데이트 된다. 경찰은 주민들과 친밀한 관계를 맺기 위해 그러한 화제를 이용하며, 주민들이 그 양식들을 기입하도록 설득한다. 일부 좌파 성향의 사람들은 거절한다. 주택 거주자들 보다는 아파트 거주자들로부터 공동체 문제에 대한 관심을 이끌어 내는 것이 더 어렵다. 이러한 이유로 많은 경찰서들이 범죄자나 위험인물이 좀 더 많이 살 것 같은 아파트 단지의 주민조사(住民調査)를 수행하기 위해서 추가적 자원을 투입하고 경험 많은 경찰들을 배치한다. 모든 지역의 경찰이 자신들의 관할 구역에 대한 상세한 정보를 충분히 수집할 수 있는 것은 아니다. 특히 대도시에서는 파출소(코방) 시스템의 효율성이 점차 떨어지고 있다는 일부 증거가 있다. 2004년에 일본에는 약 6,500곳의 파출소가 있었으며 7,600곳의 주재소(駐在所, 시골이나 낙도와 같은 곳에서 운영되는 일종의 파출소로 경찰관이 상주하는 곳 - 역자 주)가 있었다 (Police Policy Research Center, 2005: 3-4). 이처럼 작은 경찰서들은 도시 지역의 코방보다 넓은 지역을 담당했다.

 일본체제에서 두드러진 모습 중 하나는 범죄예방이 핵심 활동이라는 것이고, 여기에 범죄 수사직과 비슷한 자격과 재원을 부여한다는 것이다. 일본의 모든 동네에는 자주방범(自主防犯) 단체가 있는데 (Ames, 1981: 42-46), 자원봉사자들이 특별한 완장을 차고 순찰 활동을 한다. 공동체에서 더욱 보수적인 부류들인 상점들과 같은 지역사업체는, 그들이 낮은 범죄율로부터 가장 이익을 얻는 입장이기 때문에 그러한 단체에 확고한 지지를 제공한다 (Parker, 1984: 68). 1997년에 잔인한 아동살해가 발생했을 때 고베(神戶)시에서 학부모 단체들이 조직했던 것처럼, 심각한 범죄가 발생했을 때에는 특별한 순찰대가 구성될지도 모른다.

이와 같은 경찰 활동과는 별개로, 사회경제적 요인들도 낮은 범죄율에 작용했을 것이다. (세 가지 요인 모두 다소 논란이 있지만) 실업률이 상대적으로 낮으며, 인종적 갈등이 거의 없고 슬럼(slum)이나 게토(ghetto)도 거의 없다. 수감자 수는 미국에 비해 20퍼센트 밖에 안 되지만, 최근 정기적으로 사형이 집행되었는데 2007년에 9명, 2008년에 15명, 2009년 7명이었다 (Matsutani, 2010). 사회적 낙인이나 형벌에 수반된 결과는 그 자체로 강한 억지력이 있다. 예를 들어 일본에서 음주운전으로 기소된 교사는 아이들 교육을 책임지는데 부적합한 사람으로 간주되어서, 거의 틀림없이 직업을 잃게 될 것이다.

낮은 폭력범죄 발생률은 폭력이 일본의 대중문화 - 특히 망가(漫画) - 에 만연하다는 점에서 연관성을 찾기 어렵다. 아이들도 쉽게 접하고 읽을 수 있는 망가(만화)는 많은 끔찍한 장면을 담고 있고, 여학생에 대한 윤간과 같이 여성에 대한 폭력이 자주 나온다. 이러한 가상의 폭력이 실제로 (이것이 없었다면 불안한 행동을 스스로 드러낼) 위험한 감정을 방출하도록 하는가? 청소년 폭력과 관련된 잘 알려진 - 1997년 고베의 14세 소년에 의한 참수 사건과 같은 - 범죄 사건들은 망가가 잔인한 범죄 행위를 조장하는 역할을 할 수 있음을 보여주는 것 같다. 청소년 범죄에 대한 우려는 2008년에 십대 소녀가 모르는 남자를 기차가 다가오는 선로로 밀어서 살해한 사건을 포함해서, 세간의 이목을 끄는 다른 사건들 때문에 더욱 가중되었다 (*Japan Times*, 2008). 일본의 범죄율이 1996년부터 2002년 사이에 조금 상승했지만, 최근 낮아지면서 2010년에는 23년 만에 가장 낮은 수치를 기록했다 (毎日新聞[마이니치신문], 2010). 범죄에 대한 대중들의 큰 우려만큼 실제 사건 수가 증가하지는 않았다.

베일리(Bayley)에 따르면 '일탈적 행위'의 통제를 설명하는데 예의

(propriety), 추정(presumption), 자존심(pride)라는 세 가지 핵심 요인들이 있다. 예의란 무엇이 적절한 행동인지에 대한 수많은 규칙들을 의미하는데, 일본의 모든 생활양식의 특징이 된다. 베일리는 "범죄와 같은 큰 문제들에 대한 일본인들의 질서정연함은 작은 일들에 대한 질서정연함과 연관되어 있는 것 같다"고 도발적인 주장을 한다 (1991: 177). 이는 푼돈(pennies)을 아끼면 큰돈(pounds)은 저절로 모인다는 원칙을 주장하는 것이다. 만약 당신이 사람들에게 쓰레기를 떨어뜨리지 않고 실내 가운(dressing gown)을 제대로 입도록 교육한다면, 그들은 범죄를 저지르지 않을 것이다.

굴드(Goold)는 "일본과 일본의 형사사법 체계에 대한 묘사는 지나친 단순화와 오리엔탈리즘으로 손상되었다"고 주장하면서 베일리를 비판한다 (2004: 20). 수정주의 학자들은 일본 경찰에 대한 매우 다른 시각을 표현한다. 맥코맥(Gavan McCormack)은 유죄판결된 범죄의 86퍼센트가 자백에 근거해서 이루어졌고, 재판에 회부된 사건들 중 99퍼센트 이상에서 피고인들이 유죄판결을 받는다고 지적하면서, 일본 형사사법 체계가 자백을 이용하는 방식에 매우 비판적이다 (McCormack, 1986b: 187). 특히 후자의 통계치가 충격적이다. 일본의 검사들과 법무성(法務省) 관료들은 이처럼 높은 유죄 판결율은 의심스러운 사건들은 법정에 회부되지 않았다는 사실을 보여준다고 주장하고 있지만 (Parker, 1984: 107), 이는 다소 설득력이 떨어진다. 검사들은 범죄재판에서 상당히 우월한 힘을 가지고 있다. 맥코맥은 제2차 세계대전 이전에는 정치적 일탈도 범죄로 간주되었고, 형사사법 제도가 정치적 시위를 분쇄하고 무력화하기 위해 자주 사용되곤 하였다고 지적한다. 그는 또한 정치적 사건의 용의자들이 재판 없이 매우 오랫동안 구금되었던 예를 들었다. 이는 유엔에 의해 정해진 기본 원칙들을 위반하는 것으로, 한 사건은 10년에 이른 적도 있다. 맥코맥(McCormack)에 따르면 28일까지로 제한된 소위 '대용감옥'(代用監獄, 교도소가 아닌 유치장에 구금하는 것으로 미결수에 대한 인권침해의 사례로 꼽힌다 – 역자 주) 제도는 '과거 권위주의의 유산'이다 (McCormack, 1986b: 193). 그는 일본 경찰에 의해 유지되는 표준 행태에 대한 베일리(Bayley)의 우호적인 평가에 분명하게 의문을 제기한다. 파커(Parker)는 어느 일본 경찰관이 왜 용의자들이 선뜻 자백하는지에 대해 질문 받았을 때, "권력에 저항해봐야 소용없다"고 말한 것을 인용한다 (Parker, 1984: 110). 그럼에도 불구하고 존슨(David Johnson)은 일본의 검사들에 대한 현지 조사에 기초한 비교 연구를 통해 '일본식의 사법(justice)은 굉장히 공정(just)하고' (Johnson, 2002: 280) 많은 측면에서 미국의 제도보다 우수하다는 놀라운 주장으로 결론을 맺는다.

베일리는 대용감옥(代用監獄)이 드물게 사용되었다고 주장하고 있지만, 최근에도 9만~10만 명이 매년 이러한 방식으로 구금되었다고 언급하고 있다. 1985년에는 10일 이하 구금이 62.5퍼센트였는데, 이는 37.5퍼센트(대략 37,500명)가 기소 없이 10일 이상 구금되었음을 의미한다. 이러한 방식으로 구금된 사람들은 변호사를 만날 수도 없고 보석(bail) 자격도 없는데, 이는 (베일리의 말을 빌면) '자백이 실제로 보석의 조건이라는 것'을 의미한다 (Bayley, 1991: 145).

기소 전 구금은 죄를 저지른 개인에게 도덕적 권고(moral suasion)의 기회다. 자백에 대한 압력은 유죄 판결을 얻어내기 위한 일부분일 뿐이다. 더욱 중요한 것은 회개와 뉘우침을 가르치고, 겸허하게 하고, 이끌어내는데 쓰는 것이다. 체포는 유죄판결과 마찬가지다. … 미국과 달리 일본 형사사법의 주 목적은 처벌하는 것이 아니다. 형사사법 활동은 사회적 배제를 나타내는 상징적인 것이다. … 일본의 경찰이 범죄자가 느끼기를 원하는 것은, 아이가 부모에게 잘못을 고백하고 이해의 웃음과 따듯한 포옹을 받게 되었을 때의 눈물어린 안도감(relief)이다. (Bayley, 1991: 149)

요시오 스기모토는 '주민조사(住民調査)'에 대해 다음과 같이 주장하면서 문제를 다르게 인식한다.

이러한 상황에서는 이념적 통제 - 그람시의 용어로, 헤게모니 - 가 최대로 작동한다. 사회통제 기관들은 '당연한 것으로 여겨지는 세상(world-taken-for-granted)'의 일부가 될 때까지 삶의 모든 부분에 있어서 기존 질서를 지지하는 세계관을 촉진한다. 이 과정을 성공적으로 수행함으로써, 자기규율(self-policing)이 일상적인 현실이 된다. (Sugimoto, 1986: 70)

다시 말하면, 대중들의 합의가 있다는 사실은 단순히 '자기규율(self-policing)'이 나타나는 것이고 국가가 부과한 직·간접적인 사회통제의 결과다.

범죄와 일탈행위

일본의 법과 질서에 대한 대체로 긍정적인 이미지는 어디서나 흔히 볼 수 있는 야쿠자와 같은 조직 폭력에 의해 상당히 손상된다. 눈에 띄게 볼품없는 정장에 흰색 구두를 신고 있으며, 주로 큰 벤츠를 타고 다니는 야쿠자들은 마약이나 매춘 같은 불법사업을 장악하고, 거의 처벌받지 않는 것처럼 행동한다. 많은 야쿠자 두목들은 유명한 보수 정치인들과 밀접한 관계를 맺고 있어서 사실상 기소(prosecution)로부터 면제되어 있다. 1980년대 말 야쿠자의 수는 대략 9만 명으로, 약 1,400개의 집단으로 구성되어 몇 개의 대형 조직에 가입되어 있다. 도쿄에 기반을 두고, 최근 수 십 년 사이에 세력과 명성을 얻은 야마구치 구미(山口組)가 최대 조직이다. 야쿠자 조직은 매우 위계적이지만, 형식적 구조를 넘어서 가상의 친족관계(술잔을 주고받는 의식을 통해 조직원 간의 관계를 오야붕, 꼬붕, 교다이 등 혈연관계로 설정한다 - 역자 주)를 특징으로 한다 (Hill, 2003: 67-68).

1990년대 초반에 반야쿠자법(폭력단대책법[暴力団対策法] - 역자 주)이 도입되었지만, 힐(Hill)은 이 법안이 다소 상징적이었고 조폭의 활동에 제대로 대응하기에는 불충분했다고 주장한다. 야쿠자의 존재는 이들과 친밀한 관계를 유지하는 일본 경찰의 유효성에 대한 심각한 폐단의 흔적이다 (Ames, 1981: 105-129). 애임스가 지적하듯이 경찰과 야쿠자는 정치적 관점에서 의복 취향까지 많은 유사점이 있다 (Ames, 1981: 120-121).

또 다른 문제는 청소년 범죄, 특히 자동차 절도 범죄이다. 야쿠자와 마찬가지로 이러한 종류의 범죄는 집단적으로 이루어진다. 10대들은 보소조쿠(폭주족[暴走族])로 알려진 패거리를 형성한다 (Ames, 1981: 84-85). 실제로 폭주족들의 질주의 대부분은 짜증 날 만큼 난폭하지는 않다. 그들은 크고 시끄러운 오토바이 함대를 구성하여 저녁때나 밤에 도심이나 주거지역을 느린 속도로 돌아다닌다. 나중에는 자동차 주변에서 경주하기 위해 이동한다. 때때로 경쟁 관계인 폭주족들이 싸움을 하거나, 폭주족 중에서 절도와 같이 더 심각한 범죄에 연루되는 경우도 있다. 겉보기에는 반(反)사회적이고, 준(準)무정부주의적인 태도에도 불구하고, 폭주족들의 행동은 실제로 매우 의례적이고, 조직의 엄격한 위계와 내부규율이 있으며, 대부분은 법적 성인인 20세가 되었을 때 '졸업'하거나 '정착'한다 (Sato, 1991: 특히 72-104). 사토(Sato)는 '폭주족은 부분적으로 대중매체와 소비재의 생산자들에 의해 태어나고 길러진 상징적 반항'이었다는 결론을 내린다 (Sato, 1991: 101). 야쿠자와 마찬가지로 폭주족도 그들이 일탈한 것처럼 보이는 주류 일본사회의 구조와 위계를 반영하고 있다.

무례하고 불량한 행동으로 유명한 양키(ヤンキー)로 지칭되는 불량 청소년들에게도 일부 유사한 특징이 나타난다. 그들은 미성년 음주나 어른들을 상대로 한 절도나 노상강도, 갈취를 의미하는 '오야지가리(親父狩り)'와 같은 일탈과 범죄행위에 연루되어 있다. 이러한 현상은 만화책을 원작으로 장기 방영한 TV 드라마인 〈양키군과 안경양(ヤンキー君とメガネちゃん)〉과 같이 대중문화에 널리 묘사되고 있다.

일본의 낮은 범죄율에 나타난 사회적 순응이 자민당에 대한 투표의 형식으로 '기성 질서'를 위한 지지 강화에 어느 정도 직접적으로 연결되어 있는지 밝히기는 어렵다. 법에 복종하도록 사회화된 사람들이 더 보수적인 정치태도를 가지는 경향이 있는가? 따라서 자민당과 같은 보수정당에 투표하는 경향이 더 강한가? 이는 상당히 논리적인 듯이 보이지만, 입증하기는 매우 어렵다. 당연하게도 경찰력의 증대를 지지하는 일본 유권자들이 정치적으로 보수적이라는 증거는 있지만, 다소 다른 면이 있다. 여기서 우리가 규명해야 하는 것은 정치적, 사회적 통제 메커니즘에 영향 받지 않는 다른 나라(영국, 미국 등)의 유권자들보다 일본인들이 보수정당(자민당 같은)에 더 많이 투표하는 경향이 있는가 하는 것이다. 우리는 또한 보수 지지 행태가 자민당의 경제적 성과에 대한 인정이 아니라 사회적 통제의 직접적 표출인지 밝혀야 한다. 모든 것을 고려해보면, 판단하기가 어렵다.

이념형인 집단모델(group model) 접근법과 스기모토(Sugimoto)

의 '통제국가(control-state)' 일본이라는 이론 모두에 비판적인 대안적 관점으로, 일본인의 외적 행동의 모습과 개인의 진정한 느낌의 차이인 혼네(本音)와 다테마에(建前)로 구분하여 생각할 수 있다. 지역의 코방(交番) 경찰들에 의해 수행되는 강압적 감시(policing) 기법과 같은 통제 메커니즘이 외적인 행동(建前)을 수정하는데 상당히 효과적인 반면, 혼네(本音)는 순응하지 않을 것이고 파괴적이고, 반항적이며, 공격적인 생각들을 계속 간직하고 있을 것이다. 즉 우리는 표현된 생각이나 행동과 표현되지 않은 억압된 생각과 행동을 구분해야 한다. 이러한 체제에서의 외형상의 순응(conformity)은 선거 때 표출되는 내면의 반항심을 숨길 수 있다. 이를 통해 겉보기에 얌전한 주부들과 평범한 은행원이 왜 때때로 나리타(成田)공항 반대자들에게 (나리타 공항 건설에 반대하는 운동이 1960년대 중반에 시작되었으며 공항 개항 이후인 80년대와 90년대에도 저항이 계속되었다. 나리타 투쟁 또는 산리즈카 투쟁으로 알려져 있다 - 역자 주) 익명으로 기부금을 보내거나, 일본 공산당에 표를 던지면서 엄청난 즐거움을 느끼는지 설명할 수 있다. 많은 일본인들이 두 가지 입장의 현실에서 살아가는 잘 발달된 능력을 가지고 있으며, 이는 세세한 일상생활을 넘어 정치적 영역으로 확장된다. 모든 사회화 과정을 통하여, 개인적 삶은 여전히 표면 아래에서 계속된다. 흔히 일본인들은 아주 진부하게 생각하고 행동하는 것처럼 보일 수 있다. 겉모습에 현혹될 수 있지만, 그게 전부를 말하는 것은 아니다.

사회 조직과 참여의 형식

대중매체의 역할

주류학자들에게 일본의 미디어는 자유민주주의 노선에 따라 정부의 행동을 감시하고 비판하는, 중요한 '감시견'으로 기능한다. 대조적으로 수정주의 학자들은 일본이 서구적 관점에서는 제대로 기능하는 민주주의가 아니라고 주장한다. 미디어의 작동 방식에 대한 비판적 평가가 수정주의자들의 판단의 중요 요소이다. 예컨대 밴 울퍼렌(Karel van Wolferen)은 일본의 미디어를 국가 권력의 '애완견'으로 묘사한다 (van Wolferen, 1989: 93-100).

일본에서 전국 수준의 미디어는 소수의 신문·방송사가 지배하고 있다. BBC와 유사한 공영 방송국인 NHK가 있고, 방송사를 겸비한 다섯 개의 신문사 그룹 중 NTV와 연결된 요미우리(読売)가 최대 그룹이고, 아사히(朝日)신문과 TV아사히 그룹이 그 뒤를 쫓는다 (표 7.1). 마이니치 그룹은 (TBS) 한때 요미우리와 아사히에 필적했지만, 불운한 사건을 겪은 후 이제는 판매 부수가 그들에게 뒤쳐져 있다. TV도쿄와 연결

표 7.1 일본 주요 전국일간지의 판매 부수 (2009년 추산, 조간)

	전체 수
요미우리(読売)신문	10,018,117
아사히(朝日)신문	8,031,579
마이니치(毎日)신문	3,800,000
니혼케이자이(日本経済)신문	3,052,929
산케이(産経)신문	1,846,591

출처: Alford and McNeill (2010)에 인용된 ABC 통계.

된 『니혼케이자이신문(日経)』과 『산케이신문』(후지TV), 이 두개의 전문 경제지는 『월스트리트 저널(Wall Street Journal)』과 『파이낸셜 타임스(Financial Times)』와 유사한 입지를 점하고 있다. 1960년대에는 요미우리, 아사히, 마이니치 모두 좌파적 정치노선을 고수했지만, 1970년대에 요미우리가 더욱 보수적 입장으로 전환하였고 오랫동안 수위를 유지하던 아사히 그룹을 밀어냈다. '5대' 일간지라는 명성에도 불구하고, 추문 폭로에서 심도 있는 정치 분석에 이르는 대부분의 흥미롭고 비판적인 기사는 주간지와 월간지에 기사화되는데, 이들 잡지사의 다수가 주요 신문사의 계열사이다. '5대' 일간지가 어마어마한 판매부수를 자랑하지만, 비평가들은 이 수치가 의심스러운 배포 관행을 통해 인위적으로 부풀려진 것이라고 주장한다 (Alford and McNeil, 2010). 국제적 기준에 비해 여전히 높은 수치이긴 하지만, 신문 판매부수는 점점 떨어지는 중이다.

언론자유는 헌법으로 보장되어 있지만, 자민당 정부는 싼 가격에 도쿄 중심의 주요 부지를 신문사들에게 제공하는 등의 수단을 통해 미디어를 회유하려는 노력을 지속해왔다. 또한 정치권과 정부기관에서 운영하는 기자클럽도 논란이 되고 있다. 주요 신문사, 통신사, NHK의 15명 정도의 기자들만이 정당사무소, 파벌이나 장관의 사무실, 총리공관 등에 있는 기자클럽을 이용할 수 있다. 기자클럽에 제공되는 시설은 전화나 팩스는 물론 음식이나 수면실을 포함할 정도로 광범위하다. 사실상 클럽 회원은 자신들이 취재하기로 되어 있는 기관의 '내부자'가 되는 반면, 지방지나 주간지, 월간지 기자들은 외국 기자들과 마찬가지로 정보 접근이 차단된다.

기자클럽 회원들은 정치인들을 사무실에서 접촉하는 것이 제한되어 있지 않다. 기자들은 정기적으로 이른 아침에 내각관방장관(內閣官房

長官)과 같이 중요한 취재원들을 방문하는 것으로 하루를 시작하고, 당번제로 끊임없이 그들을 쫓아다닌다. 이 기자들은 중요 인사들의 집으로 '야간습격'을 하고, 때로는 새벽 1~2시까지 마작을 하기도 한다. 이러한 환경에서 기자들과 취재원들은 불가피하게 매우 친밀한 관계를 형성하게 되면서, 객관성을 잃고 권위가 추락하게 된다. 클럽의 일반적인 내부 규칙은 클럽 대표기자가 결정하는데, 혼자 '특종'을 보도하는 회원에게는 강제 탈퇴라는 처벌을 내리기 때문에 홀로 행동하기 어렵게 만든다. 정치인들은 클럽 기자들의 긍정적인 보도로 이득을 얻게 되고, 특권층인 클럽 기자들은 외부 경쟁자들의 취재로부터 빈틈없이 자신들의 취재원을 보호한다.

대체로 일본에서 주요한 정치적 추문은 기자클럽 소속이 아닌 기자들에 의해 폭로된다. 예를 들어 1970년대의 다나카 가쿠에이(田中角榮) 사건은 (1976년의 록히드 사건으로 다나카 전 총리가 체포되었다 — 역자 주) 한 주간지가 부패 혐의를 기사화하고, 외국 특파원들의 후속 취재와 미국 상원의 조사로 이어진 후에야 폭로되었다. 리쿠르트-코스모스 스캔들은 (1988년의 정치 스캔들로 현직인 다케시타 총리가 사임한 사건이다 — 역자 주) 사실은 『아사히신문(朝日新聞)』 기자들에 의해 드러났지만, 그들은 도쿄의 의회담당이 아니라 요코하마(橫浜)지국 소속이었다 (Farley, 1996: 148-149). 실제로 기자클럽이 문제의 근원인 것은 아니지만, 일본 신문사들의 내부 모습을 반영하는 것이다. 이들 신문사들은 비판적 관점에서 정보를 추적하는데 전념하지 않고, 권력자들의 특권적 지위에 도전하지 않는, 위계적이고 카르텔화된 뉴스 취재방식에 전념했다 (Hall, 1998: 46-47; Freeman, 2000: 160-179). 그럼에도 불구하고, 일본 기자클럽에서 근무한 소수의 외국인 기자들 중 하나인 애덜스타인(Jake Adelstein)은 자신의 요미우

리(読売) 동료들이 '일본의 취약한 민주주의의 마지막 수호자'였다고 주장한다 (Adelstein, 2009: 33). 그는 "일본의 언론이 외국 매체들에 의해 종종 알랑거리는 애완견들처럼 묘사되지만, 실제로는 전혀 그렇지 않다"고 결론을 내린다 (2009: 34). 민주당은 2009년 정권을 잡고 기자클럽을 폐쇄하겠다고 약속했지만, 곧 말처럼 쉽지 않다는 것을 깨달았다 (Fackler, 2009). 전직 『뉴욕타임스』 기자인 우에스기 다카시 (上杉隆)는 『저널리즘 붕괴(ジャーナリズム崩壊)』(2008)라는 도발적인 책을 출간했다 (기자클럽의 행태를 비판한 저서로 당시 베스트셀러가 되었다 - 역자 주). 그럼에도 불구하고 민주당에 대한 요미우리와 다른 언론사들의 대립적 자세는 기자들과 권력자들의 관계가 전보다 훨씬 덜 친밀하다는 것을 보여준다.

최근 대부분의 열정적이고 도전적인 정치 보도는, 괜찮긴 하지만 활기 없는 NHK나 느리게 움직이는 주요 신문사들이 아니라 민영 방송

사진 7.2 도쿄 길거리의 TV 생중계

사에서 주로 이루어진다 (사진 7.2). 전통적으로 일본의 TV 기자들은 미리 질문지를 제공하고, 정치인들이 제대로 된 대답을 하도록 압박하지 않는 정중한 인터뷰 방식을 취했다. 그 결과는 정치과정에 대한 지루한 방송과 비효과적인 탐사보도였다. 1980년대 중반에 TV 아사히(朝日)는 더욱 철저한 인터뷰 양식을 사용하는 새로운 방식의 프로그램을 이끌었다. 가장 중요한 프로그램들은 고정적인 장시간 인터뷰 코너를 포함하고 있는 오후 10시의 이브닝 쇼인 *News Station*과 주간 아침 프로인 *Sunday Project*였다. 이러한 프로그램들은 정치 문제, 특히 1992~1993년의 일련의 부패 사건들에 대한 대중들의 관심을 증대시키는데 일조했으며, 1993년 중반에 시작된 자민당의 짧은 몰락에 약하게나마 기여했을 것이다 (McCargo, 2003: 56-61).

21세기가 시작되면서, 고이즈미 준이치로(小泉純一郞) 총리에 의해 전형화된 것처럼 정치인들 사이에 새로운 유형의 미디어 출연이 유행하였다. 잘 생긴 고이즈미는 유명인에 대한 소문이나 선정적 범죄를 다루는 저속한 TV 프로그램에 출연하여 여성 유권자들의 인기를 얻는 '와이드 쇼(wide-show)'의 달인이었다. 일부 비평가들은 정치에 대해 더욱 개방적이고 접근 가능한 방식이라고 보았지만, 다른 비평가들은 본질적인 쟁점들이 정치인들에 대한 추종으로 대체되었다고 주장하면서 이런 피상성(superficiality)에 실망하였다. 고이즈미는 자신이 주장하는 모호한 '개혁안'들을 추진하기 위한 근거로 공식적인 정치 기구들을 우회하고 유권자들과 직접적으로 연결된 미디어에 의존했다. 그러나 현실에서 자신의 정당에 대한 통제력은 약했다. 미디어의 중요성은 점차 증가했지만 진지한 논쟁이나 분석은 사소한 것들에게 자리를 내주었다. 2006년 총리직을 사임할 때까지, 고이즈미는 유권자를 대상으로 한 일본 지도자들의 소통 능력에 대하여 대중들의 기대치를 높였다. 고이즈미 이후 3인의 자민당 출신 총리는 대중들과 고이즈미 같은 관계를 형성할 수 없었다. 달변인 블레어(Tony Blair)에 익숙해져 그의 후임인 말을 잘 못하는 브라운(Gordon Brown) 총리를 영국 국민들이 거의 못 견딘 것처럼, 고이즈미에 익숙한 일본 유권자들은 후임 총리들의 실수에 의해 점차 멀어지게 되었다.

  고이즈미가 더욱 개방적인 정치 커뮤니케이션 스타일에 대한 요구를 만들어낸 것은 분명하다. 하지만 역설적이게도 민주당은 특별히 인상적인 미디어 전략도 없었고, 5대 일간지 중 최소 3개로부터 비판적인 보도가 있었음에도 2009년에 집권하였다 (McCargo and Lee, 2010: 240-241). 민주당은 부분적으로 주류 미디어, 특히 TV를 이용하여 자민당을 몰아냈다. 장거리 통근과 좁은 아파트 때문에, 젊은 유권자들은 랩탑이나 PC보다는 스마트 폰을 이용한다. 모바일 폰의 뉴스 웹사이트는 주로 주류 언론사들로부터의 정보를 제공한다. 신문은 여전히 가장 권위있는 뉴스 소식통이고, TV는 가장 대중적인 소식통이다. 아직까지는 신뢰성과 대중들의 수용성을 얻은, 잘 확립된 정치 블로거 집단은 없다. 그 결과 블로깅(blogging)과 인터넷은 자민당의 패배에 상대적으로 거의 영향이 없었다. 하이테크 국가라는 이미지에도 불구하고, 일본은 여전히 신뢰할만한 정보에 대해서는 일부 아날로그적이고 위계적인 사고방식에 매달려 있다.

자원봉사 조직 및 전문가 조직

일본은 주민협회(초나이카이[町內会]), 공공안전위원회, 경찰지원단체, 자원봉사단체, 자원봉사로 하는 복지사와 보호관찰관, 사친회(PTA)와 이익단체 등 다양한 종류의 소규모 모임이 많다. 일본에서의 집단 활동의 범위가 인상적이다. 일부 주택가에서는 일요일 아침

마다 주민들이 팀을 구성하여 길거리의 잡초를 뽑고, 도랑을 청소하며 쓰레기를 모으는 것을 볼 수 있다. 이러한 종류의 공동체 네트워크는 일본의 정치인들이 후원회(後援会)를 구성하고 공동체의 블록투표(bloc voting)를 동원하는데 매우 효과적이다 (Flanagan, 1991a: 196-197). 커티스(Curtis)는 주민협회(町内会)가 성공적인 자민당 후보의 선거운동 조직과 전략에 있어서 얼마나 핵심요소인가를 설명했다 (Curtis, 1971: 87-125). 일본의 사회자본(social capital)은 언제나 정치인들을 위해서 형성되는 경향이 있지만, 이처럼 풍부한 공동체 조직은 상황에 따라서 독립적인 정치생활을 가능하도록 한다.

많은 공동체 집단에서 여성들의 역할이 두드러진다는 것은 일본 여성들에게 가능한 커리어 선택이 제한적이라는 점을 반영한다. 스기모토(Sugimoto, 1997: 153-154)는 '넷토와카(networker, 지역활동가)'가 되는 것이 많은 일본 여성들에게 직장에 다니거나 전업주부가 되는 것에 대한 합리적 대안으로 간주된다고 지적한다. 지역활동가는 노동자 협동조합이나 재활용센터의 운영부터 환경이나 다른 문제들에 관한 시위 참여에 이르기까지 다양한 활동에 관여하고 있다. 봉사주의(volunteerism)는 전후, 그리고 현재의 일본에서 아주 중요한 현상이지만, 여전히 국가가 다수의 자원봉사자들이나 자원봉사 단체들을 필요에 따라 동원하는데 중심적으로 관여해왔다 (Avenell, 2010: 85-91). 애브널(Avenell)이 주장하듯이 일본의 자원봉사 단체들은 "곳곳에 만연한 국가 비전에 의해 제도적이고, 관념적으로 형성된 활동영역을 담당한다. 그 점에서 자원봉사자들은 국가에 의해 만들어지고, 허가받고, 육성된 사회적 과제(課題, 가다이)에 참여하는 이타적이고 비정치적인 신민(subjects)이 될 것으로" 기대된다 (Avenell, 2010: 91).

시민사회의 양식

히라타 게이코(平田圭子)는 1960년대와 70년대의 시민운동이 왜 강력한 시민사회를 창출하는데 실패했는가에 대해 몇 가지 이유가 있다고 주장한다. 많은 시민운동이 하나의 쟁점에 사로잡혔는데, 일단 구체적인 불만이 제거되면 그 조직은 붕괴할 것이라는 게 그것이다. 시민단체들의 리더십도 대체로 약했지만, 무엇보다 중요한 것은 일본의 발전국가(developmental state)가 "시민들의 활동에 구조적 제약을 부과하고 수동성을 촉진함으로써 오래 지속되는 시민운동이나 연합체의 성장을 방해했다"고 주장한다 (Hirata, 2002: 17). 그녀는 경제발전에 과도하게 집중하는 관료주의적 압력을 받아들이는 일본인들의 방식을 설명하기위해 문화주의자 관점을 언급한다. 그렇지만 히라타는 글로벌라이제이션과 '성숙한' 산업화의 달성으로, 발전국가가 최근 약화되면서 시민사회와 비정부기구들(NGOs)의 출현을 위한 더 넓은 공간이 창출되었다고 주장한다. 그녀는 1995년의 고베(神戶) 대지진을 문제해결을 위한 국가중심 접근법에 대한 신뢰를 떨어뜨리고, 자원봉사 조직의 성장을 촉진하는 '분수령'으로 보았다 (Hirata, 2002: 33-34). 고베 대지진은 자원봉사 부문을 활성화하였다. 지진 피해자들을 도우려는 자원봉사자들은 급증하는 '자원봉사 활동'을 관리하기 위해 고베에 새로운 비영리기구들을 설립했다. 1970년대식의 '시민운동'은 (1970년대에는 공해문제나 안전문제 등에 대한 시민들의 저항과 참여가 더욱 공격적이고 활발했다 – 역자 주) 오래 지속되지 않았지만, 유사한 정치적 경향이 계속해서 새롭게 발현하였다.

히라타(平田)의 특별한 관심은 일본의 NGO들이 정부의 해외 개발원조 정책에 로비 활동을 하면서 중요한 영향력을 행사하는 방식이었다.

이는 상대적으로 협소한 주제였다. 일본의 시민사회에 대해 가장 광범위하고 상세하게 연구한 책에서 (*The State of Civil Society in Japan* - 역자 주), 파(Pharr)와 슈왈츠(Schwartz)는 전후 일본은 신중하게 정해진 정책목표를 가진 활동주의 국가(activist state, 경제정책 등에 적극 개입하는 국가를 의미한다 - 역자 주)였다고 주장한다. 경제적 이익집단들은 번창한 반면, 그 밖의 비정부기구들은 전혀 다른 수준의 성과에 부닥쳤다 (Pharr and Schwartz, 2003). 도그(Ducke)는 다른 선진국들의 유사한 기구들과 비교하면서, 대부분의 일본 NGO들은 아마추어 같고, 발전주의라는 단순한 생각에 얽매어 있으며, 자신들을 비정치적인 존재로 소개한다고 주장한다 (Ducke, 2007: 42). 애브널(Avenell)은 다음과 같이 결론 내린다.

> 기업 행위자들은 유명한 시민운동 기구에 대한 지지와 시민 네트워크의 창출을 통해 사회자본 유형의 사회운동(social activism)을 촉진했다. 영향력 있는 활동가들은 사회운동, 더 넓게는 시민사회에 대한 더욱 다원적인 개념화를 희생하면서 국가와 기업 엘리트들의 비전을 강화하는 논리를 만들어냈다. (Avenell, 2009: 283)

패커넌(Pekkanen)은 일본의 이중적 시민사회가 사회자본의 창출과 공동체 형성을 통해 민주주의에 기여하지만, 대체로 공적 영역이나 정책결정에 영향을 미치는 규모있는 전문가 집단이 부족하다고 주장한다 (Pekkanen, 2006: 3).

일본에서의 저항의 정치(protest politics)는 2003년 미국의 이라크 침공 이후에 새로운 형식을 갖추게 되었다. 젊은이들이 주축을 이루는 도시 지역의 단체들은 반전(反戰)운동을 위해 대중문화의 요소들 - 레이브(rave) 음악이나 대형 음향 시스템 등 - 을 이용한 시위를 벌였다

(Hayashi and McKnight, 2005). 그들의 이라크 전쟁에 대한 거부는 많은 젊은이들이 안정적 직업을 가질 수 없고, 궁색한 프리타(freeter, 임시 계약직 노동자)로 살게 만드는 신자유주의적 경제정책에 대한 불만과 연결되어 있다. 구세대의 활동가들에 의해 이념적 선명성이나 명확히 구체화된 요구들이 없다고 비판받지만, 이러한 형식의 저항은 일본에서 정치참여에 대한 새롭고 덜 위계적인 방식이 등장하는 분명한 증거이다. 2011년 대지진과 쓰나미, 원자력 위기에 뒤이어 유사한 방식의 저항이 재등장했다. 이러한 모습의 일부는 *Radioactivists* (http://radioactivists.org)라는 독일어·일본어 다큐멘터리에 담겨 있다.

일본 시민사회에 대한 대조적 관점들

주류학자들에게는 일본의 시민사회와 서구 민주주의 국가의 시민사회는 셀 수 없이 많은 유사점이 있다. 단점이 있기는 하지만, 일본의 교육체계는 국민들의 문해력과 수리능력 향상에 매우 효과적인 것으로 보이고, 일본의 경찰과 형사사법 체계는 다른 나라들이 연구해야 할 만큼 범죄 예방에 있어서 탁월한 모델을 제공한다. 미디어는 일본인들에게 정치와 시사문제에 대해 상세한 정보를 제공하고, 필요할 때 그들에게 추문과 권력의 남용에 대해 알려준다. 동시에 일본의 도시나 시골 마을의 많은 공동체 조직들은 높은 수준의 협동적인 생활(associational life)을 만들어내고, 이들은 선거동원에서 환경운동에 이르기까지 다양한 유형의 사회적, 정치적 참여의 근간을 형성하였다.

수정주의자 학자들에게는 일본의 모습이 암울하다. 일본의 교육체계는 소비주의에 충실하고 기존 질서에 도전하기를 매우 꺼리는 생각 없는 시민들을 만들어내기 위해 노력한다. 이러한 순응은 감시견으로서의 의무에 계속해서 실패하는 온건하고 무비판적인 미디어와 매우 억압적인 경찰과 사법체계에 의해 강화된다. 공동체 그룹들이 저항운동과 풀뿌리 저항의 기반을 형성할 수도 있지만, 기득권층은 그들을 끌어들이고, 반대를 무력화하며, 보수 정치인들의 후원회 조직으로 전환하는데 매우 능숙하다.

문화주의적 관점을 강조하는 학자들에게 교육체계는 조화나 위계와 같은 일본사회의 핵심 가치에 대한 사회화의 중요한 원천이다. 이러한 가치들은 미디어나 경찰과 같은 다른 사회제도들에 의해 강화된다. 일본의 공동체들은 조직에 대한 집단모델(group model)을 반영하는데, 상당히 독특한 편이다. 집단들이 때로는 공동으로 정치적 권력자들의 이익에 (저항운동에서와 같이) 도전하는 입장에 서기도 하지만, 양자는 대체로 타협과 이익 분배를 통해서 의견 차이를 해결하는 방법을 찾으려 한다.

제8장 일본의 대외관계

자위대 · 259
미일동맹 · 264
오키나와와 미군기지 · 269
일본과 아시아 · 271
일본과 중국 · 277
일본과 북한 · 281
원조정책 · 283
무역과 투자 · 286
국제화 · 290
기타 주요 관계 · 292
결론 · 293

중국은 2010년에 세계 제2의 경제대국이던 일본을 결정적으로 추월했다. 이러한 변화는 장기간 진행된 것으로 중국은 이미 많은 표준지표에서 앞서 있었다. 이는 재정이나 산업상의 영향력은 물론 정치적 영향력의 변화를 반영하는 것으로, 3위로의 추락은 일본에게는 중요한 상징적 순간이었다. 태평양전쟁 종전 이후 일본은 아시아에서 가장 중요한 국가였으며, 미국의 주된 동맹국이었다. 극적인 2008년의 베이징올림픽 이후, 중국은 국제무대에서 1964년의 일본이나 1988년의 한국보다도 더 앞자리를 요구했다.

일본의 경제적 영향력에도 불구하고, 제2차 세계대전의 유산인 두 가지 중요한 요인들이 일본의 국제적 역할에 오랫동안 방해가 되었다. 첫째는 중국과 한국은 물론 일본의 침략에 희생된 다른 국가들의 일본에 대한 오랜 불신이다. 둘째는 1947년 헌법에 포함된 공식적 '비군사화'를 반영한 주저함, 일본 스스로 가지고 있는 국제적 활동에 대한 망설임이다. 전쟁을 수행할 권리를 영구적으로 포기함으로써 일본은 스스로를 열외로 하였다. 이처럼 일본은 거대한 경제와 훨씬 작은 국제적 영향력이 결합된 '불완전한 강대국(incomplete superpower)'으로 묘사되었다. 동시에 일본은 천연자원 부족으로 석유와 원자재를 (각각 중동과 아시아로부터의) 수입에 크게 의존하고 있다. 이러한 의존은 일본이 대부분의 국가들과 우호적 관계를 유지해야 할 필요가 있고, 주요 공급자들을 적대시할 입장이 아니라는 것을 의미한다. 즉 일본은 국제질서의 유지에 큰 이해관계가 있지만, 질서를 유지하거나 확립하는데 도움이 될 만한 전통적인 수단이 부족하다.

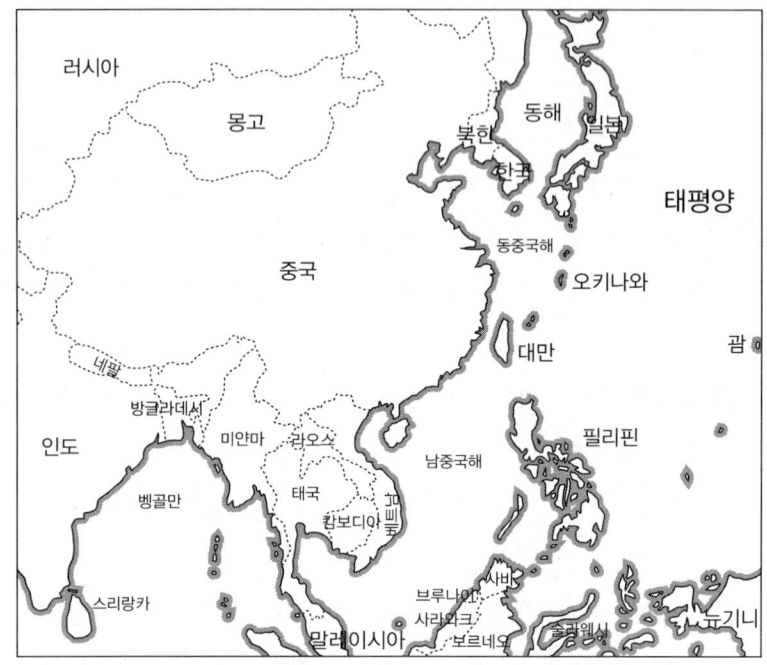

지도 8.1 아시아 태평양의 일본

일본의 상대적 무기력함을 분명히 상징하는 것은 유엔안전보장이사회의 구성이다. 일본의 경제력은 영국이나 프랑스보다 훨씬 크지만 안보리의 상임이사국이 아니다. 이러한 모순은 어느 정도는 세계의 주요 의사결정 테이블에서 상석을 차지하려는 제2차 세계대전 연합국들의 결정을 반영한다. 하지만 이는 또한 자신의 경제적 위치에 상응하는 국제적 지위를 요구하는 일본에 대한 각국 내부의 반대에서 기인한다. 일본은 오랫동안 (G8 멤버십에서 나타나듯이) 전 세계의 산업국가 중 우월한 지위를 누렸지만, 국제적으로는 물론 아시아에서도 지역 리더로서의 확실한 역할을 하지 못했다. 일본에 대한 수정주의 관점은 다른 국가들과 일본의 관계에 내재하는 모순들을 강조했다. 반면 주류적인 해석은 더욱 동정적인 시각을 제안하고, 문화주의자들의 관점에서는 일본의 국제적 위치의 독특한 역사적 특성을 강조한다.

 **자위대**

1947년의 헌법이 일본의 재무장을 금지했기 때문에, 미국은 냉전이 시작되면서 일본과 아시아태평양 지역을 소련이나 중국의 공격 위협으로부터 방어해야하는 부담을 져야만 했다. 이러한 책무는 닉슨 독트린과 1975년 베트남 철군에 따라 시간이 지날수록 축소되었지만, 여전히 한국과 일본 본토는 물론 필리핀과 오키나와에 엄청난 수의 미군이 주둔하고 있다.

국방에 대한 일본의 입장은 독특한데, 일본 헌법의 특수성 때문만이 아니라 이 쟁점에 대한 국내의 정치적, 심리적 민감성 때문이다. 태평양 전쟁 말기의 일본의 굴욕적인 패배는 모든 세대의 일본인들이 군국주의의 추구를 매우 불안해하고, 자신들의 정치 지도자들과 미국의 이익 및 의도를 상당히 의심하도록 이끌었다. 일본 헌법 9조를 단지 외부로부터 부과된 금지조항으로만 보는 것은 불충분하다. 이 조항은 다수의 일본인들, 특히 좌파나 자유주의적 관점을 가진 사람들에게 공감을 일으켰다. 이 조항의 전문은 다음과 같다.

1) 일본 국민은, 정의와 질서를 기조로 하는 국제평화를 성실하게 희구하여, 국권(国権)의 발동인 전쟁과 무력에 의한 위협 또는 무력의 행사를, 국제분쟁을 해결하는 수단으로서는, 영구히 포기한다. 2) 전항의 목적을 달성하기 위해, 육·해·공군과 그 외의 전력을 보유하지 않는다.

국가의 교전권(交戦権)은 인정되지 않는다.

우파는 자신들의 입장에서 보면 일본의 주권을 침해하는 것 같은 헌법 조항이 늘 불편했다. 다수의 자민당 고위 정치인들을 포함하는 보수주의자들은 일본의 군사적 역할 확대를 위한 다양한 방법을 수차례 추구하였다. 외교정책 이슈가 일반적인 국내정치 의제와 구별되는 것으로 인식하는 대부분의 나라들과 달리, 일본의 방위정책 문제는 항상 정치적으로 가장 중요한 것이었다. 헌법 9조를 창조적으로 재해석한 결과로, 일본의 자위대(自衛隊, Self-Defense Forces)는 상당히 모호한 지위를 누렸다. 자위대는 '전수방위(專守防衛)' 원칙을 택하고 있는데 그 의미는 다음과 같다.

- 공격받았을 때에만 대응할 수 있다.
- 방어에 필요한 최소한의 대응만을 해야 한다.
- 자위대의 역량은 방어에 필요한 최소한으로 제한되어야만 한다. 즉 공격용 무기나 전략 무기를 보유하지 않아야 한다.

국제법에서 '자위(self-defence)'는 개별적 방어와 집단적 방어를 모두 포함하지만, 9조는 대체로 개별적 방어행위만이 허용되는 것으로 해석된다. 군사적 위기가 있을 때 이 규정을 어떻게 지킬 수 있는가는 분명하지 않다. 헌법에 따르면 자위대는 민간통제 하에 있으며, 총리와 내각에 책임을 져야 하고, 자위대원들은 모두 민간인 신분이어야만 한다. 징집은 금지되어 있으며, 자위대의 해외 파병도 금지되어 있다. 이 마지막 규정은 법에 근거한 것은 아니지만, 1954년에 참의원(参議院)에서 결의안이 통과되었다.

일본의 국방정책은 1976년의 방위계획대강(防衛計画の大綱, 방위대

강)을 통해 명확해졌다 (George, 1988: 239-245). 여기에는 자위대가 두 가지 주요 임무를 수행할 수 있는 특정한 무력 수준에 이를 때까지, 일본의 방위 능력을 점진적으로 개선하는 원칙이 포함되었다. 두 임무는 평시의 충분한 경계(警戒)와 한정적이고 소규모인 침략에 대처할 수 있는 능력이다. 국민들을 안심시키기 위하여, 방위계획대강에서는 일본 군사비 지출을 국민총생산(GNP)의 최대 1퍼센트 범위로 제한한다 (이 비율은 1988년과 1989년에 공식적으로 초과되었으며, 1퍼센트 목표를 맞추는 데 이용된 회계 절차에 대한 의문이 제기되었다). 1976년 이래 출간된 일본 방위백서는 4가지 핵심 요점을 강조한다.

- '전수방위(專守防衛) 정책' (즉 공격받기 전에는 무력을 사용할 수 없다)
- 결코 다른 국가를 위협하는 군사력을 보유하지 않겠다는 약속
- 핵무기를 보유하지도, 만들지도, 반입하지도 않는다는 비핵3원칙의 고수
- 군대는 민간 통제 하에 있을 것이라는 약속 (Defence Agency, 1997: 103-104)

그러한 상황의 아이러니는 비록 자민당이 경제성장을 촉진하는 정책들에 힘입어 계속(1955~1993, 1994~2009) 권력을 잡았지만, 일본 국민들의 대다수는 방위문제에 대해 대체로 야당·미디어 '평화연합'의 관점을 지지한다는 것이다. 최근 더욱 분명한 방위정책을 요구하는 국민들이 증가했지만, 자민당은 대개 일본의 방위정책을 규정하는데 있어서 상당히 비밀스럽다. 논쟁이 되는 분야는 다음과 같다.

- '자위(自衛)의 원칙'은 무엇을 의미하는가?

- '최소한의 방어 능력'은 무엇을 의미하는가?
- '한정적이고 소규모인' 침략은 무엇을 의미하는가?
- 자위(자기 방어) 규정 하에서 방어되어야 하는 분야는 무엇인가?

이러한 이유로, 일본은 항상 미국에게 특정한 방위 기능을 인수하거나, 구체적인 방위 분담을 하겠다고 명확하게 약속하는 것을 꺼린다. 물론 일본은 조용하지만 꾸준히 자위대의 규모와 힘을 증가시켰다. '보통국가화'로 가는 하나의 중요한 상징적 변화는 2007년 당시 아베 정부의 강력한 추진으로 방위청(防衛庁)이 방위성(防衛省)으로 공식 승격된 것이다.

1992년에 국회는 원칙적으로 자위대 대원들을 국제평화유지활동에 배치할 수 있도록 하는 국제평화협력법(国際平和協力法 또는 PKO協力法)을 승인했다. 이후 자위대는 주로 유엔의 지휘아래 캄보디아, 동티모르, 앙골라, 모잠비크, 골란고원 등 여러 곳의 PKO활동을 위하여 파견되었으며, 다양한 인도주의적 활동과 선거감시 활동을 수행하였다. 좌파와 자유주의자들에게는 '평화'라는 이름을 붙이고 UN 산하로 수행되는 자위대 활동에 반대한다는 것이 다소 까다로운 문제였다. 그럼에도 불구하고 보수 정치인들에게는 자위대 해외배치의 선례를 남기고 일본이 보통국가로 기능한다는 생각을 확고하게 하도록 기획된, 계산된 움직임이었다.

이러한 보수주의자들의 전략의 성공은 1, 2차 걸프전에 대한 일본 내의 대조적 반응에 잘 나타나고 있다. 1990년에는 국내의 반대와 자민당의 취약함 때문에 일본은 쿠웨이트에서 이라크를 축출하려는 미국 주도의 전쟁을 지지하지 않았다. 대신 일본정부는 전후 재건에 130억 달러를 제공하였다. 미국은 일본이 물리적 도움을 제공하지 않는 것에

대해 상당한 불쾌감을 표시했다. 그러나 2004년에는 미국 주도의 유지 연합(有志聯合, coalition of the willing)에 의한 이라크 공격 이후에, 재건 활동을 위하여 600명의 자위대원을 이라크 남부도시인 사마라에 파견했다. 네덜란드군 그리고 나중에는 영국군과 미군이 자위대에 대한 경비(警備)를 제공했는데, 이는 자위대가 자기 방어를 위해 공격을 해야 하는 위험을 피하기 위해서였다. 이 때 일본은 재건사업들을 위한 재정적 지원으로 50억 달러만 지출했으며, 자위대를 배치했다는 상징성은 금품외교(chequebook diplomacy, 경제적 원조 등을 이용한 외교정책 – 역자 주)보다 훨씬 더 가치가 있었다. 이라크 파병은 2003년 이라크부흥특별조치법(イラク復興特別措置法)의 통과로 가능하게 되었는데, UN의 지원 하에 수행된 것이 아니었고, 엄밀하게 말하면 평화유지활동도 아니었다. 실제로 이것은 1945년 이후 최초로 전시에 일본 부대를 파병한 것이라고 할 수 있다. 일본은 아프가니스탄에 지상부대를 보내지는 않았지만, 한동안 해상에서 미 해군의 재급유를 지원했으며, 2011년 초에는 10명의 자위대 의료팀을 파견했다.

 보수적 의원들은 이라크에서의 선례가 헌법 9조의 개정을 중심으로, 개헌을 촉진할 수 있는 길을 열기를 희망했다. 헌법 개정에 대한 요구 – 9조의 개정이나 폐지 – 는 1990년대에 요미우리 신문사와 다양한 행위자들이 지원하던 정치적 논쟁의 핵심 주제였다 (Boyd and Samuels, 2005: 27-34). 2007년에 강경파인 아베 총리의 주도로, 국회에서 헌법 개정에 관한 국민투표를 허용하는 법안을 통과시켰다. 그러나 그 직후 아베가 사임하게 되고 국민들의 지지가 시들해지면서, 국민투표 실시에 대한 3년간의 유예 기간이 지나버렸다.

 미일동맹

미국과 일본의 안보관계는 점령기 이래로 발전되었는데, 미국은 일본이 군사적 역량을 확대하도록 점차 압력을 가했다. 양국관계의 특성에 대해 다양한 관점이 존재했는데, 전직 주일 미 대사인 맨스필드(Mike Mansfield)는 미일관계가 모두에게 가장 중요한 양자(bilateral)관계라고 주장한다 (Mansfield, 1989). 비관적인 미국인들의 관점에서는 일본은 외교정책 구상에 의해 '봉쇄되어야' 하는 잠재적으로 위험한 세력이다. 좌파 일본인들은 미일안보동맹을 군사적으로 점령(Occupation)이 지속되고 있는 것이라고 비판한다.

1950년 초에 미국은 한국으로 이동하는 미군을 대체하기 위해 7만 5,000명 정도의 예비경찰(police reserve)을 설립하도록 명령했다 (George, 1988: 245-246). 1951년에 미일안보조약(日米安保条約)이 체결되었다. 미국은 일본에서 군사력을 유지할 것이지만, 일본이 자신의 방위에 대한 책임을 점차 늘려갈 것이라는 단서를 명시했다. 태평양전쟁 이후 미일관계 최악의 해는 상호방위조약을 개정한 1960년이었다. 새로운 '미일안보조약'은 대규모의 반대에 부딪쳤고 수 백만 명의 성난 시위대가 길거리를 점령하였다. 그러나 이 조약은 어떤 의미에서 일본에 매우 유리한 것이었다. 미국은 일본을 방어하기로 약속했지만, 일본은 미국을 돕기 위해 움직인다는 약속을 하지 않았다. '상호' 조약은 완전히 일방적인 것이었다. 그러나 평등성의 부족으로 일본은 미국과의 지속적인 우호 관계에 의지해야 하는, 전적으로 미국에 종속된 위치에 처하게 되었다. 일본의 경제력이 강해짐에 따라, 미국에 대한 정치적 의존 관계가 점점 더 문제가 되었다.

일본의 경제적 지위의 변화에 대한 인식과 함께, 미국은 1969년의

'닉슨 독트린(Nixon doctrine)'에 따라 아시아의 동맹국들에게 자신들의 방위비 부담을 더 늘리도록 요청했다. 베트남에서의 큰 실패로 아시아태평양 지역에서 군사적으로 연루되는 것에 대한 미국의 열의가 줄어들었다. 그리고 점차 미국의 방위비 중 더 많은 몫을 일본이 부담하기를 기대했다. 1980년대 중반에 일본은 자국 내의 미군에 대하여 1인당 대략 2만 1,000달러를 부담했고, 일본정부는 1990년에 미군 주둔비 전체의 50퍼센트를 분담하는데 합의했다. 미국은 명목 국민총생산(GNP)의 1퍼센트라는 일본의 방위비 상한선을 못마땅해 했고, 계속해서 2~3퍼센트로 올리도록 압력을 가하였다. 계속 증가하는 일본에 대한 무역적자도 미국의 우려를 더했다. 1979년의 이란혁명 이후, 미국은 잠재적 군사 위협에 대한 자신들의 대응 범위가 지나치게 확대되었다고 믿기 시작했다. 따라서 일본이 자신의 영해와 영공 근처의 지역 안보에 더 큰 책임을 져야한다고 믿었다.

미국의 압력에 대한 일본의 첫 반응은 방위에 있어서 '무임승차'를 즐기고 있다는 비난에 대한 반박이었다. 일본정부는 소위 '포괄적 방위정책'을 강조했는데, 이는 종합적인 안보전략의 일환으로 개발원조와 식량 및 에너지 공급을 확보하기 위한 노력을 포함하는 것이다(George, 1988: 257-259). 즉 일본이 실질적이고 직접적인 군사적 공헌은 하지 않았지만, 다양한 방식으로 전 세계의 정치적, 경제적 안정에 기여했다는 것이다. 미국은 이러한 주장을 거의 받아들이지 않았지만, 방위비와 방위활동의 적절하고, 점진적인 증가를 선호하는 사람들은 계속해서 이러한 주장을 하였다.

나카소네 야스히로(中曽根康弘) 총리 집권기(1982~1987)의 일본 외교정책은 분명한 변화가 있었다. 나카소네는 방위문제에 있어서 강경파의 입장을 취했다 (George, 1988: 261). 그의 집권기에 방위청은

'자위(自衛)'의 개념이 단지 일본 영토, 영해와 영공에만 적용되는 것이 아니고 일본의 인근 지역으로 확대될 수 있다는 성명을 발표했다. 이는 자위(self-defence) 개념에 대한 해석에 있어서 중요한 변화였고, 미국의 요구를 만족시키는데 더욱 가까워진 것이었다. 나카소네는 또한 국민총생산의 1퍼센트 상한선을 돌파하려고 했고, 여론에 직접 호소하면서 몇몇 노력을 하였다. 더 많은 일본 국민들이 자위대와 미일안보조약에 대한 기정 사실(fait accompli)을 받아들이기 시작했지만, 이것이 방위에 있어서 일본의 역할 확대를 정부가 지지하는 만큼 일본 국민들도 지지한다는 것을 의미하는 것은 아니다.

현재 자위대의 군사력은 어느 정도인가? 한편으로 일본은 상당한 규모의 군사 자산(military assets)을 보유하고 있으며, 현재 미국, 중국, 영국에 이어 전 세계 4위의 방위비 지출국으로 프랑스, 독일, 사우디아라비아, 러시아가 뒤를 잇고 있다 (ISS, 2011: 33). 2009년 지출액은 2001년보다 조금 적었는데, 대략 4.77조 엔 (약 511억 달러) 이었다 (ISS, 2011: 245-248). 2009년의 총 병력수가 24만 7,746명이었는데, 육상자위대가 15만 1,641명, 해상자위대 4만 7,123명, 항공자위대 4만 5,600명이다. 자위대는 374대의 지상전투기, 95대의 해상전투기, 49척의 전투함과 잠수함 18척을 보유하고 있다.

그렇지만 최근에 일부 분석가들은 일본의 군사력이 중대한 공격에 이를 정도 버틸 수 있는 수준이라고 주장한다. 일본의 방어적 태세는 일본이 단지 제한된 역량을 보유하고 있음을 뜻한다. 하나미(A. K. Hanami)에 따르면 "국방 예산의 상당 부분이 실제 전투력으로 쉽게 전환되지 않는다" (Hanami, 1993: 595). 버클리(Roger Buckley)는 일본의 상당한 방위태세에도 불구하고 "일본이 해외의 비상사태로부터 자국민을 구조하는 임무를 훨씬 벗어나서 자위대를 배치하는 일은 거의 없을 것이라"고 주장한다 (2002: 223).

반대로 조지(Aurelia George)는 일본이 방위문제에 있어서 '무임승차자'라는 전통적인 관점이 재평가되어야 한다고 주장한다. 일본은 전후 시기 초의 미국의 약하고 의존적인 동맹국에서 군사적 역할이 자위(自衛)의 경계를 넘어서는, 지역의 강력한 중견국가로 진화하였다. 여전히 미국의 안보 우산에 의존하고 있지만, 일본은 일정 수준의 지역적 전투력 투사를 통해 집단안보 국가의 하나로 변화하기 시작했다 (George, 1988: 237). 이노구치 다카시(猪口孝)는 미국과 일본 사이에 양자 관계를 어둡게 하는 '기능적 격차(functional disparity)'가 있다고 주장한다 (Inoguchi, 1993: 58-60). 두 국가 모두 보호주의를 향한 상당한 기득권과 외교정책보다 국내 정치적 고려를 우선시하는 경향을 가지고 있다. 이노구치에 따르면,

> 한쪽에게는 상대방이 투명성이 부족하고 외압(外壓, foreign pressure)에 지나치게 의존적으로 (일본정치에 대한 미국의 시각), 다른 쪽에게는 예측 불가능하고, 독단적이며, 잘난체하는 체제로 (미국정치에 대한 일본의 시각) 보이는 것은 상대 국가를 상당히 불안하고 성가시게 하는 것 같다. (Inoguchi, 1993: 59)

일본의 정책변화가 외부의 압력에 의해 일어나는 정도에 대한 논쟁이 있다. 일본은 그저 수동적으로 반응하는(reactive) 국가인가? 외부인들에게는 일본이 이렇게 비쳐진다. 하지만 이노구치는 심지어 자민당도 하나의 정책 변화를 위해서는 합의를 구성해야하는, 일본정치의 복잡성을 제대로 평가하지 못한 것이라고 주장한다. 그러므로 자민당 정부에서 추진하려 했던 방위정책들은 실제 정책과 자주 불일치하기도 했다.

일본과 미국은 1997년 9월에 새로운 '미일방위협력지침(日米防衛協力のための指針)'을 공표했다 (Katahara, 1998: 70-73). 이 지침은 1960년의 미일안보협약의 개정판도 아니고, 북한문제와 같은 특수한 지역적 긴장도 직접적으로 다루지 않았다. 그렇지만 새로운 지침은 정보 공유의 확대 (일본은 미국 기관의 첩보를 '실시간'으로 받게 되었다), 유엔 평화유지활동이나 인도주의적 활동 참여시 미국과 일본의 협력, 쌍무적인 방위계획과 훈련의 강조 등 몇 가지 중요한 점들을 포함하고 있다. 중요한 것은 이 지침이 '무력 공격을 받을 경우 이에 대한 즉각 조치와 격퇴에 일본이 주된 책임을 가질 것'이라고 언급하고 있다는 것이다. 미국은 만약 일본에 대한 공중 공격이 있을 경우 타격력(strike power)을 제공하는 등의 지원 역할을 주로 하게 될 것이다. 미일안보관계에 대한 비판이 계속되고 있다. 아사히신문의 다오카 슌지(田岡俊次)와 같은 평론가들은 새 지침에 나타난 변화를 '연약한 지반에 위치한 집을 더욱 무겁게 만드는' (냉전의 종식으로 미일동맹의 근거가 약화되었는데, 동맹을 더욱 강화하고자 시도한다는 의미 - 역자 주) 사례라고 주장한다 (Taoka, 1997).

일본은 2007년에 미국과의 핵심적 안보관계를 포함하는 한편, 이를 넘어서는 태평양 지역의 '가치 기반' 동맹의 호(arc)를 구상하며 호주와의 안보조약을 맺었고, 인도와의 협력을 위한 예비 교섭을 하였다. 하지만 일본의 미군 기지들에 대한 논란이 이러한 관계의 중심 문제로 계속해서 반복되고 있다.

오키나와와 미군기지

일본에 위치한 상당수의 미군 기지들이 탈 냉전기에 점차 문제가 되었다. 일본에는 3만 6,000명에 이르는 미군과 제7함대와 제3해병원정군의 본부를 포함한 수십 개의 기지가 있다. 일본 자체를 보호하는 것만큼이나, 태평양에서 '가라앉지 않는 항공모함'(항공모함 같이 군사력을 투사하는데 사용되는 섬이나 지역 - 역자 주)으로서의 역할을 하고 있음에도 불구하고, 일본정부는 기지와 관련된 비용의 상당부분을 분담하고 있다. 미국은 1992년에 필리핀에 있는 기지를 철수시켰는데, 일부 일본인들은 이것이 미군 기지를 감축하는 전례가 되기를 희망했다. 호소가와(細川) 전 총리를 비롯한 유명 정치인들은 '미군기지 없는 미일동맹'이라는 새로운 정책을 요구했다. 이 주장의 지지자들 일부는 기지가 일본정부의 통제로 되돌아가야한다고 제안했지만, 여전히 미군들이 사용했다. 그러나 비판하는 사람들은 주일 미군의 규모와 지위의 축소가 잘못된 신호를 주게 되고, 중국이나 북한에 의한 적극적이고 공격적인 움직임을 부추길 수도 있다고 주장한다.

나중에 미국은 일본에 배치된 미군의 점진적인 축소를 제안했다. 이 계획은 8,600여명 가량의 해병대를 오키나와에서 미국령 괌으로 이동하는 것을 포함한다. 주일 미군의 거의 3/4이 규슈(九州)와 대만 사이에 있는 오키나와 섬 지역에 주둔하고 있다. 오키나와는 점령이 끝난 후에도 20년 이상을 미국의 점령지로 남아있었으며, 1972년이 되어서야 공식적으로 일본의 관할로 되돌려졌다. 다수의 오키나와 사람들은 잦은 대중 시위의 초점이 되는 미군기지에 대한 강경한 비판자들이다. 1995년에 일어난 어린 여학생에 대한 미 해병 3인의 윤간 사건부터 2004년 군용 헬기의 대학건물 충돌사건에 이르기까지, 일련의 사고들이 넓은 지역을 점유하고 있는 미군 기지에 대한 대중적 분노를 일으켰고, 상당히 부정적인 사회적 파급을 낳았다. 미국과 일본정부는 1996년에 가장 논란이 되고 있는 오키나와의 후텐마(普天間) 공군기지를 오키나와의 북동쪽 해안지역으로 이전하는 것에 원칙적으로 합의했다. 그러나 오키나와에 새로운 공군기지를 짓는다는 것은 정치적으로 사실상 불가능했는데, 일본정부는 이 합의를 수행하는데 계속해서 실패했다 (Curtis, 2011b: 2). 2009년 자민당 정권이 민주당 정권으로 교체된 이후, 하토야마(鳩山) 총리는 후텐마 기지의 폐쇄를 요구했고, 오키나와 현외(県外) 또는 가급적 일본 국외(国外)로의 이전을 요구했다. 나중에 생각을 바꿔서 원래 계획에 따른 재배치에 동의했지만, 하토야마는 곧 총리직에서 물러났다. 부분적으로는 그가 방위문제에 대한 미국의 우선권과 일본의 종속에 감히 의문을 제기하고, 그 결과 미국에 평판을 잃었기 때문이다 (Wright, 2010: 459). 라이트(Wright)는 기득권을 가진 세력들의 저항은 있지만, 후텐마 기지의 해병대를 인근의 가데나(嘉手納) 공군기지로 이전하는 것이 가능했었다고 주장한다.

오키나와는 다양한 측면에서, 지역민들의 의견이나 민주주의 원칙이 거의 작동하지 않는, 사실상의 미국의 군사 식민지로써 기능함에 따라 상호방위조약의 모순을 전형적으로 보여주고 있다. 미국과 일본정부는 계속해서 오키나와의 비군사화(demilitarization)와 미일안보관계의 재균형을 뒷받침할 창조적 해결책을 마련하는데 실패했다. 맥코맥(Gavan McCormack)은 오키나와에 새로운 기지를 건설하는데 대한 대중들의 저항 수준이 2011년 말에 최고조에 달했고, 어떤 일본정부도 그러한 계획을 진행할 수 없을 것이라고 주장했다 (McCormack et al., 2012).

일본과 아시아

일본은 아시아의 영감(inspiration)의 원천이고, 경제적, 정치적 발전에 있어서 최고의 협력자인가? 아니면, 일본은 아시아를 지배하고 착취하기 위해 아시아적 정체성을 이용하려고 하는가? 이런 애매모호함은 1931~1945년 일본이 대부분의 동남아시아와 동아시아 지역을 침공하고 점령했을 때 명확해졌다. 일본은 아시아인들을 위해 아시아를 해방했다고 주장하지만, 실제로는 자신들의 뜻대로 할 수 있도록 괴뢰정부를 설립했다.

애초부터 고심했어야 하는 모순 하나는 일본 스스로가 아시아적 정체성에 대해 모호했다는 점이다. 외부적 관점에서 일본은 명백하게 아시아 국가다. 하지만 이것은 모든 일본인들이 자신들에 대해 공감하는 시각이 아니다. 일본은 오랫동안 자신을 서구 산업국가들의 명예로운 일원으로 간주하였다. 반면 아시아 대륙과 직접적으로 연결되지 않은 섬나라로서, 일본은 자신을 뚜렷이 구분되는 독립체로 간주하는 경향이 있다. 1885년에 일본의 지식인 후쿠자와 유기치(福沢諭吉)는 "탈아론(脱亜論)"이라는 제목의 신문 사설에서 다음과 같이 썼다.

> 일본은 아시아의 동쪽 변방에 있지만, 일본인들의 정신은 아시아의 고루(固陋)함을 넘어서 서양 문명을 향하고 있다. … 일본은 이웃국가들의 개명(開明)을 기다려 함께 아시아를 부흥할 수 없다. 서양의 문명국들과 진퇴(進退)를 함께 해야 한다. (Rowley and do Rosario, 1991: 17에서 인용)

실제로 서양과의 경쟁심과 아시아에 대한 우월감이 일본 제국주의로 이어졌고, 처음에는 조선과 만주를 합병했으며, 결국에는 동남아시아를 침략하였다.

  일단 일본이 서구 국가들을 경제적으로 추월하고 앞서나가는데 성공하게 되자, 적어도 이론적으로, 일본이 자신의 위치에 어울리는 국제적 역할을 하기 위하여 아시아에 재합류해야 한다는 인식이 있었다. 하지만 일본 내의 이주노동자에 대한 부당한 대우에서 나타나듯이, 일본인들의 생각과 행동에 아시아에 대한 부정적 고정관념이 여전히 남아있다. 아시아에서 산업화가 신흥공업국(NICs, 한국, 대만, 싱가포르 등 – 역자 주)에서 동남아시아 국가들로 확산됨에 따라 이들과의 무역관계의 속성이 상당히 변하였음에도 불구하고, 일본인들은 여전히 다른 아시아 국가들을 천연자원 공급처로 인식하는 경향이 있다.

  부분적으로 일본의 서양에 대한 편향은 태평양전쟁 이후 국제 환경의 직접적 결과이다. 동남아시아와 그 밖의 지역에서 일본의 모험주의는 지속적인 불신이라는 유산을 남겼다. 반면 미국의 점령은 다른 아시아 국가들과의 관계보다 우선시되는 미국과의 밀접한 정치적, 경제적 관계의 출발점이 되었다. 일본 학자인 시부사와 마사히데(渋沢正弘)는 심지어 다음과 같이 주장한다.

> 전후에, 일본은 사실상 아시아대륙으로부터 완전히 추방되었으며, 앞으로 형성될 어떤 지역체제에 참여할 수 있을 것이라는 전망도 없이, 거의 자신의 재주만으로 살아남아야 했다. 전시의 기억이 여전히 생생한 가운데, 동북아시아나 동남아시아 국가들 중 누구도 어떤 형식으로든 일본이 관여하는 것을 원치 않았다. (Shibusawa, 1984: 158)

그는 이 상황을 전후 시대에 이웃국가들에 의해 새로운 유럽질서로 통합된 전후 독일의 상황과 대비시켰다. 1950년대와 1960년대에 일본은 경제 재건을 추진하는데 집착하였고, 농업을 보호하고 보조금을 제공하였다. 동남아시아 지역에 대한 일본의 주요 투자는 주로 천연자원의 공급지 확보였는데, 주로 인도네시아로부터의 원유 공급이었다. 1960년대 초 이케다(池田) 총리는 일본이 경제 발전을 통해 국제적 지위를 확고히 할 것을 요청하였고 이후 '경제 제일주의(economism)' 분위기가 확립되었다.

1960년대 말, 일본은 대부분의 동남아시아 국가들의 주요 교역대상국이 되었다. 1970년대에는 신흥공업국들(한국, 대만, 홍콩, 싱가포르)의 시장에 진출하고 생산 공장을 이전하고자 그곳에 상당한 투자를 시작했다. 그러나 1970년대 초반에 태국과 인도네시아에서 격렬한 반일 시위가 일어났는데, 이는 경제적 성공이 반드시 국제적으로 긍정적인 이미지로 연결되는 것은 아니라는 점을 보여준다. 다나카(田中) 총리가 1974년에 동남아시아 지역을 순방했는데, 적대적인 군중들로부터 야유를 받는 수모를 당했다.

1967년에 처음 아세안(ASEAN)이 설립되었을 때, 일본은 깊은 인상을 받지 않았다. 인도네시아가 아세안 형성의 주도국이었지만 당시에는 경제적으로 힘든 상태에 있었다. 아세안에 대한 일본의 태도는 1975년 사이공의 함락 이후에 변화했다. 일본은 동남아시아와의 관계에 있어서 더 이상 미국에 의존할 수 없다는 것을 깨달았고, 일본의 시장과 천연자원의 공급지는 새로운 외교관계를 통해 안정화되어야 했다. 일본의 분위기에 큰 변화가 있었는데, 상호이해와 네마와시(根回し, 사전교섭)의 관점에서 대화를 시작했고, 사업거래와 무역협정의 기초를 닦았다. 아세안 국가들 또한 일본의 중요성을 인식했다. 미국이 베트남에서 패배하게 되자, 그들은 다른 곳에서 성공과 발전의 모델을 찾기 시작했다.

일본의 후쿠다 다케오(福田赳夫) 총리는 1977년 동남아시아를 방문하면서 15.5억 달러의 경제 원조를 약속했고, 일본과 동남아시아 관계의 새로운 틀을 요청했다. 그는 상호이해에 기초한 '격의 없는(heart-to-heart)' 관계를 약속했고, 일본이 재무장할 의도가 없다는 것을 맹세했다. 이는 후쿠다 독트린으로 알려지게 되었고, 오늘날까지 상당히 온전하게 이어지고 있다. 일본과 아세안 국가들 사이의 친밀한 관계가 후쿠다 독트린의 핵심이었지만, 일본은 또한 인도차이나의 국가들, 특히 버마(미얀마)와의 좋은 교역관계를 추구했다. 일본은 아세안과 인도차이나의 사회주의 국가들 간의 협력이 증진되기를 희망했다. 목적은 동남아시아의 안정을 보장하기 위해 경제적 수단을 이용하는 것이었고, 따라서 군사력을 사용할 필요성이 배제되었다. 1974년 다나카가 동남아시아 지역을 방문했을 때의 실패와 1977년의 후쿠다의 성공은 명확하게 대조적이었다.

태국의 정치학자인 차이왓 캄추(Chaiwat Khamchoo)는 후쿠다 독트린이 '경제의, 경제에 의한, 경제를 위한 무역업자의 외교'였다는 한 일본 학자의 말을 인용했다 (Khamchoo, 1991: 8). 후쿠다 독트린에 완전히 새로운 것은 없었으며, 이는 기본적으로 일본이 기존에 가지고 있던 입장을 재확인한 것이다. 캄추는 동남아에 대한 일본의 정책을 '계몽적 국익(enlightened self-interest)의 선언'으로 인식한다 (Khamchoo, 1991: 10). 이러한 발상은 일본의 경제적 이익과 동남아시아의 발전을 연결하는 것이었다. 여기서 발전이 일본에 의존하고 있는 것은 분명하다. 후쿠다 독트린은 어떤 잠재적인 갈등에도 접근할 수 있는 '전방위 외교정책(omnidirectional foreign policy)'의 핵심이었다. 크로닌(Richard Cronin)은 이에 동의하지 않는 다수의 학자들 중 하나로, 후쿠다 독트린을 전환점으로 본다. "제2차 세계대전 이후 최초로, 일본은 의식적으로 동남아시아 지역에서의 자신의 이익을 명확하게 표현하기 시작했다"(Cronin, 1991: 60). 이러한 변화의 한 예는 일본이 1980년대의 캄보디아 충돌과 같은 곤혹스러운 문제들에 중립적이지 않았다는 점이다. 일부 기업부문의 압력에도 불구하고, 일본은 베트남의 캄보디아 침공 이후에 베트남에 대한 원조를 중단하였다. 그렇게 함으로써 일본은 아세안 국가들의 입장을 지지하였다.

1980년대에 일본은 아세안 국가들, 특히 태국, 인도네시아, 말레이시아에 많은 투자를 시작했다. 일본의 아시아에 대한 높은 투자 수준에도 불구하고, 여전히 미국과 유럽에 대한 투자가 더욱 많았다. 일본의 동남아시아 투자 전략에 관해 한 가지 주의사항이 있었다. 일본 기업들은 어떠한 지역산업(local industry) 부문이든 자신들의 시장점유율이 30~40퍼센트를 넘지 않도록 해야 한다는 비공식적 합의를 했던 것으로 보인다. 그럼에도 불구하고 일부 분야에서는 어렵다는 점이 드러났다. 자동차 산업을 예로 들면, 일본 모델들이 아시아 전체를 통틀어 가장 압도적이었다. 동남아시아 지역에서 일본 제품의 다양성과 탁월함은 명성 그대로였다. 공산품은 물론 비디오 게임이나 만화와 같은 문화상품들도 이 지역에 널리 퍼졌다.

일본 기업들에 대해 분노하는 한 가지는 그들이 현지인 직원들에게 관리 책임을 이양하는 것을 꺼린다는 점이다. 이 점에서는 일본 기업들이 미국이나 유럽 회사들에 비해 수십 년 뒤쳐진 것으로 생각된다. 많은 일본 회사들에서 명목상의 인사 관리자를 제외하고는 사실상 핵심 직위에 현지인들이 없다. 동남아시아에서 일본에 대해 가장 혹평하는 사람들은 신식민주의(neo-colonialism)라고도 비판하는데, 필리핀 민족주의 작가인 리나토 콘스탄티노(Renato Constantino)는 '제2의 침략(1989)'이라고 불렀다. 그는 필리핀에 대한 일본의 초기 투자가 '공해를 일으키고, 채굴하거나, 천연자원을 생산하는 노동집약적 산업'에 집중되어 있음을 지적했다 (1989: 45). 그는 가와사키제철(川崎製鉄)에 의해 설립된 공장을 사례로 인용했다. 언뜻 보기에는 필리핀에서 제철산업이 시작된 것으로 보이지만, 이러한 인상은 현실을 오도하는 것이다. 그 공장은 제철 과정에서 가장 많은 공해를 일으키는 단계인 '소결(燒結)' 과정에 전념하고 있으며, 다른 모든 공정은 일본에서 수행되고 있다. 소결 과정을 일본 밖으로 이전함으로써, 가와사키제철은 환경 문제로 인한 국내의 저항에서 벗어날 수 있었다.

일본이 1997년 중반부터 동남아시아 지역을 괴롭힌 아시아 금융위기에 대해 명확하고 분명한 대응에 실패하게 되자 동남아시아 국가들은 크게 실망했다. 이 지역에서 리더십을 더욱 확고히 할 수 있는 절호의 기회를 놓치게 되었는데, 이는 부분적으로 일본이 미국의 적대감을 일으킬 수 있는 독립적 계획을 세우는 것을 꺼렸기 때문이다. 1997년 9월에 잠시 제기된, 일본이 지원하는 '아시아 위기 기금' 구상은 미국에 의해 거부되었다. 미국은 그러한 계획이 국제통화기금(IMF)과 세계은행(World Bank)의 역할을 약화시킬 것으로 우려했다. 그럼에도 불구하고 위기를 맞은 국가들에 대한 300억 달러 규모의 엄청난 금융 지원을 포함하는, 1998년의 '신미야자와구상(新宮澤構想)'은 이 지역에서 일본의 경제적 중요성을 강화하는데 도움이 되었다. 실질적인 개혁을 촉진하기보다는 기존 모델에 새로운 활기를 불어 넣는 것을 강조하였다 (Hook *et al*., 2001: 205-206). 돌이켜보면, 일본의 동남아시아 지역에 대한 투자와 영향력은 새천년 전환기가 절정이었던 것 같다. 한국은 제조업과 문화산업의 강력한 경쟁자가 되었고, 지역 강대국으로서의 중국의 부상은 거침이 없었다. 그러나 일본은 아직 아시아와 서구 사이에서의 어려운 선택을 하지 못했다. 일본정부는 특히 2011년에 새로운 무역권인 환태평양경제동반자협정(Trans-Pacific Partnership)의 참여에 관심을 표명했지만, 이 문제를 결정하지 못했다 (Pilling, 2011).

 **일본과 중국**

일본과 중국의 관계가 가장 중요하다. 두 문명사회 간에는 많은 유사점이 있으며, 다도(茶道), 젓가락, 한자(漢字)와 같이 많은 사람들이 일본문화의 '고유한' 특징으로 추정하는 많은 것들이 사실은 중국문화에서 수입되고 차용된 것이다. 중국과 일본 모두 세계 속의 자신의 위상을 칭송한다. 일본은 자신을 근대의 서구 헤게모니에 도전한 첫 아시아 국가로 인식하며, 중국은 전 세계가 자신을 중심으로 돌아가던 고대 문명의 '중심 왕국(middle kingdom, 中華)'으로 여긴다. 즉 중국과 일본은 자신들을 전 세계에서 가장 두드러진 비서구 국가로 평가하며, 그렇지 않더라도 최소한 뛰어난 문명국으로 생각한다. 대다수의 서구 학자들은 미국과 소련의 투쟁을 20세기의 주요한 국제문제로 간주하지만, 중국과 일본에게는 자신들의 오래된 경쟁관계가 더 크게 보인다.

로즈(Caroline Rose)는 중국 지도자들은 일본문화의 많은 특징들이 중국에서 기원했기 때문에 일본이 중국에 문화적으로 큰 빚이 있다고 생각한다고 주장한다 (Rose, 1998: 8-10). 일본은 한때 중국의 조공국이었지만, 시간이 흐르고 전세가 역전되었다. 일본은 세계 질서 속에서 중국의 지위를 격하시켰고, 이는 19세기 중국의 명백한 군사적, 정치적 쇠퇴를 통해 분명해졌다. 1894년부터 1945년 ('2000년을 무색하게 만든 50년') 사이에 일본은 중국을 향한 제국주의적 침략정책을 추진했다. 중국의 무능과 부패로 1894년의 청일전쟁은 일본의 손쉬운 승리로 끝났고, 이후 일본은 중국이 모방해야 할 롤모델중 하나가 되었다. 1931년의 만주사변을 시작으로, 일본은 중국을 예속시키고 식민지화하였는데, 이 과정에서 많은 잔혹 행위를 저질렀다 (Rose, 1998: 14-16).

1949년의 중국혁명 이후, 다나카 가쿠에이(田中角栄) 총리가 (미국 닉슨 대통령의 주도 이후에) 양국의 국교 정상화를 위한 조치에 착수한 1972년까지 중국과 일본의 외교관계는 단절되어 있었다 (Mendl, 1995: 80-81). 이후에 중국과 일본의 경제관계가 활성화되기 시작했으며 양국은 1978년에 공식 평화협정을 체결하였다. 그러나 센카쿠 섬 (尖閣諸島) 문제와 같은 일부 중요한 쟁점들은 해결되지 않은 채 남아 있다. 중일관계는 1982년에 전시 중국에서의 일본의 활동을 다룬 일본 교과서의 기술 내용에 관한 극심한 갈등이 발생하면서 중대한 차질을 빚었다 (자세한 논의는 Rose, 1998). 맨들(W. Mendl)이 1980년대에 "양국 사이의 유대관계 망이 두터워졌다"고 했음에도 불구하고 (Mendl, 1995: 83), 중국은 이 쟁점에 대해 공식적으로 외교적 항의를 하였고, 이후 양국 간의 관계가 어두워졌다.

1989년 냉전 종식 이후에, 일본이 전체주의적 정치질서 내에서 시장경제를 ('일국양제') 작동시키는 데 몰두하고 있는 중국의 벤처기업에 많은 투자를 하게 됨에 따라, 양국 관계가 더욱 밀접해졌다. 1989년 6월의 천안문 광장의 유혈사태에 일본은 서구 국가들에 비해 '온건하게' 대응했다. 중국의 민감성을 의식하면서, 일본은 언제나 중국의 인권 기록에 대한 공개적 비판의 목소리를 내는 것을 꺼렸다. 예를 들어, 일본의 공영방송사인 NHK는 중국의 티베트 정책과 같이 논란이 되는 쟁점들에 대해서는 낮은 목소리를 내는 것으로 잘 알려져 있다.

1990년대의 중국과 일본 고위급 지도자들의 방문은 양국 관계를 개선하는데 도움이 되었다. 1992년 새로운 일본 천황(아키히토 천황 – 역자 주)의 방문은 특히 상징성 있는 방문이었다. 방문 중에 – 일본 군주의 첫 방문 – 그는 일본의 전시 활동에 대해 부분적으로 사과하였는데, 중국인들이 완전히 만족하지는 않았지만, 일본 보수정치인들 다수는 과도한 사과라고 생각했다. 과거사에 대한 상충되는 시각은 중국과 일본 사이의 갈등의 근원으로 남아있다. 자민당과 관료집단(특히 외무성) 내의 '친중파'의 점진적인 쇠퇴로 다양한 쟁점에 대한 상호간의 긴장이 더욱 명백해졌다. 20세기 말에 일본이 경제적으로 비틀거리자, 고속성장 중인 중국은 수 세기만에 처음으로 중일관계에서 우위를 차지할 실질적 기회를 얻었다. 일본이 우려해야 하는 것은 일본 때리기(Japan-bashing)가 아니라 일본 무시하기(Japan-passing)가 되었다. 즉 일본의 중요성의 감소는 중국에 대한 미국과 전 세계의 지대한 관심에 비교하면 걱정스러운 것이었다 (Hook *et al*., 2001: 171-172). 일본은 아시아태평양에서 2인자로 격하된 지위를 받아들여야만 했다. 이러한 위치는 엄청난 성공을 거둔 2008년의 베이징 올림픽에서 예고된 것이었다. 베이징올림픽은 이전의 도쿄올림픽(1964)이나 서울올림픽(1988)의 성공을 반복하고, 뛰어넘는 것이었다.

중국과 일본의 경제는 최근 수십 년간 밀접하게 엮이게 되었다. 일본은 산업생산(industrial production)의 많은 부분을 중국의 저비용 공장으로 아웃소싱하기 시작했으며, 2011년의 경우 중국은 일본 수출의 약 19퍼센트를 차지하는 시장이었다. 사무엘스(Richard Samuels)는 중국과 일본의 경제 관계가 2000년대 들어 팽창했지만, "중국의 지역 패권 위협에 대해 일본은 지속적인 대미 의존에 관한 특유의 애매함과 계획된 모호함으로 반응했다"고 주장한다 (2008: 166). 일본은 아세안+3와 동아시아 공동체(East Asian Community)와 같은 다자주의 포럼들을 통해 중국보다 우위를 점하려고 했지만, 더욱 노련한 중국의 외교에 의해 계속해서 허를 찔렸다. 그 사이에 양국은 잠재적으로 서로를 위협하는 정도로 중범위(medium-range) 군사력을 증가시켰다. 일본 방위성은 중국의 침략에 대한 3가지의 시나리오에 대비하여 광범위한 계획을 세웠다 (Samuels, 2008: 169). 일본은 또한 해상(maritime) 능력을 상당히 증강했다. 부분적으로 해상보안청(海上保安庁)에 많은 투자를 하였는데, 보안청은 기술적으로 자위대에 속하지 않기 때문에 '예산 외(off-budget)' 항목 지출로 산정한다. 중국이 따라잡게 되겠지만, 당분간은 일본의 병력이 더 잘 갖추어져 있고, 더 큰 타격능력을 보유할 것이다. 양국 간의 갈등이 다양한 상황에서 나타났다. 2005년에 중국에 간 일본인 관광객들이 고이즈미 총리의 (국수주의 정서의 중심지인) 야스쿠니 신사(靖国神社) 방문에 항의하던 중국인 시위자들에게 괴롭힘을 당했다. 2010년에는 일본이 분쟁 해역에서 중국 어선의 선장을 구금했다. 이에 대응하여, 중국 정부는 일본과의 고위급 접촉을 잠시 중단했는데, 상당한 수준의 근본적인 갈등을 나타냈다. 이러한 갈등은 양국 간의 밀접한 협력을 더욱 어렵게 할 잠재요인으로, 미국이나 중국과의 곤란한 양자적 문제들을 다루는데 더 서투른 민주당 정부에 중요한 외교 정책적 도전이 되었다. 일본에서 반중 시위가 간헐적으로 일어났다. 이는 민족주의 정서와 (일본의 일부 논평가들이 지적하듯이) 점점 호전적인 중국의 태도로 인해 증폭된 두려움이 혼합된 결과이다 (사진 8.1).

사진 8.1 반중 시위

일본과 북한

일본은 지리적으로 북한에 매우 가깝고, 한반도의 정치적 불안정 때문에 많은 것을 잃을 수도 있다. 1990년 이후로 양국 간의 관계 정상화를 위한 회담이 시작되었다. 북한에 대한 '온건' 노선으로 유명한 지지자는 자민당의 실세였던 가네마루 신(金丸信)으로, 북한과의 초기 회담의 주도적 인물이었다. 일본사회당도 북한과 상당히 밀접한 관계가 있었다. 1993년에 동해에서 북한이 중거리 미사일을 시험했다는 주장이 있었고, 양자 관계에 갈등이 증폭되었다. 1994년에 스탈린주의적 독재자인 김일성이 사망하자 북한의 미래는 불확실성에 뒤덮였다. 그의 아들 김정일은 변덕스럽게 무력 위협을 가하거나, 북한을 끌어 들이려는 국제 공동체의 많은 노력에 저항하면서, 전체주의적 '은둔의 왕국(hermit kingdom)'의 방향을 확실하게 설정하는데 실패했다. 북한체제 내의 갈등에 대한 보고와 식량부족 및 기아 문제, 이와 더불어 핵 프로그램에 대한 경고가 계속되고 있다. 북한체제가 점차 고립되고 고착되면서, 일본의 한국인 공동체 내에서 북한에 대한 충성심과 친북 조직인 총련(総連) 회원 수의 감소가 분명하게 나타났다.

일본의 고이즈미 준이치로 총리는 2002년 역사적 방북을 하였으며, 양국 관계의 정상화를 목표로 김정일과 정상회담을 개최했다. 관계 정상화는 1970년대에 북한이 일본사회에 대한 정보를 제공받고 간첩으로 훈련하기 위해 — 어린 학생을 포함한 (중학교 1학년이던 요코다 메구미 — 역자 주) — 13명의 일본인들을 납치한 사실 때문에 지체되었다. 설상가상으로 납치 희생자 중 8명이 이유가 밝혀지지 않은 상황에서 사망했다는 것이 드러났다. 이런 기이한 사건은 북한 체제의 실상이나 일본을 향한 의도에 대하여 엄청난 불안감을 야기했다. 일본의 '온건한' — 지도자를 북한에 보내고, 유괴, 간첩선과 핵사찰에 관련된 중요한 쟁점에 대한 언급을 생략한 채, 온건한 공동 성명에 합의하는 — 외교적 접근은 일본 국민들에게는 잘 작동하지 않는 위험한 전략이었다.

일본은 대체로 관망정책(wait-and-see policy)을 취하였는데, 미국이 주도하도록 내버려 두었고 2003년부터 2007년 사이에 간헐적으로 열린 6자회담(남·북한, 미국, 중국, 일본, 러시아)에서도 적극적 역할을 거의 하지 않았다. 2010년 3월에 북한의 어뢰공격으로 46명이 사망한 천안함 사건이나 2010년 11월의 연평도 포격사건이 입증하듯이, 예측불가능하고 간헐적으로 적대적인 북한 정권은 일본이 가장 즉각적으로 직면하는 군사적 위협이었다. 하지만 비판자들은 일본의 방위 태세가 군비 증강을 정당화하고 일본 여론의 중요 요소로 남아있는 평화주의를 약화시키기 위한 수단으로써 북한의 위협을 과장하고 있다고 주장한다 (Berkofsky, 2010; Hughes, 2009). 휴즈는 북한을 '포괄적 대리위협(catch-all proxy threat)'이자, 군사화를 정당화하기 위해 이용할 수 있는 쓸만한 귀신(bogey man)이라고 묘사했다 (2009: 303). 북한의 호전성은 일본의 안보 태세나 미국과의 관계에 있어서 긴장과 모순을 강조하는 데 일조한다. 요컨대, 북한으로부터의 가상의 위협은 일본이 중국의 부상으로 증가하는 안보 문제를 명시적으로 언급하지 않고도 방위 능력을 신장하도록 하는, 유용한 '엄호(cover)'를 제공한다 (Hughes, 2009: 304). 김정일은 2011년 말에 사망했고, 예상대로 바톤(baton)은 검증되지 않은 20대 후반의 김정은에게 넘겨졌다. 권력승계에 의해 야기된 정치적 불확실성은 계속해서 북한을 일본안보의 핵심적 불안요소로 만들었다.

원조정책

많은 국제 원조 프로그램이 가난한 국가들(후발개발도상국, LLDCs)에게 최대한 지원을 제공하는 것을 목적으로 하고 있지만, 일본은 상대적으로 높은 생활수준을 가진 국가들에게 상당한 개발원조액을 쏟아 부었는데, 일본의 상품과 서비스 시장으로 잠재력이 있거나 현재 그러한 나라들이었다. 일본은 1960년대에 중요한 공여국이 되었고, 후쿠다 총리가 1977년 시작한 일련의 원조배증(援助倍增) 정책으로 일본은 1989년 이후 10년 연속으로 세계 최대 ODA 공여국이 되었다. 그러나 일본의 경제적 어려움을 반영하듯 2009년에는 미국, 프랑스, 독일, 영국에 이어 다섯 번째 공여국으로 추락했다 (Statistic Bureau, 2011).

초기의 높은 수치는 부분적으로 엔화 가치의 상승을 반영하는데, 소더버그(M. Söderberg)는 일본의 원조를 국민총생산(GNP)에 대한 비율로 측정하면, 공여국들 중 17위에 불과하다고 지적한다 (Söderberg, 1996: 35). 또한 일본 원조의 질에 대한 의문이 있는데, 일본은 어떤 공여국보다도 무상원조보다 유상원조 비율이 높다. 일본 원조액의 거의 절반은 우편예금과 같이 정부가 관리하는 투자금에서 제공되었는데, 되돌려 받아야 하는 것이었다 (Söderberg, 1996: 40).

일본정부는 이전에는 아시아, 아프리카, 남미와 중동에 개발 원조를 배정하는데 비공식적으로 7:1:1:1 공식을 사용하였지만 (Söderberg, 1996: 34), 1997년 아시아 금융위기 때에는 아시아에 대한 원조가 전체 원조 예산의 50퍼센트 이하로 떨어져 있었다. 위기 이후에 이웃국가들의 안정과 활력에 대한 일본의 새로운 관심을 반영하여, 아시아에 대한 원조가 잠시 전체 ODA의 50퍼센트를 넘기도 했다.

역사적으로 일본 ODA의 40퍼센트 정도는 경제 인프라(주로 교통과 에너지 부문)에 제공되었는데, 대부분의 다른 공여국들에 비해 훨씬 높은 비율이었다. 원조는 일본에 대한 비판에 대응하고 — 1970년대 석유위기 당시 아랍세계에 의한 비판처럼 — 아시아나 그 밖의 지역에서 '일본 때리기'를 줄이는 '소프트 파워' 수단으로 주로 사용되었다. 다른 공여국들에 비해, 일본은 ODA를 광범위한 무역과 경제정책 수단으로 간주하는 경향이 강했다. 분명히 일본 원조 관련 기관들(aid circles)은 — 일본과 신흥 산업국가들의 경험에 근거하여 — 산업화와 사회기반시설 개선이 궁극적으로 효과적인 경제발전의 열쇠라는 분위기가 있었다. 소더버그(Söderberg)는 "ODA가 수원국의 수출을 촉진하기 위한 수단일 뿐 아니라, 일본산업의 구조조정을 위한 수단이 되었다"고 주장한다 (1996: 72). 원조 지출(disbursement)에 대해 재계(財界)가 중요한 영향력을 행사한다. 크로닌은 다음과 같이 진술했다.

> 그 개념의 핵심은 일본, 아시아 신흥공업국, 아시아 개발도상국의 각각의 역할에 대한 비유인 '안행형 모델(flying geese model)'에서 상정하고 있는 노동의 분업을 촉진하기 위하여 ODA, 대출, 그리고 민간 투자를 조정하는 것이다. (Cronin, 1991: 54-55)

이 계획은 일본을 최정상으로 하고, 신흥공업국들(한국, 대만, 싱가포르 등 - 역자 주)이 그 아래에 있으며, 아세안 국가 및 중국이 하부를 이루는, 세 단계의 노동 분업(division of labour)을 구상했다. 원조가 단지 특정한 사회기반시설 사업에만 투입된 것은 아니며, '일본경제에 대한 구조적 보완재(complementarities)'의 창출을 돕기 위해 사용되었다 (Pyle, 1996b: 135). 그러나 랭캐스터(Carol Lancaster)는 일본의 ODA를 국가의 경제적 이익을 위한 충성스러운 보조원(sidekick)이라는 역할로만 단순화하지 말아야 한다고 주장한다. ODA정책은 최근 수십 년간 국내외의 압력에 시달리고, 현재의 추세에 대응하여 방향을 자주 변경하는 특징을 나타내는 등, 굉장히 역동적이 되었다 (Lancaster, 2009).

1992년에 일본은 평화의 유지, 민주화, 인권, 그리고 원조 수여 기준으로서의 환경, 일관적으로 적용되지 않는 규정 등의 문제를 강조하는 ODA헌장(charter)을 채택했다. ODA헌장의 복합적인 내용은 원조가 일방통행로가 아니라 일본의 기관들과 수여국 정부 사이의 교섭과 협상을 수반한 복잡한 과정임을 분명히 보여준다. 최근 원조에 대한 일본의 접근법은 점점 더 '투트랙(two-track)'이 되었다. 한편으로는 오랫동안 강조되었던 사회기반시설 사업을 지속하였고, 다른 편으로는 사회문제와 환경문제를 강조하면서 일본은 물론 국제NGO 및 현지

NGO들과 협력하는 '인간 중심의 연성(soft) 원조'를 늘렸다 (Katada, 2002: 321). 이러한 이중 접근은 일본에서 높은 수준의 ODA 지출을 지지하는 두 개의 정치적 선거구라고 할 수 있는 (통상산업성 의해 대표되는) 기업 부문과 (외무성에 의해 대표되는) 일반 국민들의 의사를 반영한다. 가타다는 인도주의적 원칙에 근거한 ODA의 '두 번째 트랙'이 이제는 일본의 ODA정책에 확고하게 내재되어 있으며, 정책의 완전한 변화를 반영한다고 주장한다 (Katada, 2002: 341-342).

 ## 무역과 투자

일본은 1970년대부터 아시아, 유럽, 북미에 제조업 생산능력의 많은 부분을 이전하는 등 상당한 해외투자를 하고 있다. 자동차 제조업부터 전자제품, 컴퓨터 관련 기술과 국제 금융에 이르기까지, 일본은 강력한 국제적 위치를 차지하고 있다. 동시에 일본은 무역 상대국들 - 특히 미국 - 으로부터 일본이 자국 내 투자와 무역을 방해하고 있다는 엄청난 비난을 받고 있다 (일본의 국가별 수출과 수입 개요, 도표 8.1).

일본은 보호주의적 관행과 '보이지 않는 관세장벽'에 대해 비난을 받았다. 일본의 무역 협상가들은 종종 터무니없는 특별한 변명 방식에 의존한다. 미국산 스키가 일본 눈(snow)에 적합하지 않다는 이유로, 수입허가를 거부한 것은 가장 악명 높은 사례 중 하나다. 미국 정부의 무역 협상가였던 프레스토위츠(Clyde Prestowitz)는 "일본의 성공이 어느 정도는 국제 체제를 따르거나 부담을 받아들이지 않고, 이를 이용할 수 있었던 능력에서 기인한다"고 주장한다 (Prestowitz, 1988: 313). 그럼에도 불구하고, 그는 일본의 무역 관행을 '불공정한' 것으로 보는

도표 8.1a 일본의 주요 수출국

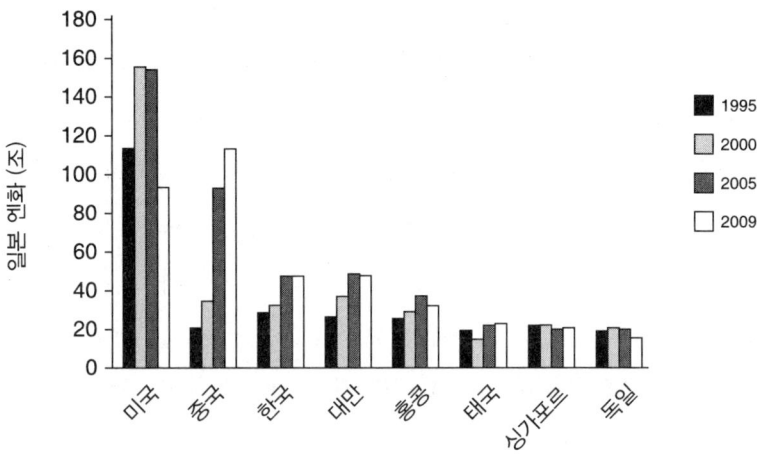

출처: 재무성, 일본의 10대 수출국, http://www.customs.go.jp/toukei/suii/html/data/fy4.pdf.

도표 8.1b 일본의 주요 수입국

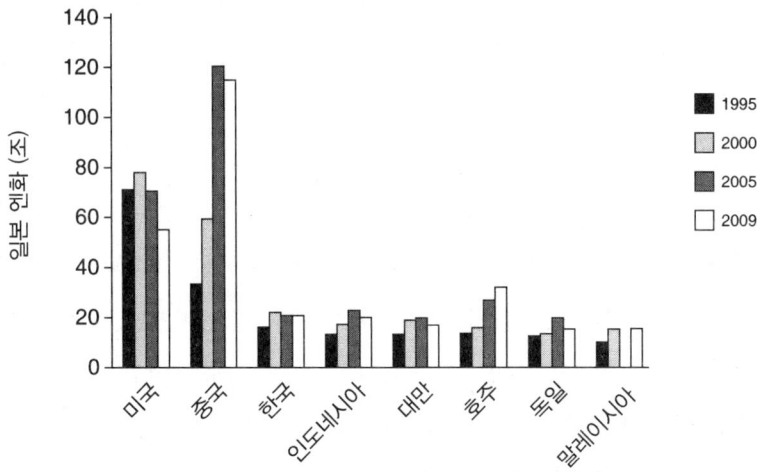

출처: 재무성, 일본의 10대 수입국, http://www.customs.go.jp/toukei/suii/html/data/y5.pdf.

것은 요점을 놓치는 것이라고 주장했다. 미국은 일본의 경제를 자유시장체제로 변화시키려는 노력을 계속해서 할 수 없었다. 하지만 1980년대에 무역과 사업 관행을 변경하라는 가이아쯔(外圧) 즉 '외국의 압력'이 확산되었고, 미일관계도 무역분쟁으로 틀어졌다. 자신들의 지역구에서 공장폐쇄와 실직 사태에 직면한 미국의 일부 정치인들은 일본에 대해 더욱 비판적인 관점을 지닌 (Chalmers Johnson, Karel van Wolferen, Clyde Prestowitz 등) '수정주의' 학자들의 저술에 공감했고, 일본 기업에 대한 거친 대우를 요청했다. 친일본(pro-Japan) 평론가들은 수정주의자들과 이들에 대한 지지자로 자칭하는 사람들을 '일본 비판자(Japan-bashers)'로 명명했다.

미카나기(Y. Mikanagi)는 국제정치경제의 세 가지 변화가 1980년대부터 일본이 대외 경제정책을 변화시킬 수밖에 없도록 했다고 주장한다. 이는 개방된 미국 시장을 이용하면서 자국의 시장은 닫고 있는 국가들에 대한 미국의 인내심의 감소, 이전의 인플레이션 주기를 반복하지 않고 경제성장을 지속하기 위한 수단으로써 규제완화(deregulation)에 대한 압력의 증가, 북미자유무역협정(NAFTA)이나 EU와 같은 지역 경제 통합의 급속한 진전이다 (Mikanagi, 1996: 9-12).

1991년에 결성된 아시아태평양경제협력체(APEC)에는 일본, 미국, 캐나다, 호주, 한국, 중국과 아세안 국가들을 포함한 21개국이 참여하고 있다. APEC의 목적은 회원국들 간의 무역 증진이지만, 외부에 보호주의적인 지역 블록(reigonal bloc)을 구상한 것은 아니다. APEC을 설립한 한 가지 이유는 서구 국가들을 배제하려고 하는 말레이시아 주도의 동아시아경제협의체(EAEC: East Asian Economic Caucus)보다 선수를 치려는 미국과 호주의 바람이었다. 동아시아경제협의체 같은 블록은 북미자유무역협정에 대한 도전이 될 수 있다. EAEC는 일본이 지역에서 주도적 역할을 할 수 있는 기회를 제공할 수 있었던 반면, APEC의 다자주의 방식은 일본에게 제한적인 영향력의 기회를 제공했다. 즉 유럽과 북미는 강력한 지역 무역 블록을 만들었지만, 일본과 아시아는 훨씬 낮은 수준으로 공식화된 유대관계를 맺었다. 미국은 강력한 미국 경제를 통해 개별국가들과 유리한 입장에서 협상할 수 있기 때문에, 주로 무역 상대국들과의 양자 협상을 선호한다. 계속되는 외부 압력에 직면하여 아무것도 하지 않는 것은 불가능한 선택이었고, 아시아 블록이 구체화되는데 실패하자 (부분적으로 미국의 반대를 일본이 존중하여), 일본은 점차 개방적인 (부분적으로 APEC 틀 내에서) 방향으로 나아가게 되었다.

그러나 최근 일본의 무역관계에서 가장 현저한 특징은 주요 수입원과 수출 목적지로써 중국이 미국을 대체하게 되었다는 것이다. 2009년에는 중국과의 수입과 수출 모든 부문이 미국을 앞섰다. 일본은 더 이상 대미 무역 의존과 비슷한 미일안보관계가 작동하던 냉전시대에 있지 않다. 최소한 경제적인 면에서, 아시아의 거대한 이웃인 중국이 태평양 건너편의 옛 정복자인 미국보다 더욱 중요하게 되었다. 2008년 시작된 서구의 금융위기 이후, 중국과 일본은 미국 재무성 채권의 최대 보유국 — 즉 미국의 부채의 주요 보증인(underwriter) — 이 되었다. 양국은 국제 경제의 안정을 보장하는데 있어서 이익을 공유하게 되었다. 양국은 2011년 말에 미국이 포함된 환태평양경제동반자협정(TPP: Trans-Pacific Partnership)이라는 신생지역 경제동맹을 촉진하려는 미국의 시도에도 불구하고, 한국을 포함하는 자유무역 협정의 가능성에 대해 논의하기 시작했다. TPP는 이미 브루나이, 칠레, 뉴질랜드와 싱가포르를 포함하고 있지만, 미국, 호주, 말레이시아, 베트남 등 다른 국가들이 가입하기 전까지는 중요한 행위자가 되기는 어려울 것이다. 일본의 회원가입은 TPP를 확고하게 하는 결정적인 단계가 될 것이다 (Pilling, 2011). 오랫동안 미국은 머잖아 아시아의 경제 대국들이 집단적으로 미국을 배제하는 무역 블록을 결성할까봐 두려워했다. 이러한 종류의 미국의 악몽이 구체화되는 것은 시간문제인 것 같다. 만약 일본이 TPP에 서명하게 된다면, 이것은 미일동맹이 계속해서 중심이 된다는 신호이고, 미국을 배제한 동아시아 무역 블록의 형성 노력이 좌절된다는 것이다.

 **국제화**

일본은 1980년대부터 명시적으로 '국제화' 정책을 추진했고, 더 넓은 세상과의 접촉을 넓히려는 다양한 노력을 하였다. (아마도 1982~1987년 사이의 나카소네 정부에서 가장 명확하게 제시된) 국제화 전략은 일본의 약점을 '상호이해'의 부족이라는 완곡하게 표현된 용어로 규정한다. 이것은 일본의 국제적 지위와 경쟁력을 약화시킬 수 있다. 따라서 일본인들이 더욱 국제화된 의식을 갖고, 외국인들은 일본에 더욱 친숙해지도록 다양한 프로그램들이 개발되었다.

이러한 프로그램들은 일본국제교류기금(Japan Foundation)과 같은 기관들에 의해 조직된 문화와 연구 활동, 자매도시 계획, 일본 전역의 도시에 설립된 '국제센터'나 외국인 유학생 숙소에서부터 일본의 학교에서 근무할 상당수의 (주로 젊은 서양인들) 외국어 조교들을 초빙하는 JET 프로그램(Japan Exchange and Teaching Programme)까지 다양하다. 이들 중 많은 사업들이 굉장히 칭찬할 만 했지만, 일부는 단지 명목적인 것이었다. 국제화 정책 이면의 정치적 추동력은 국가주의적인 것으로, 외국으로부터 배운다는 메이지(明治)시대의 목표를 계승하여, 일본을 부강하게 하는 것이었다. 대부분의 국제화 프로그램은 초기 단계에는 아시아의 이웃 국가들보다 미국이나 서구 국가들에 중점을 두었다. 일본의 국가주의적 '국제화주의자'들은 좌파인 평화주의적 국제주의자들의 특기를 이용하려고 했지만, 불완전한 성공이었다. 오늘날 국제화 정책은 대체로 자연스럽게 흘러가고 있다. 외국에서 공부하거나 여행하는데 관심이 있는 젊은 일본인들의 수가 급격하게 줄어들었다 (사진 8.2). 그리고 다른 아시아 국가들은 자신들의 경쟁 우위를 지키기 위해 외국의 인재들을 재빨리 고용하는 반면, 일본 주요 기업들의 상층부는 거의 전적으로 일본 내에서만 교육받은 중년의 남

사진 8.2 유학설명회

성들로 구성되어 있다.

기타 주요 관계

1996년 방콕에서 출범한 아시아유럽정상회의(ASEM: Asia-Europe Meeting)는 유럽연합과 동아시아, 동남아시아 국가들 간의 관계를 공식화된 체계로 만들려는 첫 시도였다. 비록 ASEM이 아직 토론장(talking-shop) 수준을 넘어서는 진전을 이루지 못했지만, 일본은 미국에 대한 엄청난 군사적, 정치적, 심리적 의존을 상쇄하기 위하여 유럽과 강한 유대를 형성하는데 관심을 가지고 있다. 누달(S. Nuttall)은 일본이 '점점 우리처럼' 즉 더욱 유럽화되는 중이라고 주장하면서(Nuttall, 1998: 176), 다자주의 체제를 약화시키려는 미국의 시도로부터 유럽연합(EU)을 지키기 위해 일본과의 양자 관계를 공고화해야만 한다고 주장한다. 그러나 미국과의 관계에 사로잡혀 있는 일본은 유럽과의 관계 진전을 추진하기가 어렵다. 하지만 유럽에 대한 일본의 상당한 투자는 일본이 더욱 밀접한 경제관계를 추진해야 할 이유를 제공했고, 유럽연합이라는 우산은 이러한 발전을 촉진시켰다 (Hook *et al*., 2001: 274-275). 유럽과의 무역관계 확대의 불리한 측면은 일본이 2011~2012년의 유럽 채무 위기와 결부된 위험에 더 크게 노출된다는 점이다. 정부의 높은 부채 수준 때문에, 일본은 다른 선진국들의 경제적 위기에 대처할 준비가 잘 되어 있지 않다.

부분적으로는 미국의 영향력에 대해 균형을 잡기 위한 시도로, 민주당은 2009년 집권하게 되었을 때 잠시 '영국모델'의 장점을 내세웠고(Harris, 2009: 82-83), 정부 기관과 내각책임제의 역할 변화를 제안했다. 이는 민주당이 의제를 설정하는데 도움을 주었던 영국 노동당 주요 인사들의 조언이 반영된 것이다. 그러나 일본의 동맹관계를 다양화하고 미국과의 관계를 희석하기 위한 민주당 집권 초기의 반짝 시도는 오래가지 못했다.

러시아와 일본의 관계도 중요하지만, '북방영토(北方領土)' - 제2차 세계대전 종전 후 구소련에 의해 점유된 홋카이도 인근의 4개 섬 - 분쟁으로 오랫동안 진전이 없었다. 일본은 계속해서 북방영토의 반환을 요구했으며, 냉전 종식 이후 러시아에 경제 원조를 제공하여 이를 지원하는 협상 도구로 사용하려 했다. 그렇지만 지금까지 - 양국에 강한 민족주의적 감정을 자극하는 - 영유권 분쟁은 해결되지 않은 채 남아 있다.

 **결론**

대체로 일본은 반응적인(소극적인 - 역자 주) 방식을 취한다. 1980년대의 나카소네 총리처럼, 저명한 보수 정치인들은 2000년대에 들어 일본이 더욱 적극적인 국제적 역할을 할 것을 주장했다. 오자와 이치로(小沢一郎)의 표현을 빌면, 그들은 일본이 관례적인 군사력을 보유하며, 미국에 맞설 필요가 있는 유엔 안보리에서 상임이사국이 되는 등 '보통국가(普通国家)'가 되기를 촉구했으며, 아시아에서 주도적 역할을 할 것을 촉구했다 (이러한 관점은 완고하고 개성 강한 정치인인 이시하라 신타로[石原慎太郎]의 1991년 저술 『노라고 말할 수 있는 일본』에 확실하게 표현되어 있다). 냉전의 종식(이후의 자민당 패권의 몰락)과 동시에 전후 헌법에 대한 광범위한 논쟁이 일어났다 (McCormack,

1996: 202-219). 1994년에는 일본의 주요 일간지인 요미우리가 군대의 합법화를 포함하는 헌법 개정을 위해 상세하고 도발적인 제안을 하기도 했다 (이 글의 전문과 다른 제안들을 위해서는 Hook and McCormack, 2001: 53-176 참조). 캐럴 밴 울퍼렌(Karel van Wolferen)은 이 제안을 강력하게 지지하고 나섰다. 한편 정치적 스펙트럼의 양쪽에 있는 다양한 그룹들이 맥코맥이 명명한 소위 '창조적 재해석(creative reinterpretation)'을 지지했다. 이는 헌법의 원형을 그대로 유지하지만 새로운 의미를 부여한다는 뜻이다 (McCormack, 1996: 205). 그러나 다수의 일본인들에게 '평화헌법'은 - 그리고 이것이 암시하는 국제적으로 반응하는(reactive) 태도 - 군국주의의 부활 가능성에 대한 성스러운 방어막으로 남아있다. 전후의 영속적인 안보와 번영을 가져다 준 공식(formula)을 왜 어설프게 만지작거리는가? 후크(Hook)와 맥코맥(McCormack)은 "새로운 헌법을 큰소리로 외치는 사람들 대다수는 뒤엎으려고 하는 과거 헌법에 대해서 가장 책임이 있는 사람들"이라고 말한다 (2001: 41).

　일본의 동맹국들 중 다수는 이러한 논쟁에 양면적인 태도를 취한다. 미국은 일본이 방위에 있어서 역할을 확대하고, 양국을 연결하는 '상호' 방위동맹에서 종속적이기보다는 동등한 파트너가 되기를 원한다. 일부 아시아 국가들은(예를 들어, 말레이시아) 일본이 태평양 지역에서 미국 패권의 대안이 되기를 바란다. 하지만 소극적인(passive) 일본은 서구의 이익에 도전하거나 위협하지 않기 때문에 '반응적인(reactive)' 일본이 서구 국가들에게 매우 유용하다. 중국이나 한국 같은 아시아 국가들은 역사적인 이유 때문에 일본에 대해 매우 경계하고 있다. 1990년대 초반 이후 일본의 경기침체는 1997년에 시작된 광범위한 아시아 위기에 의해 더욱 악화되었고, 일부 일본인들의 기존 생각에 내포된 우월주의에 대해 의구심을 일으켰다. 일본이 거침없이 '부상'하고 있다는 추정은 일련의 사건들에 의해 이루어진 것이 아니라, 북미와 유럽이 사양길에 접어들었기 때문이다. 국가개입주의, 강력한 관료제, 높은 수준의 규제와 위계제 등의 특징을 지닌 일본이 더 이상은 다른 아시아 국가들이 모방해야할 이상적 모델이 아닌 것 같다.

중국의 부상은 또한 일본에 새로운 도전을 제기했다. 일본의 놀라운 성장은 부분적으로 수십 년간 중국을 뒤덮은 마오주의(Maoism)라는 안개 때문이었다. 이 안개가 걷히고 경제적 자유화가 빠른 속도로 진행됨에 따라 일본은 다시 살아나는 중국과 대면하게 되었는데, 이는 아직은 남아 있는 일본의 지역 리더십을 훼손할 수 있다. 제1차 걸프전쟁과 아시아 통화위기와 같은 사건들은 일본에게 국제무대에서 더욱 적극적인 역할을 보여줄 수 있는 충분한 기회를 제공하였다. 하지만 일본은 이러한 기회를 살리는데 실패했다. 부분적으로, 일본이 반응적(reactive) 방식을 극복하는데 실패한 것은 경기 침체와 국내 정치의 격변에 직면하고 있는 일본이 쇠퇴하고 있음을 반영한다. 9·11테러 이후 더욱 복잡해진 국제정치 지형은 변화하는 동맹, 신속한 대응, 끊임없는 불확실성을 포함하기 때문에 일본이 다루기에는 쉽지 않은 상황이었다. 한편 점증하는 국내적 어려움에 직면한 일본은 내부로 눈을 돌려야만 했다. 일본이 당면한 가장 큰 세 가지 도전은 첫째, 불만 가득한 후텐마 기지 사태에서 전형적으로 나타나듯이 미국과의 관계를 어떻게 다룰 것인가, 둘째, 영유권 분쟁과 갈등이 예시하듯 중국과의 관계를 어떻게 다룰 것인가, 셋째, 환태평양경제동반자협정(TPP) 참가 여부를 둘러싼 문제가 보여주듯이 지역 차원에서의 관계를 어떻게 다룰 것인가 하는 것이다.

오래 전 폴 케네디(Paul Kennedy)는 미래에 대한 명확한 비전을 제공하는 일관된 정치 리더십이 없다면, 강대국으로서의 일본의 지위를 유지하는 데에 많은 난관이 있을 것이라고 주장했다 (Kennedy, 1994: 199). 고이즈미 시대를 제외하고, 일본은 오랫동안 활기 없는 총리들이 짧은 임기의 총리직을 수행했다. 그렇지만, 사무엘스(Richard Samuels)는 일본에서 핵심적 양자 관계들을 '딱 맞게(just right)' 형성하는 실용주의적 '골디락스(Goldilocks)' (영국 동화의 주인공 이름에서 유래하였으며 중용적인 선택, 최선의 선택을 의미 – 역자 주) 지도자가 등장할 것으로 예상한다. 이러한 지도자는 겸손함에 뿌리를 둔 전략적 자세로 경제와 군사적 당면 문제에 대한 선택들을 유지할 수 있도록 보장할 것이다. "일본은 미국이나 중국에 너무 가깝지도 않고, 너무 멀지도 않은 입장을 취할 것이다" (Samuels, 2008: ix). 그렇지만, 지금까지 민주당은 이러한 지도자를 배출하는데 실패했고, 하토야마 유키오(鳩山由紀夫) 총리의 짧은 임기는 미국이 가장 가까운 동맹국인 일본의 정권 변화를 촉진할 수 있음을 명백하게 보여주었다.

중국이 부상하고 있고, 미국을 대체하여 일본의 최고 무역 상대국이 되었다. 하지만 일본 총리가 오키나와 기지 문제에 대해 강경한 입장을 취했을 때, 여전히 미국이 사실상 상황을 통제하고 있었다. 일본의 미래에 영향을 미치기 위한 미국과 중국의 투쟁은 앞으로 수십 년간 태평양 지역의 미래를 결정할 것이다.

제9장 결론

**일본 해석하기 · 306
결론 · 308**

현대 일본을 검토, 요약, 평가하는 것은 고도로 논쟁적일 수밖에 없다. 새천년 벽두부터 일본은 초기 전후 역사의 특징을 형성했던 목적과 방향성을 상실한 것처럼 보인다. 일본은 미국 폭격의 폐허와 패전 및 점령의 치욕으로부터 세계 주요 국가로 스스로를 성공적으로 재창조했다. 1980년대 말 일본은 미국의 양지에 도전하고 세계 '제일'의 경제 거인이 될 것처럼 보였다. 세계는 일본이 아시아태평양 지역에서 지배적인 경제적 지위를 획득하고 유럽과 북미로 생산 능력을 이전하기 시작하는 것을 경외의 눈으로 바라보았다. 그러나 일본은 단지 경제적 초강대국 이상이었다. 세계 최고의 기대 수명에서 놀라울 정도로 높은 수준의 문자 해독률과 이례적으로 낮은 범죄 발생률에 이르기까지 일본사회의 많은 특징들은 세계의 커다란 주목을 끌었다. 많은 사람들이 일본의 경험으로부터 어떤 '교훈'을 얻을 수 있는지 그리고 일본의 사회적·경제적 성공이 다른 나라에서 얼마나 재현될 수 있는지 발견하려고 노력하자, "일본에게서 배우자"는 주제의 연구들이 우후죽순처럼 나왔다.

  일본의 경이적인 성취에 대한 해석은 폭넓게 변화해왔다. 척박한 토양과 부족한 천연자원을 감안할 때, 일본은 경제 초강대국의 지위에 오를 수 있는 유력 후보는 결코 아니었다. 이에 대한 해답은 분명 국토 자체가 아닌 일본 국민에게 있다. 현대 일본 역사의 검토는 위기에서 드라마를 만드는 역할이 한 민족에게 주어진 것이 아님을 나타낸다. 아마도 일본인들은 악조건을 최대한 활용함으로써 다른 어떤 민족보다 재난을 기회로 돌려놓는 데 성공했다. 외견상 1853년과 1945년의 재앙적 곤란에 직면하여 일본인들은 역경을 이겨내며 강대국 지위를 획득했다. 일본의 이러한 대응에 대해 문화주의적 해석이 가능하기는 하지만, 여기에는 강력한 정치적 의지가 결부되었음을 부인하기 어렵다. 중앙정치제도로 인해 일본은 국가적 목표를 형성하고, 1931~1945년 천황과 같은 국가적 상징을 조작하며, 1950년대 통산성의 사례에서 보듯 공적 부문과 민간 부문을 하나로 연합시키는 정책을 만들고, 1960년대 이케다의 소득배증정책처럼 핵심 어젠다의 실행을 보장하기 위한 사회협약을 고안할 수 있었다. 일본의 성장은 냉전의 발발, 천연자원의 수입 가능화, 수출을 위한 시장의 존재 등 우호적인 국제적 요인의 도움을 받기도 했다.

전후 초기 일본을 '발전국가'로 묘사할 수 있는지 여부와 관계없이 이 기간 중 일본에 관료, 정당, 기업을 아우르는 엘리트 사이의 특이한 조정이 있었다는 것은 의심의 여지가 없다. 이러한 엘리트 간 협력은 1955년부터 1993년까지 자민당의 일당 지배에 의해 촉진되었다. 다수의 자민당 고위 정치인들은 관료로서 경력을 쌓은 후에 정계에 입문했으며, 정당은 대개 대기업으로부터 재정적 후원을 받았다. 1950년대와 1960년대의 고도성장기 이 동맹은 모두에게 이익이 되는 것이었다. 자민당과 동맹 파트너들은 반대와 저항을 포섭하고 억압하는 데 매우 성공적이었다. 노조를 해체하거나 매수하고, 1960년 안보 시위의 사례처럼 저항운동을 짓밟고, 겨우 돋아나는 시민운동을 새로운 환경 관련 입법으로 안정화시켰다.

일본의 고도 성장기는 1970년대 석유위기와 함께 사실상 종료되었고, 1980년대 후반의 '버블경제'로 인한 경제 호황은 생산성의 급상승이 아닌 일본 통화, 주식, 부동산의 가치 상승에 따른 것이었다. 일본 경제는 서양 선진국을 '추격'한다는 오랜 목표를 넘어선 바로 그 시점에서 비틀거리기 시작했다. 산업 효율성 측면에서 대부분의 유럽과 북미 국가들을 추월한 후, 일본은 다음에 어디로 가야할 것인가? 일본은 매우 뛰어난 세계적인 산업국가가 되었지만, 세계경제는 제조업에서 탈피하여 지식과 정보에 기반한 서비스 산업 중심으로 변화했다. 이제는 소프트웨어를 설계하는 것이 컴퓨터를 생산하는 것보다 더 중요한 세상이 되었다. 연공서열제, 사내 훈련, 경영인을 외부 전문가보다 사내에서 충원하는 방식 등 제1, 2차 산업화 기간 중 일본에 유효했던 작업 관행은 급변하는 제3차 산업혁명에는 덜 적합하게 되었다. 일본에는 독립적인 사고와 문제 해결을 위한 훈련을 받는 근로자들이 부족하며 영리한 직원이 영향력을 행사할 수 있는 위치까지 빠르게 오를 수 있는 기업 구조를 갖고 있지 않다. 위계와 상급자에 대한 존중을 강조하는 일본 기업문화는 새로운 지식 기반 사회와 정보경제의 시대정신에 부합하지 않는다 (사진 9.1).

구조적 부패는 새로운 것도, 일본에만 있는 것도 아니다. 그럼에도 불구하고 버블 시대의 특징이었던 경제적 활력으로 인해 자금과 자원이 오용되는 범위가 확대되었다. 야쿠자의 위장 기업이 체납하고 있는 거액의 채무를 포함한 불량 채무, 정치인에 대한 제도화된 보상, 금융 규제 당국의 체계적인 전복은 상당한 수준의 경제적 취약성을 초래했다. 1997년 이후 동남아시아 경제가 위기에 빠지면서 이러한 약점이 고스란히 드러나게 되었다. 일각에서는 부패가 추격 기간 중 일본경제와 정치 질서에 어느 정도 긍정적인 영향을 미치기도 했다고 주장하지만, 1980년대 이후 제도화된 부패가 일본의 놀라운 성취를 심각하게 손상시키고 있다는 증거가 속속 제시되고 있다. 1990년대 후반 금융위기의 충격이 나타남에 따라 수익을 내던 사업이 손실을 기록하게 되었고, 도산이 일본경제의 고질적 병폐가 되었다. 2002년부터 2008년 사

사진 9.1 신주쿠(新宿)의 밤

이 경제 회복이 있었지만 지속되지 못했고, 2000년대 후반 선진국 가운데 가장 높은 수준의 공공채무를 갖게 되었다.

일본사회가 전후 경제성장과 전환을 지속하고 육성하는데 도움이 되었던 핵심적 강점을 갖고 있는 것은 분명하며, 많은 관찰자들은 개인적 욕구와 소원보다 공동선을 우선하는 일본인들의 역량을 지적하는 것을 잊지 않는다. 이 역량이 문화적 특징에서 비롯된 것이든 또는 '집단주의'가 사회 통제를 위해 국가에 의해 만들어지고 조장된 이데올로기였든 궁극적인 결과는 대단히 놀라운 것이었다. 이혼률이 매우 낮고, 수명이 세계 어떤 국가보다도 길며, 대부분이 스스로를 중산층으로 인식하는 등 국민의 만족 수준 또한 높다.

전후 일본에서는 너무도 많은 긍정적인 사회 발전이 있었다. 여성의

자립성이 높아졌고 커리어를 위한 기회가 많아졌으며, 소수 집단의 지위가 다소나마 향상되었다. 사람들의 외양이 국제화되었을 뿐 아니라 생활수준은 빠르게 향상되었다. 반면 일본사회의 어두운 면 또한 있는 것이 사실이다. 출산율 감소, 가족생활의 질 저하, 공허한 소비주의에 대한 과도한 집착, 일부 젊은 세대, 특히 교육 수준이 낮은 젊은 세대의 명백한 소외 등이 그것이다. 사회적 유동성은 제한적이다. 간토(関東) 지역과 간사이(関西) 지역의 경제적 격차는 상당히 크며, 농촌 지역의 상대적 박탈감 역시 상당하다. 다양한 형태의 차별이 계속 나타나고 있으며, 1994년과 1995년 옴진리교(オウム真理教) 신도의 독가스 살인 공격과 같은 소요 사건은 일본사회 저변을 흔드는 어두운 면이다. 명확한 취업 진로나 전망을 갖지 않은 젊은이들인 '프리타(フリーター)'의 등장은 일본사회의 골칫거리이다. 사회학자들은 고도의 성공과 극단적 기능 장애의 양면을 모두 담고 있는 일본사회를 전통적인 설명과 분류를 사용하여 이해하는 것은 문제가 있다고 불만을 터뜨린다.

일본의 정치질서 역시 분류하기 까다롭다. 일본은 현대 자유민주주의의 제도적 요건을 모두 갖추고 있지만, 관료의 공식 또는 비공식 권력이 대다수 민주주의 국가의 관료보다 더 크다는 데는 의심의 여지가 거의 없다. 일본 정당정치인들은 중요한 역할을 하지만, 정부 부처의 권위는 취약한 편이며 통치 메커니즘에 대한 총리의 중앙 통제는 매우 제한적이다. 일본식 엘리트 거버넌스는 이례적으로 장관, 당 원로, 고위 관료, 기업 지도자 사이의 상부상조를 통해 운영된다. 엘리트 사이의 친밀한 협업이 고도성장기 일본에서 잘 작동되었으나, 불건전한 담합과 정실주의가 1970년대 다나카(田中) 총리 시대가 시작될 무렵에는 일본체제 안으로 침투했다. 정치 엘리트의 자성과 투명성 제고의 필요성이 높아지고 있음에도 불구하고, 1955년 체제의 과중한 잔재를 개혁하는 것은 매우 힘겨운 투쟁임이 드러나고 있다.

　최근 일본정치에서 가장 중요한 사태 전개는 2009년 총선에서 민주당이 자민당에게 일방적 승리를 거둔 것으로, 이는 1993~1994년 자민당이 잠시 정권을 상실한 것을 시작으로 진행된 정치적 과도기가 최고조에 달했음을 의미했다. 민주당의 등장은 자민당 지배 및 정치인, 관료, 재계 지도자들 사이의 담합적 관계가 지속된 것에 대한 대중의 불만과 좌절이 증가한 것을 의미했다. 개혁적 정강을 내세워 선거 캠페인을 전개한 민주당은 미일 안보 관계의 변화와 기득권 집단에게 사용된 예산 책정에 대한 전면적인 조사를 촉구했다. 그러나 새 정부가 국민에게 실망을 안기는 데는 오랜 시간이 걸리지 않았고, 곧바로 정부에 대한 환멸이 뒤따랐다. 많은 유권자, 특히 젊은 세대와 도시지역 유권자들의 정당에 대한 충성심은 과거와 같이 고정되어 있지 않으며, 단기적인 쟁점에 따라 유동한다. 선거 매니페스토와 캠페인 방식이 더 중요해졌으며, 정당들은 과거보다 더 다양한 후보들을 선거에 내보내야 한다는 압박에 시달리고 있다. 국회 의석을 아버지에서 아들로 세습하는 세습 정치엘리트의 등장에 대한 대중의 좌절은 상당하다. 이들은 대체로 대단한 재력을 가졌을 뿐 아니라 일반 국민의 실생활을 잘 모른다. 이와 같은 최근의 정치적 변동성은 앞으로 선거 결과를 예측하기 어렵다는 것을 의미한다.

　일본 정치엘리트는 진공 상태에서 정치를 하는 것이 아니기 때문에 시민사회의 다양한 요소들로부터 제기되는 압력에 대응해야 한다. 그러나 일본사회의 다양한 특징들로 인해 엘리트들은 대중이 외치는 비판과 압력으로부터 절연되어 있기도 하다. 일본교육 시스템은 비판적 의심을 하는 태도보다는 복종과 순응을 장려하는 경향이 있다. 치안유지 활동과 형사 재판 시스템은 가혹하지는 않지만 대체로 개인의 권리보다는 국가 권력을 우선시 한다. 1990년대까지 노동운동은 약화되었고 내부적으로 분열되어 있었다. 교사노조처럼 한때 강력했던 공공 노조에게는 과거에 과격했던 모습이 그림자처럼 쫓아다니고 있다. 미디어는 흥미진진한 스캔들을 정기적으로 폭로하지만, 정치권력을 갖고 있는 사람들과는 매우 모호한 관계를 즐기고 있다. 일본의 5대 일간지는 동남아시아나 서양 언론이 하는 적대적 역할을 거의 하지 않는다. 과격한 것이든 보다 온건한 '시민운동'이든 저항운동은 1960년대와 1970년대 일본에 광범위하게 있었지만, 1980년대 이후 그 중요성이 상당히 감소한 것으로 보인다. 고도성장기와 이후 '버블'기의 경제적 성과로 인해 일본정부는 반대자들을 매수하거나 포섭할 수 있는 자원을 풍부하게 갖고 있었다. 경기 불황이 지속됨에 따라 대중의 저항이 다시 일어날 것인지는 좀 더 지켜보아야 할 것이다. 그러나 탈추격기에 엘리트가 경제 및 정치 질서를 잘못 관리한 데는 비교적 유순한 시민사회도 원인을 제공했다고 볼 수 있다.

현재 일본의 주 관심은 국내 문제에 있다. 국내의 경제적·정치적 문제로 인해 정치 지도자들이 일본의 국제적 역할에 대한 장기적 문제에 대처하기 어려운 실정이다. 일본은 헌법의 제약과 불행한 전쟁의 기억 때문에 재(再)군사화의 어려움을 겪고 있다는 점에서 여전히 미완의 초강대국이다. 최근 나카소네(中曽根), 오자와(小沢), 고이즈미(小泉)와 같은 정치인들이 일본의 '정상화'를 추진하면서 공세적인 주장을 펼치는 새로운 조짐이 나타나고 있다. 헌법 제9조를 수정하자는 논의와 유엔(UN)안전보장이사회 상임이사국 지위를 얻어야 한다는 요구가 커지고 있다. 그러나 이러한 적극성은 경제력에 기반한 자신감에서 비롯된 것이다. 일본의 경제력이 감소하고 과거 쇠퇴하던 미국과 유럽 등 경쟁국들의 경제가 회복하면서, 일본이 과거와 달리 대담한 역할을 할 것이라는 예상은 하향 조정되어야 했다. 일본은 지금까지 세계는 차치하고 아시아에서조차 확실한 리더십을 행사하는 데 실패했다.

2010년 세계 제2위 경제국의 지위를 빼앗긴 후 일본은 과거에 가졌던 지역적 야망을 재고하지 않을 수 없게 되었다. 2011년 3월 쓰나미로 인한 참혹한 재난, 지진, 도호쿠(東北) 지역의 원전 위기는 일본의 물리적 취약성이 계속되고 있다는 사실뿐 아니라 정부가 재난을 실질적인 구조개혁의 기회로 탈바꿈시키는 데 필요한 비전과 정치 리더십을 결여하고 있다는 점을 그대로 드러내고 있다.

 일본 해석하기

이 책은 일본을 이해하기 위해 주류 접근, 수정주의적 접근, 문화주의적 접근 등 개괄적이고 단순화된 세 가지 접근법을 제시했다. 이 접근법들이 현대 일본의 성격에 대한 핵심 질문에 답하는 데 얼마나 성공적이었는가? 주류 접근은 일본이 대체로 다른 선진국, 특히 일본의 본보기였던 미국에 비견할만한 자유시장경제와 현대 자유민주주의를 구가하는 것으로 본다. 주류 학자들은 일본이 산업생산, 중등교육, 보건과 영양, 복지와 범죄예방 등 다양한 분야에서 1970년대까지 미국과 다른 서양 국가들을 능가했다고 주장한다. 서양에서 사회 문제가 급증하고 '과거'의 산업국가에서 전통 제조업이 급격하게 쇠퇴하자 주류 학자들은 이러한 추세가 그들의 핵심 주장을 입증하는 것으로 보았다. 2009년 자민당이 정권을 잃었을 때, 주류 정치학자들은 이를 환영했다. 한 정당에서 다른 정당으로 정권이 교체된 적이 없기 때문에 일본이 결코 제대로 작동하는 민주주의가 될 수 없다는 과거의 비난은 단호하게 반박될 수 있었다. 주류 분석가들은 시장이 개방되고, 여성과 소수 집단의 지위가 향상되며, 과거의 위계질서가 붕괴되는 등 일본이 서양 모델로 수렴하는 징조가 곳곳에서 발견된다고 주장한다.

그러나 일본에 대한 수정주의자들의 조롱은 계속되고 있다. 수정주의자들은 일본이 강력한 중앙집권주의 경향을 가진 반권위주의적(semi-authoritarian) 정치질서를 갖고 있는 것으로 본다. 2009년 이후 일본이 정치적 지향점을 상실한 것은 일본 대의제도의 질과 반응성 그리고 정치 지도자들이 정책 어젠다를 결정할 수 있는 역량에 대한 수정주의자들의 의구심을 재확인하는 것처럼 보인다. 이와 같은 거대한 의문은 현 상태의 일본에 무언가 문제가 있다는 수정주의자들의 견해를 확증하는 경향이 있다. 제조업 기반의 '공동화'에 수반된 일본경제 침체와 IT 시대에 일본 기업들이 직면한 어려움은 일본의 경제적 부상이 기적이라기보다는 행운이었다는 수정주의자들의 주장을 뒷받침한다. 국내 사회문제의 증가와 국제무대에서의 역할을 공고화하는 데 실패하는 것은 일본이 더 이상 거침없이 세계를 주도하는 무오류의 거인이 아님을 의미한다.

주류 및 수정주의 학자들이 현대 일본에서 최근 발생하고 있는 현상에 대한 그들의 견해를 일부 뒷받침할 수 있는 반면, 문화주의적 시각은 심각한 도전에 직면하고 있다. 논란의 여지가 있기는 하지만 전쟁의 폐허로부터 경이로운 회복을 설명하기 위해 문화적 설명이 자주 언급되었던 1970년대가 문화주의적 시각의 전성기였다. 일본문화와 사회의 주요 특징들은 일본인들이 전후 경제와 사회를 재건하기 위해 기울였던 기념비적인 집단적 노력을 설명하는 데 활용되었다. 달리 말해, 대부분의 문화주의적 설명은 한 쪽에 치우쳐서 일본의 긍정적 측면을 서술하고 설명했다. 일본이 대단히 성공적이었던 시절 문화주의적 설명은 매우 설득력이 있었다. 그러나 최근의 상황은 일본의 사회적, 경제적, 정치적 질서가 심각한 약점을 내포하고 있다는 점을 드러내고 있다. 문화주의적 연구들은 일본의 강점뿐 아니라 약점도 설명할 수 있는가? 위계와 합의적 문화는 긍정적 요인이 아니라 경제적 성공의 장애 요인이 될 수도 있었는가? 또는 무엇보다 일본문화가 과연 집단 정체성과 같은 특징을 갖고 있는지에 대해 의문을 제기할 필요가 있지는 않은가? 일본사회를 설명하기 위해 문화주의적 접근을 하는 학자들은 이제 새로운 질문을 제기하고 새로운 연구를 수행할 필요가 있다. 이러한 연구의 좋은 예는 일본 북부 도시에서 원전을 건설하려는 계획에 저항하는 캠페인을 분석한 르블랑(Robin LeBlanc)의 『배짱의 예술: 일본정치의 남성성, 권력, 그리고 윤리(The Art of the Gut: Manhood, Power, and Ethics in Japanese Politics)』(2010)이다. 르블랑은 후쿠시마 사태를 감안할 때 지극히 시의적절한 이 주제를 일본의 성 문화(gender culture)와 남성성의 개념이라는 맥락에서 설명한다. 르블랑은 일본문화에 대한 지식과 정보로 무장한 분석은 '일본성'에 대한 단순한 패러디를 초월할 수 있을 뿐 아니라 정치 행태에 대한 설득력 있는 직관을 제공할 수 있다. 이러한 유형의 더 많은 연구가 시급히 필요하다.

 ## 결론

현대 일본은 20세기 위대한 성공 스토리의 토대 위에 만들어졌다. 일본의 전후 재기는 경제 발전에 대한 일반적인 통념을 바꾸어 놓으며 국제 자본주의의 성격을 변화시켰다. 수많은 사회 및 경제 분야에서 일본

은 서양의 헤게모니에 도전했고 새로운 세계 기준을 만들었다. 일본은 아시아와 기타 지역에서 한편으로는 세계의 존경과 찬사를 받았고, 다른 한편으로는 질시와 경외의 대상이 되었다. 세계 전역에서 일본 제품의 기발함과 경탄스러울 정도의 문화적 성취에 매료되었다. 1980년대의 짧은 기간 동안 일본은 미국을 세계적 리더로서의 자리에서 밀어내고 '세계 제일'이 될 것처럼 보였다. 그러나 30여년 뒤 일본은 경제와 정치의 이중 경화증으로 인해 홀로 고독하게 고통을 겪는 사무라이가 되었다. 일본 주도의 '태평양 세기'라는 일장춘몽은 결국 사라졌다. 일본은 국가를 재개조하고 국가적 목표를 위한 예전의 활력을 되찾기 위해 노력 중이다.

일본이 어떻게 현재의 위치에 이르게 되었는지 이해하는 것은 대단히 어려운 일이다. 일본이 어떻게 현재의 어려움을 극복하고 다시 부상할 수 있을 것인지를 예상하는 것은 더욱 어려울 것이다. 일본에 대한 영문 문헌이 계속 늘어나고 있지만, 이 가운데 다수는 매우 편파적이다. 이를 이해하기 위해서는 주요 논쟁과 이 논쟁들을 주도한 학자들 사이의 견해 차이를 숙지할 필요가 있다. 이 책은 이러한 논쟁을 주류, 수정주의, 문화주의의 세 개 핵심 입장으로 축소시키려고 노력했다. 그러나 실제로는 다수의 일본 전문가들은 이러한 명칭을 거부할 것이다. '수정주의'라는 용어는 사실 특정 저자들이 채택한 입장에 대한 정확한 서술이라기보다는 연구 경향을 나타내는 데 불과하다. 그러나 무엇보다 일본을 연구하는 사람들은 자신이 현대 일본 연구라는 논쟁적 영역에 발을 들여놓는 순간 지적 지뢰밭에 들어가고 있다는 것을 이해해야 할 것이다.

 **추천도서**

1. 서론: 쟁점과 논쟁

주류 시각의 일반적인 관점은 Reischauer (1977)에 나타나 있으며, 라이샤워와 반대되는 수정주의 시각은 Karel van Wolferen의 1989년 저서와 Johnson (1995)의 논문집을 참고하시오. 문화주의 관점의 소개서로는 Benedict (1989)가 있으며 Dale (1986)은 일본인의 독특성을 분석하였다. 일본정치 입문서로 유용한 책은 Stockwin (2008)과 Neary (2002)이며, 일본문화 개론서로는 Garcia (2010)를 추천한다.

2. 역사적 배경

Pyle (1996b)과 Allinson (1997)은 근대 일본사 전반에 대해 명확하게 서술한 개론서이다. Waswo (1996)의 책 또한 유용하다. 도쿠가와 시대에 대해서는 Nakane and Shinzaburo (eds) (1990)을, 메이지시대에 관해서는 Gluck (1985)을, 그리고 메이지유신 자체에 대해서는 Keene (2002)을 참고하시오. 19세기 일본사에 대한 더욱 상세한 내용은 Jansen (ed.) (1989)에 포함되어 있다. Nakamura (1998)는 소화(昭和) 시대에 대한 일본인의 관점을 잘 보여주고 있으며, Gluck (1992)에 수록된 논문들은 소화 시대에 대한 개론서로 적합하다. 입헌주의의 기원에 대해서는 Banno (1992)를 참조하시오. 전쟁에 대한 논의를 위해서는 Ienaga (1978)와 Dower (1992)를, 원자폭탄 투하에 대해서는

*Diplomatic History*에 실린 Bernstein (1995) 및 다른 논문을 참고하시오. Bix (2000)는 히로히토 천황에 대한, Dower (1999)는 점령기에 대한 필독서이다.

3. 변화하는 정치경제

일본의 경제성장에 관해서는 Francks (1999)를 참고하시오. 일본 경제에 대한 일반적인 설명은 Ito (1992)가 탁월하며 Argy and Stein (1997)은 상대적으로 최근의 자료를 포함하고 있다. '발전국가' 모델과 일본식 자본주의의 특성을 이해하기 위해서는 Johnson (1982)을 우선적으로 읽어야 한다. 경제주의(economism)에 대해서는 McCormack (1986a)을 참고하시오. Hartcher (1997)는 재무성에 대한 저널리즘적인 설명을 제공하고 있다. 비판적인 관점을 위해 Katz (1998)를 참고하시오. Gao (2001)는 좀 더 균형 잡혀 있다. McKinsey and Company (2011)의 에세이들은 최근 일본 정치경제의 변화에 대한 통찰력을 제공하고 있다.

4. 사회구조와 사회정책

좋은 개론서는 Hendry (1995, 2003년 개정)인데, 일본에 대해 좀 더 비판적으로 바라보는 수정주의 관점으로 Sugimoto (2010)를 참고하시오. 일본사회에 대한 상당히 영향력 있는 문화주의 관점으로는 Nakane (1970)가 있다. *Japan National Tourist Organization* (1986)의 여행설명서는 일본인의 관점에서 상당히 솔직한 설명을 제공하고 있는데 Miyamoto (1994)의 저서도 그러하다. 일본의 소비주의(consumerism)에 대한 최고의 설명은 Clammer (1997)이다. Smith (1997)는 도농격차 문제를 훌륭히 다루고 있으며, Kelly (2002)의 주류 의식에 대한 에세이는 필독서이다. 사생아에 관한 Hertog (2009)의 저서는 성과 계급의 문제에 상당한 통찰력을 제공한다. 종교는 Davis (1991)가 날카롭게 분석하고 있다.

5. 통치 구조

일본의 정치제도에 대한 훌륭한 개론서로는 Stockwin (2008)이 있다. 지방정부에 대해서는 Reed (1986)를 참고하시오. 정치 엘리트에 대해서는 Rothacher (1993)를 참고하시오 (Rothacher의 저서는 부분적으로 van Wolferen의 1989년 저서에 대한 반응의 성격을 띠고 있다). 관료 엘리트에 대해서는 Koh (1989)를 참고하시오. 정책 과정에 대한 최고의 저서로는 Nakano (1997)가 있다. Rosenbluth and Thies (2010)는 일본의 최근 개혁과 정치, 경제적 변화를 연결하는 주목할 만한 최신 저작이다.

6. 정당정치

2009년 자민당 통치의 종식은 일본정치에 대한 이전의 저서들이 다소 뒤처지게 되었음을 의미한다. 뛰어난 개론서 중 하나로 Stockwin (2008)이 있다. 정당에 관해 가장 잘 설명하고 있는 책으로는 Hrebenar et al. (2000)가 있다. 선거운동 방식에 대한 Curtis (1971)의 논의는 고전으로 남아있다. 계속되는 밀실 거래와 같은 일본정치에 대한 '감'을 익히기 위해서는, 주요 정치인들의 회고록 등을 광범위하게 인용한 Masumi (1995)의 저서 앞부분을 참고하시오. 최근의 전개상황은 Rosenbluth and Thies (2010)와 Reed, McElwain and Shimizu (eds) (2009)의 책에 논의되어 있다. 2009년 선거에 대한 짧은 개요로는 McCargo (2010)가 있다.

7. 사회화와 시민사회

교육제도에 대한 논의를 위해서는 Slater (2010), Goodman (1989)과 McVeigh (1997 and 2002)를 참고하시오. 일본의 미디어는 Farley (1996)와 같은 책의 논문들, 그리고 McCargo (2003)에 분석되어 있다. Mouer and Sugimoto (1989)가 사회 통제의 쟁점에 대해 논의하고 있는데, Bayley (1991)와 McCormack (1986b)은 치안이나 형사사법제도에 대해 상반되는 관점을 제공하고 있다. Adelstein (2009)은 상당 부분 학술적이지는 않지만, 미디어와 경찰 모두에 대해 상당한 통찰력을 보여준다. Sato (1991)는 반사회적 하위문화에 관한 최고의 연구서이다. Avenell (2009, 2010)은 시민운동에 관한 흥미로운 관점을 제시하고 있다. Apter and Sawa (1984)는 산리즈카에서의 (나리타공항 반대 운동 - 역자 주) 급진적 저항에 대한 고전적 저술이다. 시민사회에 대한 최고의 저서는 Pharr and Schwartz (2003)이다. 일본 북부지역의 마을에서 원자력 발전소 건설에 대해 저항하는 운동을 다룬 LeBlanc (2010)의 저서는 최근 수년간 일본사회와 정치를 다룬 저서들 중 최고이다.

8. 일본의 대외관계

일본의 대외관계에 대해 잘 쓴 개론서로 Inoguchi (1993)가 있다. 최근의 저서로는 Hook et al. (2001)을 참고하시오. George (1988)는 미일관계에 대한 논의를 빈틈없이 다루고 있으며, Pyle (1996a)은 국제무대에서 일본이 처한 선택과 딜레마에 대해 가장 잘 논의한 저서이다. 다만 현재의 일본이 처한 안보딜레마에 관해서는 Samuels (2008)가 최고의 저술이다. 일본과 아시아 국가들과의 관계에 대해서는 Cronin (1991), Khamchoo (1991), 그리고 Rose (1998)를 참고하시오. 방위전략의 변화에 대한 논의는 Katahara (1998)가 있다. 북일관계에 대해서는 Hughes의 2009년 논문이 필독서이다. Lancaster (2009)는 일본의 개발원조 정책에 관해 매우 유용한 저서이다.

9. 결론

일본 상황의 전개를 따라잡기 위해서는 현재의 사회, 정치, 경제 쟁점에 대한 논문을 정기적으로 수록하는 *Journal of Japanese Studies, Japan Forum, and Social Science Japan Journal*이 적절하다. 비록 현재 출간되고 있지는 않지만, 수년간 Japan Echo는 최신 논쟁을 요약한 훌륭한 영문 글들을 게재하였다. 대부분의 영국과 미국 일간지들은 일본에 대해 잘 다루지 않고 있지만, Financial Times와 The Economist는 상당히 유용하다.

참고문헌

ABC Radio (2009) 'Bell Tolls for Japan's Hereditary Politics', 3 September, www.radioaustralia.net.au/asiapac/stories/200909/s2676097.htm, accessed 1 April 2010.
Abe, H., M. Shindo and S. Kawato (1994) *The Government and Politics of Japan*, Tokyo: University of Tokyo Press.
Abegglen, J. (1958) *The Japanese Factory,* Glencoe, IL: The Free Press.
Allinson, G. D. (1997) *Japan's Postwar History,* Ithaca, NY: Cornell University Press.
Adelstein, J. (2009) *Tokyo Vice: An American Reporter on the Police Beat in Japan*, New York, NY: Pantheon Books.
Alexy, A. (2007) 'Deferred Benefits, Romance, and the Specter of Later-Life Divorce,' in P. Backhaus (ed.) *Familienangelegenheiten*, Munich: Verlag, 169–88.
Alford, P. and D. McNeill (2010) 'Stop The Press? The Sankei and the State of Japan's Newspaper Industry,' *The Asia-Pacific Journal: Japan Focus*, March.
Allinson, G. D. (1997) *Japan's Postwar History*, Ithaca, NY: Cornell University Press.
Alvarez-Rivera, M. (2009) 'Swept Away: Japan's LDP Suffers Crushing Parliamentary Defeat', 2 September, *Global Economy Matters,* http://globaleconomydoesmatter.blogspot.com/2009/09/swept-away-japans-ldp-suffers-crushing.html, accessed 1 April 2010.
Ames, W. L. (1981) *Police and Community in Japan,* Berkeley, CA: University of California Press.
Angel, R. C. (1989) 'Prime Ministerial Leadership in Japan: Recent Changes in Personal Style and Administrative Organization', *Pacific Affairs,* 61 (4), winter, 583–602.
Apter, D. E. and N. Sawa (1984) *Against the State: Politics and Social Protest in Japan,* Cambridge, MA: Harvard University Press.
Argy, V. and L. Stein (1997) *The Japanese Economy,* Basingstoke: Macmillan – now Palgrave Macmillan.
Asher, D. (1996) 'What Became of the Japanese "Miracle"', *Orbis,* Spring, 215–34.
Avenell, S. A. (2009) 'Civil Society and the New Civic Movements in Contemporary Japan: Convergence, Collaboration, and Transformation', *Journal of Japanese Studies* 35 (2), 247–83.
Avenell, S. A. (2010) 'Facilitating Spontaneity: The State and Independent Volunteering in Contemporary Japan' *Social Science Japan Journal* 13 (1), 69–93.

Banno, J. (1992) *The Establishment of the Japanese Constitutional System*, London: Routledge.
Bayley, D. H. (1991) *Forces of Order: Policing Modern Japan*, Berkeley, CA: University of California Press.
BBC News (2007) 'How to fund Japan's ageing society', 22 November 2007, http://news.bbc.co.uk/2/hi/asia-pacific/7101663.stm.
Befu, H. (1980) 'A Critique of the Group Model of Japanese Society', *Social Analysis*, 5/6, 29–43.
Benedict, R. (1989) *The Chrysanthemum and the Sword*, Boston, MA: Houghton Mifflin.
Berkofsky, A. (2010) *Japan-North Korea Relations, Bad and Not Getting Better*, ISPI Policy Brief No 193, July, ISPI: Milan.
Bernstein, B. J. (1995) 'Understanding the Atomic Bomb and the Japanese Surrender: Missed Opportunities, Little-known Near Disasters and Modern Memory', *Diplomatic History*, 19 (2), Spring, 227–73.
Bingham, C. F. (1989) *Japanese Government Leadership and Management*, Basingstoke: Macmillan – now Palgrave Macmillan.
Bix, H. P. (1995) 'Japan's Delayed Surrender: A Reinterpretation', *Diplomatic History*, 19 (2), Spring, 197–225.
Bix, H. P. (2000) *Hirohito and the Making of Modern Japan*, London: Duckworth.
Boyd, J. P. and R. Samuels (2005) *Nine Lives: The Politics of Constitutional Reform in Japan*, Washington, DC: East-West Center.
Brenner, R. (2002) *The Boom and the Bubble: The US in the World Economy*, London: Verso Press.
Brody, B. (2002) *Opening the Door: Immigration, Ethnicity and Globalization in Japan*, New York, NY: Routledge.
Buckley, R. (2002) *The United States in the Asia-Pacific since 1945*, Cambridge: Cambridge University Press.
Butler, D. and D. Stokes (1974) *Political Change in Britain: The Evolution of Electoral Choice*. London: Macmillan.
Cabinet Office (2010) Statistics pages, http://www.esri.cao.go.jp/index-e.html, accessed 14 February 2012.
Calder, K. E. (1993) *Strategic Capitalism*, Princeton, NJ: Princeton University Press.
Callon, S. (1995) *Divided Sun: MITI and the Breakdown of Japanese High-tech Industrial Policy 1975–93*, Stanford, CA: Stanford University Press.
Campbell, A. et al. (1960) *The American Voter*. Chicago, IL: University of Chicago Press.
Chaplin, S (2007) *Japanese Love Hotels: A Cultural History*, Abingdon: Routledge.
Ching, L. (1996) 'Imagining in the Empires of the Sun: Japanese Mass Culture in Asia', in *Contemporary Japan and Popular Culture*, ed. John W. Treat. London: Curzon.
Christensen, R. (2000) *Ending the LDP Hegemony: Party Cooperation in Japan*, Honolulu: University of Hawaii Press.
Clammer, J. (1997) *Contemporary Urban Japan: A Sociology of Consumption*, Oxford: Blackwell.
Constantino, R. (1989) *The Second Invasion: Japan in the Philippines*, Quezon City: Karrel.

Craig, T. (ed.) (2000) *Japan Pop! Inside the World of Japanese Popular Culture*, New York: M.E. Sharpe.
Cronin, R. P. (1991) 'Changing Dynamics of Japan's Interaction with Southeast Asia', in *Southeast Asian Affairs 1991*, Singapore: Institute of Southeast Asian Studies, 49–68.
Curtis, G. (1971) *Election Campaigning Japanese Style*, New York: Columbia University Press.
Curtis, G. (1988) *The Japanese Way of Politics*, New York: Columbia University Press.
Curtis, G. (1999) *The Logic of Japanese Politics*, New York: Columbia University Press.
Curtis, G. (2001) 'The LDP in Decline: A Second JSP', *Japan Echo*, April, 25–8.
Curtis, G. (2011a), 'Creative Destruction In Japanese Politics', in McKinsey and Company, *Reimagining Japan: The Quest for a Future that Works*, San Francisco, CA: VIZ Media, 127–32.
Curtis, G. (2011b) 'Future Directions in US-Japan Relations', paper presented at New Shimoda Conference, Revitalizing Japan-US Strategic Partnership for a Changing World, February, Tokyo JCIE, at http://www.jcie.org/researchpdfs/newshimoda/CurtisFinalE.pdf, accessed 14 February 2012.
Daily Yomiuri (2009) 'Budget Screeners Duck Thorny Problems', 13 November.
Dale, P. (1986) *The Myth of Japanese Uniqueness*, London: Groom Helm.
Davis, W. (1991) 'Fundamentalism in Japan: Religious and Political', in M. E. Marty and R. S. Appleby (eds), *Fundamentalisms Observed*, Chicago, IL: University of Chicago Press, 782–813.
Defence Agency, Japan (1997), 'Defence of Japan 1997', Tokyo: *Japan Times*.
Dower, J. W. (1992) 'The Useful War', in C. Gluck and S. R. Graubard (eds), *Showa: The Japan of Hirohito*, New York: Norton, 49–70.
Dower, J. W. (1995) 'The Bombed: Hiroshimas and Nagasakis in Japanese Memory', Diplomatic History, 19 (2), Spring, 275–95.
Dower, J. W. (1999) *Embracing Defeat: Japan in the Aftermath of World War II*, Harmondsworth: Allen Lane.
DPJ (2011) Official Website of the Democratic Party of Japan, http://www.dpj.or.jp/english/about_us/philosophy.html
Ducke, I. (2007) *Civil Society and the Internet in Japan*, Abingdon: Routledge.
Earthquake Report (2011) *Japan Tohoku Earthquake and Tsunami: CATDAT 41 Report (October 2, 2011)*, http://earthquake-report.com/2011/10/02/japan-tohoku-earthquake-and-tsunami-catdat-41-report-october-2-2011/, accessed 14 February 2012.
Egami, T. (1994) 'Politics in Okinawa since the Reversion of Sovereignty', *Asian Survey*, 34 (9), 828–40.
Emmott, B. (2011) 'Shake Out of Stagnation' in J. Kingston (ed.) *Tsunami: Japan's Post-Fukushima Future, Washington: Foreign Policy*, 139–46.
Fackler, M. (2009) 'New Leaders in Japan Seek to End Cosy Ties to Press Clubs,' *New York Times*, 21 November.

Farley, M. (1996) 'Japan's Press and the Politics of Scandal', in E. Krauss and S. Pharr (eds), *Politics and Media in Japan,* Honolulu: University of Hawaii Press, 133–63.

Feldman, O. (1993) *Politics and the News Media in Japan,* Ann Arbor, MI: University of Michigan Press.

Fitzpatrick, M. (2011) 'Galapagos Syndrome: Japan's Gaze Turns Inward', *Times Higher,* 27 January.

Flanagan, S. C. (1991a) 'Mechanisms of Social Network Influence in Japanese Voting Behavior', in S. C. Flanagan *et al., The Japanese Voter,* New Haven, CT: Yale University Press, 143–97.

Flanagan, S. C. (1991b) 'The Changing Japanese Voter and the 1989 and 1990 Elections', in S. C. Flanagan *et al., The Japanese Voter,* New Haven, CT: Yale University Press, 431–68.

Foreign Press Center (1995) *The Diet, Elections and Political Parties,* Tokyo: Foreign Press Center (supplement, 1997).

Francks, P. (1999) *Japanese Economic Development: Theory and Practice,* 2nd edn, London: Routledge.

Freeman, L. (2000) *Closing the Shop: Information Cartels and Japan's Mass Media,* Princeton, NJ: Princeton University Press.

Friman, H. R. (1996) 'Gaijinhanzai: Immigrants and Drugs in Contemporary Japan', *Asian Survey,* 36 (10), 964–77.

Fukatsu, M. (1995) 'Whither Goes the 1955 System?' *Japan Quarterly,* April–June, 163–9.

Funabashi, Y. (2011) 'March 11 – Japan's Zero Hour', in McKinsey and Company, *Reimagining Japan: The Quest for a Future that Works,* San Francisco, CA: VIZ Media, 8–14.

Furnham, A. and K. Saito (2009) 'Cross-cultural Study of Attitudes Toward and Beliefs About, Male Homosexuality,' *Journal of Homosexuality,* 56 (3), 299–318.

Gao, Bai (2001) *Japan's Economic Dilemma,* New York: Cambridge University Press.

Garcia, H. (2010) *A Geek in Japan: Discovering the Land of Manga, Anime, Zen, and the Tea Ceremony,* Tokyo: Tuttle.

Garon, S. (1997) *Molding Japanese Minds: The State in Everyday Life,* Princeton, NJ: Princeton University Press.

George, A. (1988) 'Japan and the United States: Dependent Ally or Equal Partner?' in J. A. A. Stockwin *et al., Dynamic and Immobilist Politics in Japan,* Basingstoke: Macmillan – now Palgrave Macmillan, 237–98.

Gibney, F. (1998) 'Politics and Governance in Japan', in R. Maidment, D. Goldblatt and J. Mitchell (eds), *Governance in the Asia-Pacific,* London: Routledge, 51–78.

Gluck, C. (1985) *Japan's Modern Myths,* Princeton, NJ: Princeton University Press.

Gluck, C. (1992) 'The Idea of Showa', in C. Gluck and S. R. Graubard (eds), *Showa: The Japan of Hirohito,* New York: Norton, 1–26.

Gluck, C. (2009) '*Seninkin*/Responsibility in Modern Japan', in C. Gluck and A. Lowenhaupt Tsing (eds), *Words in Motion: Towards a Global Lexicon,* Durham, NC: Duke University Press, 83–106.

Goodman, R. (1989) 'Japanese Education: A Model to Emulate?', *The Pacific Review,* 2 (1), 24–37.

Goodman, R. (1998) 'The "Japanese-Style Welfare State" and the Delivery of Personal Social Services', in R. Goodman *et al.* (eds), *The East Asian Welfare Model,* London: Routledge, 139–58.
Goold, B. (2004) 'Idealizing The Other? Western Images of the Japanese Criminal Justice System,' *Criminal Justice Ethics,* 23 (2) 14–24.
Haley, J. O. (1987) 'Governance by Negotiation: A Reappraisal of Bureaucratic Power in Japan', *Journal of Japanese Studies,* 13, Summer, 343–57.
Haley, J. O. (2006) *The Spirit of Japanese Law*, Athens, GA: University of Georgia Press, 90–122.
Hall, I. (1998) *Cartels of the Mind: Japan's Intellectual Closed Shop,* New York: Norton.
Hanami, A. K. (1993) 'The Emerging Military–Industrial Relationship in Japan and the US Connection', *Asian Survey,* 33 (6), 592–609.
Hane, Mikiso (1996) *Eastern Phoenix: Japan Since 1945,* Boulder, CO: Westview Press.
Harada, M. (2002) 'Japanese Male Gay and Bisexual Identity', *Journal of Homosexuality,* 42 (2), 77–100
Harris, T. (2009) 'How Will the DPJ Change Japan?' *Naval War College Review,* (63), 1.
Hartcher, P. (1997) *The Ministry: The Inside Story of Japan's Ministry of Finance,* London: HarperCollins.
Hastings, M. (2007) *Nemesis: The Battle for Japan, 1944–45,* London: HarperPress.
Hatoyama, Y. (2002) 'My Scenario for Defeating the Liberal Democrats', *Japan Echo,* 37–40.
Hatoyama, Y. (2009) Press Conference, 16 September, available at www.kantei.go.jp/foreign/hatoyama/statement/200909/16kaiken_e.html, accessed 1 April 2010.
Hayashi, S. and A. McKnight (2005) 'Good-bye Kitty, Hello War: The Tactics of Spectacle and New Youth Movements in Urban Japan' *Positions: East Asia Cultures Critique,* 13 (1), 87–113.
Hayes, L. (1995) *Introduction to Japanese Politics,* 2nd edn, New York: Marlowe.
Helton, W. (1966) 'Political Prospects of Soka Gakkai', *Pacific Affairs,* 37: 231–44.
Hendry, J. (1995) *Understanding Japanese Society,* London: Routledge.
Hertog, E. (2009) *Tough Choices: Bearing an Illegitimate Child in Japan*, Stanford, CA: Stanford University Press.
Herzog, P. J. (1993) *Japan's Pseudo-democracy,* Folkestone: Japan Library.
Hester, J. T. (2008), 'Datsu Zainichi-ron: An Emerging Discourse on Belonging Among Ethnic Koreans in Japan,' in Graburn, N. H. H., Ertl, J. and Tierney, R. K. (eds) *Multiculturalism in The New Japan: Crossing The Boundaries Within,* New York: Berghahn Books.
Higuchi, Y. (1997) 'Trends in Japanese Labour Markets', in Mari Sako and Hiroki Sato (eds), *Japanese Labour and Management in Transition: Diversity, Flexibility and Participation,* London: Routledge, 27–52.
Hill, P. B. E. (2003) *The Japanese Mafia: Yakuza, Law, and the State,* Oxford: Oxford University Press.

Hirata, K. (2002) *Civil Society in Japan,* New York: Palgrave.
Hoffman, D. M. (1992) 'Changing Faces, Changing Places: The New Koreans in Japan', *Japan Quarterly,* October–December, 479–89.
Hondro, M. (2010) 'Smoking Rates Falls in Japan as Tobacco Companies Seek New Markets', *Suite101.com* (online).
Hook, G. and G. McCormack (2001) *Japan's Contested Constitution: Documents and Analysis,* London: Routledge.
Hook, G. et al. (2001) *Japan's International Relations: Politics, Economics and Security,* London: Routledge.
Horiuchi, A. (2000) 'Japan's Bank Crisis and the Issue of Governance' in P. Drysdale (ed.), *Reform and Recovery in East Asia,* London: Routledge, 28–58.
Horsley, W. and R. Buckley (1990) *Nippon, New Superpower: Japan Since 1945,* London: BBC Books.
Hoshi, T. and A. Kashyap (2001) *Corporate Financing and Governance in Japan,* Cambridge, MA: MIT Press.
Hrebenar, R. and A. Nakamura (2000) The Liberal Democratic Party', in R. Hrebenar *et al., Japan's New Party System,* Boulder, CO: Westview Press, 85–147.
Hrebenar, R. *et al.* (2000), *Japan's New Party System,* Boulder, CO: Westview Press.
Hughes, C. W. (2009) '"Super-Sizing" the DPRK Threat: Japan's Evolving Military Posture and North Korea,' *Asian Survey,* 49 (2), 291–311.
Hunziker, S. and I. Kamimura (1996) *Kakuei Tanaka: A Political Biography of Modern Japan,* Singapore: Times.
Ienaga, S. (1978) *The Pacific War, 1931–1945: A Critical Perspective on Japan's Role in World War II,* New York: Random House.
Iida, Y. (2005) 'Beyond the 'Feminization of Masculinity': Transforming Patriarchy With the "Feminine" in Contemporary Japanese Youth Culture', *Inter-Asia Cultural Studies,* 6 (1), 56–74.
Ijiri, H. (1996) 'Sino-Japanese Controversy since the 1972 Diplomatic Normalization', in C. Howe (ed.), *China and Japan: History, Trends, and Prospects,* Oxford: Oxford University Press.
Ikeda, K. *et al.* (2007) *A Comparative Survey of Democracy and Development. Japan Country Report, Second Wave of Asian Barometer Survey,* Working Paper No. 32, Taipei, Asian Barometer Project Office, National Taiwan University and Academia Sinica, available at www.asianbarometer.org/newenglish/publications/workingpapers/no.32.pdf.
Inoguchi, T. (1993) *Japan's International Relations,* London: Pinter.
Ishida, H. (1993) *Social Mobility in Contemporary Japan,* Basingstoke: Macmillan – now Palgrave Macmillan.
Ishihara, S. (1991) *The Japan That Can Say No,* New York: Simon & Schuster.
Ishii-Kuntz, M. (2008) 'Sharing of Housework and Childcare in Contemporary Japan', Paper for UN Division for the Advancement of Women, available at http://www.un.org/womenwatch/daw/egm/equalsharing/EGM-ESOR-2008-EP4Masako%20Ishii%20Kuntz.pdf.
ISS (2011) *The Military Balance,* London: Institute of Strategic Studies.

참고문헌 321

Ito, T. (1992) *The Japanese Economy*, Cambridge, MA: MIT Press.
Ito, M. (2009) 'Tying The Knot: Marriage Ever Changing Institution', *Japan Times*, 3 November.
Iwao N. (1998) 'Reforming the Catch-up Economy', in F. Gibney (ed.), *Unlocking the Bureaucrat's Kingdom: Deregulation and the Japanese Economy*, Washington, DC: Brookings Institution, 30 10.
Jain, P. C. (1991) 'Green Politics and Citizen Power in Japan: the Zushi Movement', *Asian Survey*, 31 (6), 559–75.
Jansen, M. B. (ed.) (1989) *The Cambridge History of Japan, Vol. 5, The Nineteenth Century*, Cambridge: Cambridge University Press.
Japan Institute of Labour (1997), *Japanese Working Life Profile 1996–97: Labor Statistics*, Tokyo: JIL.
Japan National Tourist Organization (1986) *Salaryman in Japan*, Tokyo: JNTO.
Japan Times (2008) 'Random Attack Claims Okayama Official: Teen Held In Deadly Train Platform Push,' 27 March.
Johnson, C. (1982) *MITI and the Japanese Miracle: The Growth of Industrial Policy, 1925–1975*, Stanford, CA: Stanford University Press.
Johnson, C. (1986) 'Tanaka Kakuei, Structural Corruption and the Advent of Machine Politics in Japan', *Journal of Japanese Studies*, 12 (1), 1–28.
Johnson, C. (1987) 'Political Institutions and Economic Performance: The Government–Business Relationship in Japan, South Korea and Taiwan', in F. C. Deyo (ed.), *The Political Economy of the New Asian Industrialism*, Ithaca, NY: Cornell University Press.
Johnson, C. (1995) *Japan: Who Governs? The Rise of the Developmental State*, New York: Norton.
Johnson, C. (1998) 'Economic Crisis in East Asia: the Clash of Capitalisms', *Cambridge Journal of Economics*, 22, 653–61.
Johnson, D. M. (2009), 'Early Returns from Japan's New Criminal Trials', *The Asia-Pacific Journal: Japan Focus*, September.
Johnson, D. T. (2002) *The Japanese Way of Justice: Prosecuting Crime in Japan*, New York: Oxford University Press.
Johnson, S. (1994) 'Continuity and Change in Japanese Electoral Patterns: the 1993 General Election in Yamanashi', *Japan Forum*, 6 (1), 8–20.
Jolivet, M. (1997) *Japan: The Childless Society?* London: Routledge.
Jones, R. S. (1988), 'The Economic Implications of Japan's Aging Population', *Asian Survey*, 28 (9), 958–69.
Kabashima, I. (2000) 'The LDP'S "Kingdom of the Regions" and the Revolt of the Cities', *Japan Echo*, October, 22–8.
Kabashima, I. (2001) 'The Rise of the Anti-LDP Independents', *Japan Echo*, June, 9–15.
Kakehashi, K. (2007) *Letters from Iwo Jima*, London: Weidenfeld and Nicolson.
Kamata, S. (1982) *Japan in the Passing Lane: An Insider's Account of Life in a Japanese Auto Factory*, London: Counterpoint.
Kaplan, D. E. and A. Marshall (1996) *The Cult at the End of the World: The Incredible Story of Aum*, London: Hutchinson.
Katada. S. (2002) 'Japan's Two-Track Aid Approach', *Asian Survey*, 42 (2), 320–42.

Katahara, E. (1998) 'Japan', in C. E. Morrison (ed.), *Asia Pacific Security Outlook 1998*, Tokyo: Japan Center for International Exchange, 65–76.

Katz, R. (1998) *Japan: The System That Soured*, New York: M.E. Sharpe.

Kawai, K. (1960) *Japan's American Interlude*, Chicago, IL: University of Chicago Press.

Kawanishi, H. (1986) 'The Reality of Enterprise Unionism', in G. McCormack and Y. Sugimoto (eds), *Democracy in Contemporary Japan*, New York: M.E. Sharpe, 138–56.

Keehn, E. B. (1990) 'Managing Interests in the Japanese Bureaucracy: Informality and Discretion', *Asian Survey*, 30 (11), 1021–37.

Keene, D. (2002) *Emperor of Japan: Meiji and His World 1852-1912*, New York: Columbia University Press.

Kelly, B. (1998) 'Japan's Empty Orchestras: Echoes of Japanese Culture in the Performance of Karaoke', in D. Martines (ed.), *The Worlds of Japanese Popular Culture*, Melbourne: Cambridge University Press, 75–87.

Kelly, W. (2002) 'At the Limits of New Middle Class Japan: Beyond Mainstream Consciousness,' in L. S. O. Zunz and N. Hiwatari (eds), *Social Contracts Under Stress: The Middle Classes of America, Europe and Japan at the Turn of the Century*, New York: Russell Sage Foundation.

Kennedy, P. (1994) 'Conclusion - Japan: A Twenty-First-Century Power?', in C. C. Garby and M. Brown Bullock (eds), *Japan: A New Kind of Superpower?* Washington, DC: Woodrow Wilson Center Press, 193–9.

Khamchoo, C. (1991) 'Japan's Role in Southeast Asian Security: Plus ca Change . . .', *Pacific Affairs*, 64 (1), 7–22.

Knight, J. (1994) 'Rural Revitalization in Japan: Spirit of the Village and Taste of the Country', *Asian Survey*, 34 (7), 34–46.

Kobayashi, Y. (2000) 'Reading the Election Results', *Japan Echo*, October, 29–32.

Koh, B. C. (1989) *Japan's Administrative Elite*, Berkeley, CA: University of California Press.

Kohno, M. (1997) *Japan's Postwar Party Politics*, Princeton, NJ: Princeton University Press.

Koll, J. (2011) 'Poised for Prosperity' in McKinsey & Company (eds), *Reimagining Japan: The Quest for a Future that Works*, San Francisco, CA: VIZ Media, 114–20.

Kosugi, R. (2006) 'Youth Employment in Japan's Economic Recovery: "Freeters" and "NEETs"', *The Asia Pacific Journal: Japan Focus*.

Krauss, E. S. (1988) 'The 1960's Japanese Student Movement in Retrospect', in G. Bernstein and H. Fukui (eds), *Japan and the World*, London: Macmillan – now Palgrave Macmillan, 95–115.

Krauss, E. S. and B. L. Simcock (1980) 'Citizens' Movements: The Growth and Impact of Environmental Protests in Japan', in K. Steiner, E. S. Krauss and S. C. Flanagan (eds), *Political Opposition and Local Politics in Japan*, Princeton, NJ: Princeton University Press, 187–227.

Krauss, E. S. and M. Muramatsu (1988) 'The Japanese Political Economy Today: The Patterned Pluralist Model', in D. I. Okimoto and T. P. Rohlen (eds), *Inside the Japanese System*, Stanford, CA: Stanford University Press, 208–10.

Krugman, P. (1999) 'The Return of Depression Economics', *Foreign Affairs,* 78 (1), 56–74.
Kume, I. (1998) *Disparaged Success: Labor Politics in Postwar Japan,* Ithaca, NY: Cornell University Press.
Lancaster, C. (2009) 'Japan's ODA: Naiatsu and Gaiatsu,' in D. Leheny and K. Warren (eds), *Japanese Aid and The Construction of Global Development: Inescapable Solutions,* New York: Routledge, 29–53.
Large, S. S. (1992) *Emperor Hirohito and Showa Japan: A Political Biography,* London: Routledge.
LeBlanc, R. (2010) *The Art of the Gut: Manhood, Power, and Ethics in Japanese Politics,* Berkeley, CA: University of California Press.
Liddle, J. and S. Nakajima (2000) *Rising Suns, Rising Daughters: Gender, Class and Power in Japan,* London: Zed.
Liddy, J. (2002) 'Brandname Beauties On Sale', Freezerbox.com, 14 March, http://www.freezerbox.com/archive/article.php?id=188, accessed 14 February 2012.
Lincoln, E. J. (1988) *Japan: Facing Economic Maturity,* Washington, DC: Brookings Institution.
Lincoln, E. J. (2001) *Arthritic Japan: The Slow Pace of Economic Reform,* Washington, DC: Brookings Institution.
Liu, X. (2005) 'The Hip Hop Impact on Japanese Youth Culture', *Southeast Review of Asian Studies,* 27.
Lock, M. (1996) 'Centering the Household: The Remaking of Female Maturity in Japan', in A. E. Imamura (ed.), *Re-imaging Japanese Women,* Berkeley, CA: University of California Press, 73–103.
MacDougall, T. (1988) 'The Lockheed Scandal and the High Cost of Politics in Japan', in A. Markovits and M. Silverstein (eds), *The Politics of Scandal,* New York: Holmes & Meier, 193–229.
Maclachlan, P. (2006) 'Storming the Castle: The Battle for Postal Reform in Japan.' *Social Science Japan Journal,* 9 (1), 1–18.
Mainichi Daily News (2010) 'No. of Crime Cases in Japan in 2010 Likely To Hit 23-Yr Low', 17 December.
Mansfield, M. (1989) 'Japan and the US: Sharing the Destinies', *Foreign Affairs,* 38 (2), 3–15.
Martin, S. L. (2011) *Popular Democracy in Japan: How Gender and Community are Changing Modern Electoral Politics,* Ithaca, NY: Cornell University Press.
Masumi, J. (1995) *Contemporary Politics in Japan,* Berkeley, CA: University of California Press.
Matsui, S. (2011) *The Constitution of Japan: A Contextual Analysis,* Oxford: Hart.
Matsumoto, K. and J. Shoji (2002) 'Critiquing Herbert Bix's "Hirohito"', *Japan Echo,* December: 64–8.
Matsutani, M. (2010) 'Shedding Light On Death Penalty: Japan Part of a Shrinking Roster of Nations With Capital Punishment,' *Japan Times,* 28 August.
McCargo, D. (1998) 'Elite Governance: Business, Bureaucrats and the Military', in R. Maidment, D. Goldblatt and J. Mitchell (eds), *Governance in the Asia-Pacific,* London: Routledge, 126–49.

McCargo, D. (2003) *Media and Politics in Pacific Asia*, London: Routledge.

McCargo, D. (2010) 'An Incomplete Change of Course: Japan's Landmark 2009 Lower-House Elections and Their Aftermath', *Representation*, 46 (4), 471–9.

McCargo, D. and Lee Hyon-suk (2010) 'Japan's Political Tsunami: What's Media Got To Do With It?' *International Journal of Press/Politics* 15(2), 236–45.

McCormack, G. (1986a) 'Beyond Economism: Japan in a State of Transition', in G. McCormack and Y. Sugimoto (eds), *Democracy in Contemporary Japan*, New York: M.E. Sharpe, 39–64.

McCormack, G. (1986b) 'Crime, Confession and Control in Contemporary Japan', in G. McCormack and Y. Sugimoto (eds), *Democracy in Contemporary Japan*, New York: M.E. Sharpe, 186–94.

McCormack, G. (1996) *The Emptiness of Japanese Affluence*, New York: M.E. Sharpe.

McCormack, G., S. Kunitoshi and U. Etsuko (2012) 'Okinawa, New Year 2012: Tokyo's Year End Surprise Attack', *The Asia-Pacific Journal* 10 (2), January.

McCurry, J. (2010) 'Japan's Women Toast Their Own Health As Life Expectancy Rises Again'. *The Guardian*, 1 August, available: http://www.guardian.co.uk/world/2010/aug/01/japan-women-life-expectancy-rises, accessed 14 February 2012.

McCurry, J. (2007) 'Japan enters the age of silver divorces', *The Guardian*, 18 October, available: http://www.guardian.co.uk/news/2007/oct/18/internationalnews, accessed 17 November 2010.

McCurry, J. (2010) 'Centenarians "missing" ahead of Japanese day honouring elderly', *The Guardian*, 12 August 2010, http://www.guardian.co.uk/world/2010/aug/12/japan-missing-elderly-centenarians.

McGregor, R. (1996) *Japan Swings*, St Leonards: Allen & Unwin.

McKean, M. A. (1980) 'Political Socialization Through Citizens' Movements', in K. Steiner, E. S. Krauss and S. C. Flanagan (eds), *Political Opposition and Local Politics in Japan*, Princeton, NJ: Princeton University Press, 228–73.

McKean, M. A. (1981) *Environmental Protest and Citizen Politics in Japan*, Berkeley, CA: University of California Press.

McKinsey and Company (2011) *Reimagining Japan: The Quest for a Future that Works*, San Francisco, CA: VIZ Media.

McLelland, M. (2000) *Male Homosexuality in Japan*, Richmond: Curzon.

McVeigh, B. J. (1997) *Life in a Japanese Women's College: Learning to be Ladylike*, London: Routledge.

McVeigh, B. J. (1998) *The Nature of the Japanese State: Rationality and Rituality*, London: Routledge.

McVeigh, B. J. (2002) *Japanese Higher Education as Myth*, New York: M.E. Sharpe.

Mendl, W. (1995) *Japan's Asia Policy*, London: Routledge.

Messmer, P. (2010) 'Drop in Number of Japan's Foreign Workers Amid Economic Crisis,' *The Guardian*, 3 August.

Metraux, D. A. (1995), 'Religious Terrorism in Japan: The Fatal Appeal of Aum Shinrikyo', *Asian Survey*, 35 (12), 1,140–54.

Midford, P. (2003) 'Japan's Response to Terror', *Asian Survey*, 43 (2), 329–51.
Mikanagi, Y. (1996) *Japan's Trade Policy: Action or Reaction?* London: Routledge.
Miyamoto, M. (1994) *Straightjacket Society: An Insider's Irreverent View of Bureaucratic Japan*, Tokyo: Kodansha.
Mouer, R. and Y. Sugimoto (1989) *Images of Japanese Society*, London: Kegan Paul International.
Murakami, H. (2001) *Underground: The Tokyo Gas Attack and the Japanese Psyche*, London: Panther.
Murphy, R. T. (1996) *The Weight of the Yen*, New York: Norton.
Nagata, K. (2009) 'Hereditary Politicians A Fact of Life: Some in LDP Call for Curbs on Bluebloods', *The Japan Times*, 27 April.
Nakamura, T. (1998) *A History of Showa Japan, 1926–1989*, Tokyo: University of Tokyo Press.
Nakane, C. (1970) *Japanese Society*, Berkeley, CA: University of California Press.
Nakane, C. and O. Shinzaburo (eds) (1990) *Tokugawa Japan*, Tokyo: University of Tokyo Press.
Nakano, M. (1997) *The Policy-making Process in Contemporary Japan*, Basingstoke: Macmillan – now Palgrave Macmillan.
Neary, I. (1997) 'Burakumin in Contemporary Japan', in M. Weiner (ed.), *Japan's Minorities: The Illusion of Homogeneity*, London: Routledge: 50–78.
Neary, I. (2002) *The State and Politics in Japan*, Cambridge: Polity Press.
Neill, M. (2009) 'Japan's "Herbivore Men" – Less Interested in Sex, Money,' CNN World, 5 June, available at http://articles.cnn.com/2009-06-05/world/japan.herbivore.men_1_japanese-men-men-and-women-girl-friend?_s=PM:WORLD, accessed 14 February 2012.
Noguchi, H. and Takahashi, K. (2012) 'Hurdles still high for foreign caregivers / Govt measures help, but exam success rates still lag far behind those for Japanese', Yomiuri Online 30 March 2012, http://www.yomiuri.co.jp/dy/national/T120329005997.htm.
Nuttall, S. (1998) 'Europe and Northeast Asia', in H. Maull, G. Segal and J. Wanandi (eds), *Europe and the Asia Pacific*, London: Routledge, 174–83.
O'Brien, D. M. and Y. Ohkoshi (2001) 'Stifling Judicial Independence From Within: The Japanese Judiciary', in P. H. Russell and D. M. O'Brien (eds) *Judicial Independence in the Age of Democracy: Critical Perspectives From Around the World*, University Press of Virginia, 37–61.
OECD (Organisation for Economic Co-operation and Development) (2010) 'Share of Births Outside of Marriage and Teenage Births', *OECD Family Database* [Online] available: www.oecd.org/els/social/family/database, accessed 17 November, 2010.
Oka, T. (1994) *Prying Open the Door: Foreign Workers in Japan*, Washington, DC: Carnegie Endowment for International Peace.
Okabe, M. (2001) *Cross Shareholdings in Japan*, Cheltenham: Edward Elgar.
Okano, K. and M. Tsuchiya (1999) *Education in Contemporary Japan*, Melbourne: Cambridge University Press.

Okimoto, D. I. (1989) *Between MITI and the Market,* Stanford, CA: Stanford University Press.
Osaki, T. (2011) 'Japanese Teens Not Interested in Sex', CNN GO, http://www.cnngo.com/tokyo/life/no-sex-japanese-teens-boys-increasingly-show-no-interest-521163, accessed 14 February 2012.
Ozawa, I. (1994) *Blueprint for a New Japan: The Rethinking of a Nation,* New York: Kodansha.
Parker Jr, L. C. (1984) *The Japanese Police System Today: An American Perspective,* Tokyo: Kodansha.
Passin, H. (1982) *Society and Education in Japan,* Tokyo: Kodansha.
Pekkanen, R. (2006) *Japan's Dual Civil Society: Members Without Advocates,* Stanford, CA: Stanford University Press.
Pempel, T. J. (1987) 'The Tar Baby Target: "Reform" of the Japanese Bureaucracy', in R. E. Ward and S. Yoshikazu (eds), *Democratizing Japan: The Allied Occupation,* Honolulu: University of Hawaii Press.
Pempel, T. J. (1998) *Regime Shift: Comparative Dynamics of the Japanese Political Economy,* Ithaca, NY: Cornell University Press.
Pharr, S. J. (1990) *Losing Face: Status Politics in Japan,* Berkeley, CA: University of California Press.
Pharr, S. J. and F. Schwartz (2003) *The State of Civil Society in Japan,* Cambridge: Cambridge University Press.
Pilling, D. (2011) 'Trans-Pacific Partnership: far-reaching agreement could form powerful new trade bloc, *Financial Times,* 8 November.
Police Policy Research Center (ed.) (2005) 'Japanese Community Police and Police Box System', *National Police Agency (NPA)* [Online] Available: http://www.npa.go.jp/english/index.htm, accessed 14 February 2012.
Posen, A. (1998) *Restoring Japan's Economic Growth,* Washington, DC: Institute for International Economics.
Posen, A. (2011) 'Send in the *Samurai*' in McKinsey and Company (eds), *Reimagining Japan: The Quest for a Future that Works,* San Francisco, CA: VIZ Media, *102–7.*
Potter, D. M. (1996), *Japan's Foreign Aid to Thailand and the Philippines,* Basingstoke: Macmillan – now Palgrave Macmillan.
Prestowitz, C. V. (1988) *Trading Places: How America Allowed Japan to Take the Lead,* Tokyo: Tuttle.
Pyle, K. B. (1996a) *The Japanese Question: Purpose and Power in a New Era,* 2nd edn, Washington, DC: AEI Press.
Pyle, K. B. (1996b) *The Making of Modern Japan,* 2nd edn, Lexington, MA: D.C. Heath.
Ramseyer, J. M. and N. Nakazato (1999), *Japanese Law: An Economic Approach,* Chicago, IL: University of Chicago Press.
Raymo, J. *et al.* (2009) 'Cohabitation and Family Formation in Japan', *Demography,* 46 (4), 785–803.
Reed, S. R. (1981) 'Environmental Politics: Some Reflections Based on the Japanese Case', *Comparative Politics,* April, 235–70.
Reed, S. R. (1986) *Japanese Prefectures and Policymaking,* Pittsburgh, PA: University of Pittsburgh Press.
Reed, S. R., K. M. McElwain and K. Shimizu (eds) (2009) *Political Change in Japan: Electoral Behavior, Party Realignment and the Koizumi*

Reforms, Stanford, CA: The Walter H. Shorenstein Asia-Pacific Research Center

Reed, S. R., and K. Shimizu (2009) 'Avoiding a Two-Party System: The Liberal Democratic Party versus Duverger's Law' in S. R. Reed, K. M. McElwain and K. Shimizu, *Political Change in Japan: Electoral Behavior, Party Realignment and the Koizumi Reforms*, Stanford CA: The Walter H. Shorenstein Asia-Pacific Research Center, 29–46.

Reischauer, E. O. (1977) *The Japanese*, Cambridge, MA: Harvard University Press.

Religion in Japan Today (1992) Tokyo: Foreign Press Center, Japan.

Rohlen, T. (1983) *Japan's High Schools*, Berkeley, CA: University of California Press.

Rose, C. (1998) *Interpreting History in Sino-Japanese Relations: A Case Study in Political Decision-making*, London: Routledge.

Rosenberger, N. (2001) *Gambling with Virtue: Japanese Women and the Search for Self in a Changing Nation*, Honolulu: University of Hawaii Press.

Rosenbluth, F. M. and M. F. Thies (2010) *Japan Transformed: Political Change and Economic Restructuring*, Princeton, NJ: Princeton University Press.

Rothacher, A. (1993) *The Japanese Power Elite*, Basingstoke: Macmillan – now Palgrave Macmillan.

Rowley, A. and L. do Rosario (1991) 'Japan's View of Asia: Empire of the Sun', in N. Holloway (ed.), *Japan in Asia*, Hong Kong: Far Eastern Economic Review, 7–20.

Ruoff, K. J. (1993) 'Mr Tomino goes to City Hall: Grassroots Democracy in Zushi City, Japan', *Bulletin of Concerned Asian Scholars*, 25 (3), July–September, 22–32.

Ryang, S. (1997) *North Koreans in Japan: Language, Ideology and Identity*, Boulder, CO: Westview Press.

Sako, M. (1997) 'Introduction', in M. Sako and H. Sato (eds), *Japanese Labour and Management in Transition: Diversity, Flexibility and Participation*, London: Routledge, 1–24.

Samuels, R. J. (2008) *Securing Japan: Tokyo's Grand Strategy and the Future of East Asia*, Ithaca, NY: Cornell University Press.

Samuels, R. J. (2011) 'Japan After Kan: Implications For The DPJ's Political Future', Interview with Chris Acheson, National Bureau for Asian Research, 19 August, http://www.nbr.org/research/activity.aspx?id=168, accessed 14 February 2012.

Sato, I. (1991) *Kamikaze Biker: Parody and Anomy in Affluent Japan*, Chicago, IL: University of Chicago Press.

Sato, T. (1990) 'Tokugawa Villages and Agriculture', in Chie Nakane and Shinzaburo Oishi (eds), *Tokugawa Japan*, Tokyo: University of Tokyo Press, 37–80.

Scalise, P. (2011) 'Can TEPCO Survive?' in Jeff Kingston (ed.) *Tsunami: Japan's Post-Fukushima Future*, Washington: Foreign Policy, 204–10.

Schaller, M. (1989) *Douglas MacArthur: The Far Eastern General*, New York: Oxford University Press.

Schlesinger, J. M. (1997) *Shadow Shoguns: The Rise of Fall of Japan's Postwar Political Machine*, New York: Simon & Schuster.

Schoppa, L. J. (1991) *Education Reform in Japan: Case of Immobilist Politics*, London: Routledge.
Schwab, K. (2011) 'Is Japan Past Its Creative Prime?' in McKinsey and Company (eds), *Reimagining Japan: The Quest for a Future that Works*, San Francisco, CA: VIZ Media, *121–6*.
Shibusawa, M. (1984) *Japan and the Asian Pacific Region*, London: Croom Helm and Royal Institute of International Affairs.
Shigenori M. (2011) *The Constitution of Japan: A Contextual Analysis*, London: Hart.
Siddle, R. (1996) *Race, Resistance and the Ainu of Japan*, London: Routledge.
Skov, L. (1996) 'Fashion Trends, Japonisme and Postmodernism, or "What is so Japanese about Comme des Garçons?"', *Theory, Culture and Society*, 13:3, 129–51.
Slater, D. H. (2010) 'The Making of Japan's New Working Class: "Freeters" and the Progression From Middle School to the Labor Market', *The Asia-Pacific Journal*, January.
Slove, L. (1996) 'Fashion Trends, Japonisme and Postmodernism' in J. W. Treat (ed.), *Contemporary Japan and Popular Culture*, Richmond: Curzon, 137–68.
Smith, B. (1986) 'Democracy Derailed: Citizens' Movements in Historical Perspective', in G. McCormack and Y. Sugimoto (eds), *Democracy in Contemporary Japan*, New York: M.E. Sharpe, 157–72.
Smith, P. (1997) *Japan: A Reinterpretation*, New York: Random House.
Smith, R. J. (1987) 'Gender Inequality in Contemporary Japan', *Journal of Japanese Studies*, 13 (1), 1–25.
Söderberg, M. (ed.) (1996) *The Business of Japanese Foreign Aid*, London: Routledge.
Son, M. (2011) 'Beyond Nuts and Bolts', in McKinsey & Company (eds), *Reimagining Japan: The Quest for a Future that Works*, San Francisco, CA: VIZ Media, 57–8.
Statistics Bureau, Ministry of Internal Affairs and Communication (2011), http://www.stat.go.jp/english/data/handbook/c11cont.htm, chapter 11, accessed 14 February 2012.
Steiner, K. (1965) *Local Government in Japan*, Stanford, CA: Stanford University Press.
Steinhoff, P. G. (1989) 'Protest and Democracy', in Takeshi Ishida and Ellis S. Krauss (eds), *Democracy in Japan*, Pittsburgh. PA: University of Pittsburgh Press, 171–98.
Stockwin, J. A. A. (1992) 'The Japan Socialist Party: Resurgence After Long Decline', in R. Hrebenar *et al.*, *The Japanese Party System*, Boulder, CO: Westview Press, 81–115.
Stockwin, J. A. A. (1996) 'New Directions in Japanese Politics', in I. Neary (ed.), *Leaders and Leadership in Japan*, Richmond: Japan Library, 265–75.
Stockwin, J.A.A. (2008) *Governing Japan: Divided Politics in a Resurgent Economy*, Oxford: Blackwell.
Sugimoto, Y. (1986) 'The Manipulative Basis of "Consensus" in Contemporary Japan', in G. McCormack and Y. Sugimoto (eds), *Democracy in Contemporary Japan*, New York: M.E. Sharpe, 65–75.

Sugimoto, Y. (1997) *An Introduction to Japanese Society*, Cambridge: Cambridge University Press.
Sugimoto, Y. (2010a) *An Introduction to Japanese Society*, Melbourne: Cambridge University Press.
Sugimoto, Y. (2010b) 'Class and Work in Cultural Capitalism: Japanese Trends' *The Asia-Pacific Journal: Japan Focus 2010*, http://japanfocus.org/-Yoshio-Sugimoto/3419.
Suzuki, K. (1995) 'Women Rebuff the Call for More Babies', *Japan Quarterly*, January–March, 14–20.
Suzuki, T. (2002) 'Koizumi vs Hatoyama', *Japan Echo*, December, 31–6.
Taira, K. (1997) 'Troubled National Identity: The Ryukuans/Okinawans', in M. Weiner (ed.), *Japan's Minorities: The Illusion of Homogeneity*, London: Routledge, 140–77.
Takagi, M. (1991) 'A Living Legacy of Discrimination', *Japan Quarterly*, July–September, 283–90.
Takayama, K. (2008) 'The Politics of International League Tables: PISA in Japan's Achievement Crisis Debate,' *Comparative Education*, 44(4), 387–407.
Takenaka, H. (2002) 'Introducing Junior Ministers and Reforming the Diet in Japan', *Asian Survey*, 42 (6), 928–39.
Tanaka. N. (2000) 'Does the LDP Have a Future', *Japan Echo*, December, 20–5.
Tanaka, Y. (1996) *Hidden Horrors: Japanese War Crimes in World War II*, Boulder, CO: Westview Press.
Taoka. S. (1997) *The Japanese-American Security Treaty without a US Military Presence*, Japan Policy Research Institute, Working Paper no. 31, March.
Taro, Y. (1990) 'The Recruit Scandal: Learning from the Causes of Corruption', *Journal of Japanese Studies*, 93–114.
The Guardian (2010) 'Centenarians "Missing" Ahead of Japanese Day Honouring Elderly', 12 August.
Thurston, D. (1973) *Teachers and Politics in Japan*, Princeton, NJ: Princeton University Press.
Thurston, D. R. (1989) 'The Decline of the Japan Teachers Union', *Journal of Contemporary Asia*, 19 (2), 186–205.
Tomita, N. *et al.* (1992) 'The Liberal Democratic Party: The Ruling Party of Japan', in R. Hrebenar *et al.*, *The Japanese Party System*, Boulder, CO: Westview Press, 237–84.
Totani, Y. (2009) *Tokyo War Crimes: the Pursuit of Justice in the Wake of World War II*, Cambridge, MA: Harvard University Asia Center.
Treat, J. W. (ed.) (1996) *Contemporary Japan and Popular Culture*, Richmond: Curzon Press.
Tsunoda, T. (1985) *The Japanese Brain: Uniqueness and Universality*, Tokyo: Taishukan.
Tsutsui, W. M. (2010) *Japanese Popular Culture and Globalization*, Ann Arbor, MI: Association for Asian Studies.
Uesugi, T. (2008) *Journalism hokai* [The collapse of journalism], Tokyo: Gentosha.
Ui, J. (1992) 'Minamata Disease', in Jun Ui (ed.), *Industrial Pollution in Japan*, Tokyo: United Nations University Press.

UNODC (United Nations Office on Drugs and Crime) (2001) 'The Seventh United Nations Survey of Crime Trends and Operations of Criminal Justice Systems' [Online] Available: http://www.unodc.org/pdf/crime/seventh_survey/7sc.pdf, accessed 14 February 2012.
Upham, F. K. (1987) *Law and Social Change in Postwar Japan*, Cambridge, MA: Harvard University Press.
van Wolferen, K. (1989) *The Enigma of Japanese Power*, London: Papermac.
van Wolferen, K. (1993) 'Japan's Non-revolution', *Foreign Affairs*, 72 (4), 54–65.
Vogel, E. F. (1979) *Japan as Number One: Lessons for America*, Cambridge, MA: Harvard University Press.
Wade, R. (1999) 'The Coming Fight Over Capital Flows', *Foreign Policy*, 113,41–54.
Waswo, A. (1996) *Modern Japanese Society, 1868–1994*, Oxford: Oxford University Press.
Watanuki, J. (1991) 'Social Structure and Voting Behavior', in S. C. Flanagan *et al.*, *The Japanese Voter*, New Haven, CT: Yale University Press, 49–83.
Weiner, M. (1997) 'Introduction', in M. Weiner (ed.), *Japan's Minorities: The Illusion of Homogeneity*, London: Routledge, x–xviii.
Westney, D. E. (1996) 'Mass Media as Business Organisations: A U.S.–Japanese Comparison', in S. J. Pharr and E. S. Krauss (eds), *Media and Politics in Japan*, Honolulu: University of Hawaii Press, 47–88.
Whittaker, D. H. (1997) *Small Firms in the Japanese Economy*, Cambridge: Cambridge University Press.
Whittaker, D. H. and Y. Kurosawa (1998) 'Japan's Crisis: Evolution and Implications', *Cambridge Journal of Economics*, 22, 761–71.
Williams, D. (1996) 'Ozawa Ichiro: The Making of a Japanese Kingmaker', in I. Neary (ed.), *Leaders and Leadership in Japan*, Richmond: Japan Library, 276–97.
Woodall, B. (1996) *Japan Under Construction: Corruption, Politics and Public Works*, Berkeley, CA: University of California Press.
World Bank (1993) *The East Asian Miracle: Economic Growth and Public Policy*, New York: Oxford University Press.
Wright, D. (2010) 'Impasse at MCAS Futenma,' *Critical Asian Studies*, 42 (3), 457–68.
Wright, M. (2002) *Japan's Fiscal Crisis*, Oxford: Oxford University Press.
Yamamoto, H. (1993) 'The Lifetime Employment System Unravels', *Japan Quarterly*, October–December, 381–94.
Yayama, T. (1998) 'Who Has Obstructed Reform?', in F. Gibney (ed.), *Unlocking the Bureaucrat's Kingdom: Deregulation and the Japanese Economy*, Washington, DC: Brookings Institution, 91–115.
Yoneyama, S. (1999) *The Japanese High School: Silence and Resistance*, London: Routledge.
Young, L. (1998) *Japan's Total Empire: Manchuria and the Culture of Wartime Imperialism*, Berkeley, CA: University of California Press.
Zielenziger, M. (2006) *Shutting Out the Sun: How Japan Created Its Lost Generation*, New York: Nan. A. Talese.

찾아보기

A
APEC ☞ 아시아태평양경제협력체 참조
ASEM ☞ 아시아유럽정상회의 참조

O
ODA 284-286; ODA 공여국 283; ODA정책 285-286; ODA헌장 285
PKO: PKO協力法 262; PKO활동 262
TPP ☞ 환태평양경제동반자협정 참조

ㄱ
가네마루 신(金丸信) 281
가르시아(H. Garcia) 20
가부장적 경영(paternalistic management) 79
가부키(歌舞伎) 17
가오(Bai Gao) 94, 96
가와바타 야스나리(川端康成) 17
가와쿠보 레이(川久保玲) 18
가이아쯔(外圧) 288
간 나오토(菅直人) 188, 194-195, 205, 209
간토(関東) 15
강압적 감시(policing) 242
개론(S. Garon) 67
개호보험 143
갸루남(ギャル男) 20-21
거부권 185
걸프전 262
검은 얼굴(顔一/ガングロ) 22

게리맨더링(gerrymandering) 126
게이단렌(経団連) 71, 176
게이레츠(系列) 71-73, 76, 78, 94, 102, 168; 게이레츠 간 담합(collusion) 76; 수직적 게이레츠 72-73; 수평적 게이레츠 72
게이샤(芸者) 11
격차사회(格差社会) 145
경영 가족주의(managerial familialism) 89
경제 제일주의 273
고객지향형 정치 174
고갸루(コギャル) 22
고령화 사회 141
고베(神戸) 대지진 15, 250
고스기(小杉) 99
고이즈미 준이치로(小泉純一郎) 153, 183, 186-187, 191, 197, 211-213, 247, 282, 305
고토(琴) 18
공명당 184, 208
공안법(Public Security Act) 38
관망정책(wait-and-see policy) 282
광장공포증 119
교과서 논쟁 224
교육기본법 222
교육칙어(教育勅語) 222
국가기본정책위원회(国家基本政策委員会) 157
국민신당(国民新党) 185
국민연금제도 143
국제결제은행(Bank of International Settlements) 95

국제통화기금(IMF) 66, 276
국제평화협력법(国際平和協力法) 262
군국주의 39, 137
군사팽창주의 42
굴드(B. Goold) 237
굿맨(R. Goodman) 142
규제완화 288
글럭(Carol Gluck) 45-46
금융위기 276, 284, 301
금품외교 263
기브니(F. Gibney) 69
기생독신 117-118; 기생독신자 113
기술관료적 발전국가모델 71
기업 군인(corporate soldiers) 85
기업 노조 86-87, 202; 기업 노조 모델 86
기업 카르텔 78
기업형 가족회사 77-78
기자클럽 244-246

ㄴ

나가노(中野) 173-174, 176
나츠메 소세키(夏目漱石) 17
나카네 치에(中根千枝) 110
나카마에 타다시(中前忠) 103
나카소네 야스히로(中曽根康弘) 33, 153, 265-266, 290, 293, 305
난학(蘭学) 28
내각관방(内閣官房) 153; 내각관방장관 156-157, 245
내각책임제 292
네마와시(根回し) 273
노다 요시히코(野田佳彦) 105, 155, 195, 217
노동 분업 285
노조주의 85
누달(S. Nuttall) 292

뉴딜(New Deal) 50
니어리(I. Neary) 132, 157
니토리(ニトリ) 100
닉슨 독트린(Nixon doctrine) 265
닛산 86, 92, 94; 닛산 파업 86

ㄷ

다나카 가쿠에이(田中角栄) 153, 245, 278
다나카 요시카즈(田中良和) 100
다당제 5
다우어(J. W. Dower) 59
다운사이징(downsizing) 88
다이묘(大名) 28-29
다이쇼 데모크라시 37
다이이치 간교(第一勧業) 73
다카하시 고레키요(高橋是清) 41
다테마에(建前) 111, 242
단기 비이양식 투표권(single non-transferable vote) 150
단순다수제(first-past-the-post system) 184
단카이세대(団塊世代) 115, 193
대동아공영권(大東亞共榮圈) 40
대용감옥(代用監獄) 238
대의제도 307
대일(Peter N. Dale) 8
대장성(大蔵省) 69, 91-92, 95, 157, 160
대중민주주의 51
도메이(同盟) 202
도요타(豊田) 61, 72, 78, 94, 124, 135, 202
도조 히데키(東條英機) 41
도지(Joseph Dodge) 50, 60
도쿄전범재판 45-46
도쿠가와(徳川) 27, 29-30, 132; 도쿠

가와 막부 27, 32
도호쿠(東北) 대지진 15
동경전력(東京電力) 101
동아시아경제협의체(EAEC) 288
동일본대지진 164
듀베르제(Maurice Duverger) 213

ㄹ

라이샤워(Edwin O. Reischauer) 5, 12, 51-52
라쿠텐(楽天) 100
랭고(連合) 202-203
랭캐스터(Carol Lancaster) 285
러일전쟁 38
레이거노믹스(Reaganomics) 95
로젠버거(Nancy Rosenberger) 130-131
로젠블러스(Frances McCall Rosenbluth) 152, 213-215, 217
로타체르(Albrecht Rothacher) 168; 로타체르의 피라미드론 169
록펠러 센터(Rockefeller Center) 88
류(X. Liu) 21
르블랑(Robin LeBlanc) 308
리드(Steven Reed) 163, 213
리차드슨(Bradley Richardson) 5

ㅁ

마오주의(Maoism) 295
막부제도(幕府制度) 29
만주사변 39, 278
망가(漫画) 19, 236; 망가 오타쿠 20
매니페스토(manifesto) 189, 195, 216, 304
맥그래이(Douglas McGray) 22
맥베이(McVeigh) 228-229
맥아더(Douglas MacArthur) 47-48, 50, 62
맥코맥(Gavan McCormack) 7, 62, 126, 237-238, 270
맥클란드(M. McLelland) 120-121
메이지(明治) 35, 53; 메이지 헌법 37; 메이지시대(明治時代) 31, 58, 125, 135
메인 뱅크(main bank) 74
메트로섹슈얼(metrosexual) 119
모리 요시로(森喜朗) 196, 211
무라야마 도미이치(村山富市) 201, 208
무상원조 284
무임승차 265
문부성 227; 문부성 검정 224
문어발 체제(multi-tentacled System) 10
문화주의(culturalist) 3, 8-9, 96, 109, 146, 307
미시마 유키오(三島由紀夫) 17
미쓰비시(三菱) 59, 73
미쓰이(三井) 73
미야모토 마사오(宮本正男) 84
미야자와 리에(宮沢りえ) 19
미야케 이세이(三宅一生) 18
미일방위협력지침(日米防衛協力のための指針) 268
미일안보조약 264; 미일안보조약 개정 63
민나노당(みんなの党) 195
민주당(民主党) 104, 153, 172, 181-184, 187-188, 190-191, 194-195, 203, 209, 214, 216, 218, 246, 280, 304
민주사회당(民主社会党) 202, 208
민주중도(民主中道) 187

ㅂ

반야쿠자법 240
반자민(反自民) 182
발전국가(developmental state) 57,
  250, 300; 발전국가 모델 68, 70-71
방위계획대강 260-261
방위대신 156
방위성(防衛省) 262
방위청(防衛庁) 262
밴 올퍼렌(Karel van Wolferen) 7-8,
  10, 52, 97, 168-169, 210, 243
버블경제 79, 134, 300
버클리(Roger Buckley) 266
베네딕트(Ruth Benedict) 8
베일리(David Bayley) 236, 238
베푸하루미(別府春海) 9
보겔(Ezra Vogel) 5-6
보상의 서클 176
보조연금 143
보통국가 262, 293
부동층(swing voters) 183
부라쿠민(部落民) 131-132
부락해방동맹(部落解放同盟) 132
부서할거주의(sectionalism) 171
북미자유무역협정(NAFTA) 288
불가촉천민(untouchables) 131
불법 정치자금 200
불완전고용 98
불완전한 강대국 257
브렌너(Robert Brenner) 95
블록투표(bloc voting) 249
비관세 장벽 69
비군사화(demilitarization) 47, 257,
  270
비례대표제 151, 206; 비례대표 선거
  152; 비례대표구 184
비숙련 시간제 노동 128

비핵3원칙 261
빅뱅(Big Bang) 93
빅스(Herbert Bix) 43, 46

ㅅ

사르토리(Giovanni Sartori) 207
사무라이 29-30
사무엘스(Richard Samuels) 216,
  279, 296
사민당 ☞ 사회민주당 참조
사법부 164-165
사상지도(thought guidance) 53
사이드(Edward Said) 11
사친회(PTA: parent-teacher association) 224, 248
사코(佐古) 85
사쿠라(桜) 15
사회계약 136
사회당(社会党) 182-183, 201
사회민주당(社会民主党) 185, 201-
  203, 208, 213
산와(三和) 73
산요(三洋) 73
삼각 동맹 175
삼두 지배체제(ruling triumvirate)
  172
생계형 가족 78
서양 따라잡기 30, 40
선거제도 199; 선거제도 개혁 182
세계은행(World Bank) 276
세습정치인 186, 191
소니(Sony) 72, 94
소더버그(M. Söderberg) 283-284
소득배증계획 63, 175
소비자 이익집단 167
소비지상주의 146
소선거구 151, 184

소수 정부　204
소프트뱅크(SoftBank)　100
소효(總評)　202
쇄국정책　27
쇼군(将軍)　27-28, 30
수입대체(import substitution) 전략　34
수정주의(revisionist)　3, 6, 8, 10, 96-97, 112, 306-307
순환근무제　82
순환출자　73
스기모토 요시오(杉本良夫)　10, 146, 241
스미스(Patrick Smith)　123
스미토모(住友)　59, 73
스즈키 주법(Suzuki method)　18
스톡윈(J. A. A. Stockwin)　7, 210, 216
슬레이터(David Slater)　98
시간제 근로자　128
시민사회　237, 250-252, 304-305
시민운동　162, 188, 250-251, 300, 305
시부야갸루(渋谷ギャル)　20
시장 학파　70
식량 통제　61
신당사키가케(新党さきがけ)　204
신도(神道)　124, 137
신미야자와구상(新宮澤構想)　276
신생당　204-205
신진당(新進党)　188, 205, 208-209
실업수당　143
쓰나미　100

ㅇ

아마쿠다리(天下り)　170
아베 신조(安倍晋三)　155, 186, 262-263
아세안(ASEAN)　273-275
아소 다로(麻生太郎)　186, 188, 190-191
아시아 금융위기　284
아시아유럽정상회의(ASEM)　292
아시아태평양경제협력체(APEC)　288
아이누　131, 133-134
아키바계(秋葉系)　20
안보 시위　300
안행형 모델(flying geese model)　285
앨린슨(G. D. Allinson)　42
야나이 타다시(柳井正)　99
야마구치 구미(山口組)　240
야마다 마사히로(山田昌弘)　113
야마모토 요지(山本耀司)　18
야마하나 이쿠오(山花郁夫)　190
야만바(山姥, やまんば)　20, 22
야스오 오코시(康夫大越)　165
야스쿠니 신사(靖国神社)　42, 46, 137-138, 280
야쿠자　135, 168, 239-241, 301
양당제　213
에도(江戸)　27-29; 에도시대　17, 29
에모트(Bill Emmott)　101
에이버글렌(James Abegglen)　80-81
엘리트 거버넌스　303
엠브레(John Embree)　8
여성전용칸　114
연공서열제　79
연금　143; 연금(넨킨)기생충　118; 연금법　115; 연금수급권　143; 연금수급자　143; 연금제도　143
연립: 연립정권　182, 184; 연립정부　185, 201
연합군최고사령부(SCAP)　47
오부치 게이조(小渕恵三)　196, 209, 211

오브라이언(David O'Brien) 165
오야지가리(親父狩り) 241
오자와 이치로(小沢一郎) 183, 188, 191, 194-195, 204-205, 208-209, 217, 293, 305
오카베(岡部) 76
오키나와 미군기지 문제 185
오타쿠(御宅) 20, 23, 119; 게임 오타쿠 20; 아니메 오타쿠 20; 오타구의 교조/카리스마(お宅の一祖/カリスマ) 21; 인물 오타쿠 20; 전차 오타쿠 20
오토맨(乙男) 119
옴진리교(オウム真理教) 140, 303; 옴진리교 현상 140
요시다 시게루(吉田茂) 62
요시모토 바나나(吉本ばなな) 17
우라 니혼(裏日本) 125-126
워싱턴 조약 39
원자폭탄 44
원조배증(援助倍増) 정책 283
위안부 39
유신(維新) 30
유엔안전보장이사회의 258; 유엔안전보장이사회 상임이사국 305
유토리(裕り) 227; 유토리 개혁 228; 유토리 정책 228
육식계 여자(肉食系女子) 20, 120
은둔형 외톨이(히키코모리) 119
의료보험제도 141
의원내각제 5
이노구치 다카시(猪口孝) 5, 267
이누카이 쯔요시(犬養毅) 41
이라크부흥특별조치법 263
이에(家) 112
이익집단 181
이중 모델 78
이중 언어(bilingual) 136

이지메 225
이치가와 유이치(市川雄一) 208
이케다 하야토(池田勇人) 63, 175
이토 타쯔야(伊藤一也) 190
인수합병(M&A) 76
인신매매 136
인플레이션 주기 288
일국양제 278
일당 우위체제 182, 207
일본 비판자(Japan-bashers) 7, 288
일본(인)론 9; 일본인론 연구 9
일본교직원조합(日本教職員組合) 203, 222
일본국제교류기금 290
일본신당(日本新党) 204
일본은행 95
일본장기신용은행(日本長期信用銀行) 69
일본전산(日本電産) 100
입헌군주제 5

ㅈ

자기규율 239
자민당 ☞ 자유민주당 참조
자위대(自衛隊) 259-260
자유당(自由党) 187-188, 205, 208
자유민주당(自民党) 92, 96, 151, 153, 164-165, 167-168, 171-172, 176, 181-186, 188, 190-191, 194, 196-199, 201, 203-204, 206-207, 209-210, 213-214, 216, 218, 244, 261, 279, 304
자이바쯔(財閥) 51, 58-19
자포니스무(ジャポニスム) 18
잠정적인 협정(modus vivendi) 226
장기적 쇠퇴기(long decline) 95
재무성 160

재판원 제도 166
저축증강중앙위원회(貯蓄増強中央委員会) 67
전수방위(專守防衛) 260-261
전후 미쓰이(三井) 59
점령정책 50
정당 국고보조금 제도 200
정당명부식 184; 정당명부식 비례구 184
정보경제(information economy) 227
정치개혁 199, 213
정치자금법 개정 182
정형화된 다원주의 173, 175
제국주의 38, 40; 제국주의적 침략정책 277
조지(Aurelia George) 267
존슨(Chalmers Johnson) 6-8, 57, 95, 97, 171
졸리벗(M. Jolivet) 129-130
종신고용 79, 84, 88, 109; 종신고용 모델 81
주류 6, 10, 96-97, 306-307; 주류 시각 3-4
주민조사(住民調査) 233, 235, 239
주민협회(町内会) 248-249
주쿠넨리콘(熟年離婚) 115
죽순생활(竹の子生活) 47
중도좌파 214
중의원 149, 151, 157; 중의원 선거 185, 197-198, 201
지방자치법 161
지식집약산업 65
지주제도(landlordism) 50
집단모델(group model) 9-10, 131; 집단모델(group model) 접근법 241
집단협력 51

ㅊ

참의원(参議院) 149, 151, 157, 185, 209
창구 지도(window guidance) 95
천황 28, 30, 35, 149; 천황숭배 137
철의 삼각(iron triangle) 173, 187
청일전쟁 38, 277
초식계 남자(草食系男子) 20, 118-120
총력전(total war) 45
최고사령부(最高司令部) 59
충효(忠孝)사상 222
츠노다 타다노부(角田忠信) 9
츠이(W. M. Tsutsui) 19
친밀한 권위주의(friendly authoritarianism) 146
친중파 279

ㅋ

카르텔화 95
카메코(カメ児) 21
카스트제도 131
카시얍(Anil Kashyap) 74
카츠(Richard Katz) 78, 90, 95, 98
칼리세(Paul Scalise) 101
캠벨(John Creighton Campbell) 5
커티스(Gerald Curtis) 5, 191-192, 199, 206-207, 210, 217, 249
켈리(W. Kelly) 145
코방(交番) 233, 235, 242
코스프레(コスプレ) 21
콜(Jesper Koll) 99, 105
쿠메 이쿠오(久米郁男) 87
크라우스(Ellis Krauss) 5, 173
크로닌(Richard Cronin) 274
크루그먼(Paul Krugman) 95
키인(D. Keene) 35

ㅌ

탈규제 97
탈아론 271
태평양전쟁 39, 42, 44
토지개혁 50, 125
통상성(通商産業省, MITI) 57, 65, 69, 71
통제 메커니즘 242
통제국가 242
통치 메커니즘 303
통치거버넌스 173
티베트 정책 278
티이스(Michael Thies) 152, 213-215, 217

ㅍ

파벌(派閥) 196-197, 214; 파벌 보스 156; 파벌주의 5, 151; 파벌체제 197
파일(K. B. Pyle) 30
패커넌(R. Pekkanen) 251
팽창주의 42
펨펠(T. J. Pempel) 96
평화헌법 60, 294
포괄적 대리위협 283
포괄적 방위정책 265
포괄정당 208
포센(Adam Posen) 105
포스트 버블 91, 102
폭력단방지법 135
폭주족 241
표면상의 민주주의 178
품의제(稟議制) 75
프랭크스(P. Francks) 76
프레스토위츠(Clyde Prestowitz) 7
프리타(freeters, フリーター) 98-99, 252, 303

플래내건(Scott Flanagan) 5

ㅎ

하녀 찻집(メイド喫茶) 21
하라주쿠소녀(原宿ガールズ) 20
하마사키 아유미(浜崎あゆみ) 22
하시모토 류타로(橋本龍太郎) 196
하이쿠(俳句) 17
하타 쓰토무(羽田孜) 204, 208
하토야마 유키오(鳩山由紀夫) 188-189, 191
하향식 위계 구조 75
한와(阪和)은행 93
합의 표출 153
해상보안청(海上保安庁) 280
행정쇄신회의(行政刷新会議) 193
헌법 9조 49, 259-260, 263, 305
헤스터(J. T. Hester) 133
헤일리(John Haley) 165
협상에 의한 협치(governance by negotiation) 172
호리에 다카후미(堀江貴文) 100
호소가와 모리히로(細川護熙) 127, 151, 204, 208, 269
호송선단 작전(convoy operations) 93
혼네(本音) 111, 242
혼다(本田) 73
혼합정당 187
화이트칼라의 정리 해고 88
환태평양경제동반자협정(TPP) 276, 289-290, 295
회사주의(corporationism) 85
후견주의(clientelism) 71; 후견주의적 힘(patronage power) 217
후나바시 요이치(船橋洋一) 164
후루사토(故郷) 126
후생노동성 167

후생연금(厚生年金) 143
후원회(後援会) 191-192, 249
후지(富士) 59, 73
후지쓰(富士通) 65
후쿠다 다케오(福田赳夫) 273
후쿠다 독트린 274
후쿠다 야스오(福田康夫) 186

후쿠시마 원전사태 195
후텐마(普天間) 194, 270, 295
휘태커(D. H. Whittaker) 77-78, 89
히라타 게이코(平田圭子) 250
히로히토(裕仁) 42, 43, 46
히키코모리 ☞ 은둔형 외톨이 참조

 **역자소개**

이승주_seungjoo@cau.ac.kr (1, 3, 5, 9장 번역)

연세대학교 정치외교학과 졸업
연세대학교 정치학 석사
캘리포니아 버클리대학교 정치학 박사

현 중앙대학교 정치국제학과 교수
　한국국제정치학회 연구이사
　외교부 자체평가위원/한국국제교류재단 심의·평가위원회 공공외교분과
　위원/민주평화통일 자문회의 자문위원

싱가포르국립대 정치학과 교수
한국정치학회 편집이사, 현대일본학회 연구이사 역임

주요 논저
『국익을 찾아서: 이론과 현실』(명인문화사, 편저)
『중견국의 공공외교』(사회평론, 편저)
Trade Policy in the Asia-Pacific: The Role of Ideas, Interests, and Domestic Institutions (Springer, 편저)
"21세기 일본 외교전략의 변화: 보통국가의 변환과 다차원 외교의 대두" (한국정치외교사논총)
"일본 FTA 정책의 형성과 변화: 국내정치과정을 중심으로" (한국과 국제정치)
　외 다수

한의석_eshan@sungshin.ac.kr (2, 4, 6, 7, 8장 번역)

중앙대학교 정치외교학과 졸업
중앙대학교/올바니 뉴욕주립대학교 정치학 석사
미국 서던 캘리포니아대학교 정치학 박사

현 성신여자대학교 정치외교학과 조교수
　　동아시아연구소 연구소장

도쿄대학교 사회과학연구소 객원연구원
중앙대학교 정치국제학과 강의전담교수 역임

주요 논저

『일본 부활의 리더십: 전후 일본의 위기와 재건축(공저)』(EAI, 2013)
"일본정치의 변화와 정당-유권자 연계" (한국정치학회보, 2014)
"일본 민주당 정권의 정치주도론과 제도개혁의 좌절" (한국정당학회보, 2013)
"고이즈미의 등장과 자민당의 정책변화" (한국정치학회보, 2011) 외 다수

명인문화사 정치학 관련 서적

정치학 분야

정치학개론: 권력과 선택, 13판 Shively 지음 / 김계동, 김 욱, 민병오, 윤진표, 최동주 옮김

비교정부와 정치, 제8판 Hague, Harrop 지음 / 김계동, 김욱, 민병오, 윤진표, 지병근 옮김

정치학방법론 Burnham 외 지음 / 김계동 외 옮김

정치이론 Andrew Heywood 지음 / 권만학 옮김

정치 이데올로기: 이론과 실제
Leon P. Baradat 지음 / 권만학 옮김

민주주의국가이론
Dryzek, Dunleavy 지음 / 김욱 옮김

포커스그룹: 응용조사 실행방법
Krueger, Casey 지음 / 민병오, 조대현 옮김

문화로 읽는 세계
Gannon, Pillai 지음 / 남경희, 변하나 옮김

거버넌스의 정치학: 한국정치의 새로운 패러다임 모색
김의영 지음

한국현대사의 재조명 한국전쟁학회 편

성공하는 리더십의 조건
Keohane 지음 / 심양섭, 이면우 옮김

여성, 권력과 정치 Stevens 지음 / 김영신 옮김

국제관계 분야

국제관계와 세계정치 Heywood 지음 / 김계동 옮김

국제정치경제 Balaam, Dillman 지음 / 민병오 외 옮김

국제기구의 이해: 글로벌 거버넌스의 정치와 과정, 제2판 Karns, Mingst 지음 / 김계동, 김현욱 외 옮김

현대외교정책론, 제3판 김계동, 김태효, 남궁곤 외 지음

외교: 원리와 실제 Berridge 지음 / 심양섭 옮김

세계화의 논쟁: 국제관계 접근에서의 찬성과 반대논리, 제2판 Haas 외 지음 / 이상현 옮김

세계화와 글로벌 이슈 Snarr 외 지음 / 김계동 외 옮김

핵무기의 정치 Futter 지음 / 고봉준 옮김

비정부기구(NGO)의 이해
Lewis, Kanji 지음 / 최은봉 옮김

한미관계론 김계동, 김학성, 김현욱, 서주석 외 지음

한국의 중견국 외교 손열, 김상배, 이승주 외 지음

지역정치 분야

동북아 정치: 변화와 지속 Lim 지음 / 김계동 옮김

현대 중국의 이해 Brown 지음 / 김흥규 옮김

현대 미국의 이해
Duncan, Goddard 지음 / 민병오 옮김

현대 러시아의 이해 Bacan 지음 / 김진영 외 옮김

현대 동남아의 이해 윤진표 지음

미국정치와 정부 Bowles, McMahon 지음 / 김욱 옮김

미국외교정책: 강대국의 패러독스
Hook 지음 / 이상현 옮김

세계질서의 미래 Acharya 지음 / 마상윤 옮김

일대일로: 중국과 아시아 이승주 편

알자지라 효과 Seib 지음 / 서정민 옮김

북한, 남북한 관계 분야

북한의 외교정책과 대외관계: 협상과 도전의 전략적 선택 김계동 지음

북한의 체제와 정책: 김정은시대의 변화와 지속
체제통합연구회 편

북한의 통치체제: 지배구조와 사회통제
안희창 지음

남북한 체제통합론: 이론·역사·경험·정책
김계동 지음

한국전쟁: 불가피한 선택이었나 김계동 지음

한반도 분단, 누구의 책임인가? 김계동 지음

한류, 통일의 바람 강동완, 박정란 지음

북핵을 넘어 통일로 김태우 지음

안보, 정보 분야

국제안보: 쟁점과 해결 Morgan 지음 / 민병오 옮김

전쟁: 목적과 수단 Codevilla 외 지음 / 김양명 옮김

국가정보: 비밀에서 정책까지
Lowenthal 지음 / 김계동 옮김

국가정보의 이해: 소리없는 전쟁
Shulsky, Schmitt 지음 / 신유섭 옮김

테러리즘: 개념과 쟁점 Martin 지음 / 김계동 외 옮김